宜子孙

汉代玉器集萃

BLESSINGS FOR POSTERITY

良渚博物院（良渚研究院） 编

上海书画出版社

宜子孙

编委会

本书由良渚文化保护研究基金会资助出版

目 录

序

良渚博物院“玉魂国魄”系列展的第七回“宜子孙——汉代玉器集萃”展已经闭幕近三个月。展览结束后又对部分展品进行了重新拍摄、绘图等必要的技术性工作，对器物的说明文字也做了进一步的修订和扩充，并邀请学者撰写了相关的文章，现在终于可以付梓面世了。

汉代（公元前206—公元220年），是中国古代历史上国祚绵长的盛世。天下殷富、百姓康乐、海内清肃的社会环境，为物质和精神文化的生产奠定了良好的基础。汉人、汉语、汉字、汉服……已成为中华民族文化和身份的标识。而作为汉代历史文化重要载体的玉器，则从一个侧面反映了该时代的诸多特质。

汉代玉器既有对上古玉器传统的承袭，也有独具时代特色的创新，在用料、器类、造型、制作工艺与装饰纹样等方面，都呈现出一派新气象。夏鼐先生曾说：“汉代玉器在中国玉器史上是承前启后的一环……汉代的变化，不在玉器数量，而在于玉器的品种。至于汉代玉器表面花纹从以抽象主义为主改变为以写实主义为主，也是一个大变化。这些各方面的变化，反映了汉代社会的变化以及风俗和思想（包括宗教思想）的变化。在中国玉器史上，汉代结束了殷周以来的传统。这是一个过渡的时代。在汉代以后的各朝代，在中国玉器史上便成为一个新时代了。”这个新时代的“新”，想必读者朋友可以通过汉代玉器精湛的技艺、独特的造型、奇幻的纹样、多样的功能等方面得到更为清晰的认识。

图录收录的175件/组展品，大体涵盖了汉代玉器的所有门类。图录的编撰体例和展览的内容框架基本保持一致。我们把全书分为材料、工艺和功能（包括观念和审美）三个大单元。诚如大家所知，每件器物实际上都同时包含了以上三者的意义，如此拆分仅仅是为了叙事及阅读的方便。为了更深入、系统地阐释汉代玉器的学术价值和意义，我们邀请了几位学者为图录撰写了专文，分别是《汉玉的文化精神》《汉代玉器研究综述》《汉代仿玉玻璃器的考古发现与研究》《周秦汉佩玉行为：制度变革与感知体验》。

我以为，一部理想的展览图录应该尽可能做到以下几点：其一，比较完整地呈现展览的全部内容（包括内容和形式两方面）；其二，在展品的图像资料方面可以弥补因展示空间条件的限制而造成的不足，即视角更多样、局部更清晰，以尽可能全面反映器物的材质、工艺、造型及纹样为要求；其三，对展品的解读或文字说明应该吸收最新的研究成果，或能提出一些新的见解；其四， 图像兼顾学术研究和艺术鉴赏两方面的需求，在保证画面清晰、色彩还原准确的前提下，可以适当增加一些“艺术照”；其五，版式、装帧设计妥帖、美观。我们做书是为读者做的，从读者角度就要在学术、艺术、鉴赏等角度之间有一个较好的协调，在版式及装帧设计上使读者更容易阅读。虽然这些要求看起来并没有什么特殊之处，但要做到却并非易事。希望我们的每本图录都会尽量争取接近这样的目标。

愿每一位读者朋友都能以“了解之同情”来阅读本书、阅读博物馆的展览，并将读后的所获和所思，转化为对传统文化的思考与批判，进而产生对历史的“温情与敬意”，真正让文化遗产成为滋养我们每一个人精神生活的重要源泉。

一座博物馆的良好运营，需要社会各方面的支持，一次好的临时展览则更离不开考古界和博物馆同仁的帮助。在此，我谨代表良渚博物院（良渚研究院），向给予我们慷慨支持和帮助的陕西省考古研究院、西安博物院、西安市文物交流中心、咸阳博物院、茂陵博物馆、宝鸡青铜器博物院、云南省博物馆、李家山青铜器博物馆、山西博物院、河北博物院、河北省文物考古研究院、巢湖市博物馆、天长市博物馆、安徽楚文化博物馆、南京博物院、徐州博物馆、扬州博物馆、湖南博物院、南昌汉代海昏侯国遗址博物馆、广州市文物考古研究院（南汉二陵博物馆）、南越王博物院表示衷心的感谢。

王子今、曹芳芳、周繁文、潘攀几位同仁的赐稿不仅丰富了图录的内容，也提升了本书的学术水准；任超先生对每件器物精益求精的拍摄工作，为本书的质量提供了最基本的保障；器物的说明文字由王加点承担；文献目录的搜集、整理工作由李静宜、牛美慧、刘洛瑶、王加点共同完成；书中所附线绘图有赖于张念哲、严石涵、李思涵、王六子等人的帮助；书中“宜子孙”的印章元素由鲁大东设计；上海书画出版社朱艳萍从展览筹备阶段就积极协调图录的各项事宜，魏书宽、张姣作为本书的责任编辑尽责又尽心，他们的辛勤付出，使得这本书有了现在可观、可赏的模样。谢谢你们！

“宜子孙”是汉代思想观念在玉器上的反映，也是人类永恒的共同愿望——未来更美好。

是为序。

徐天进

良渚博物院（良渚研究院）院长

凡　例

1. 本书为“宜子孙——汉代玉器集萃”展览同名配套图录，主要收录了两汉时期帝陵陵区、诸侯王、贵族墓葬中出土的玉器，辅以相同主题的铜器、金银器、陶器等作为展示汉代艺术风格的补充材料。

2. 本书中的文物照片，绝大部分为此次展览重新进行的高清拍摄。部分未能进行拍摄的文物，则由收藏单位提供图片。图版中如有器物展示两面图片，必要时以 A、B 等进行区分。

3. 本书中所使用的 42 张玉器线描摹本，均根据器物照片绘制，以求更清晰地表现器物的纹饰组合和细节。因文物拍摄角度不同和镜头畸变、失真的情况不可避免，且受到审图、绘图的读识水平限制，故绘制摹本与器物原貌并不能完全一致。摹本比例均按照版面设计进行缩放。

4. 对于玉器中雕琢和纹饰排叠复杂的器物，本书根据实物照片对线描摹本进行分区填色，意在厘清纹样间的排布关系。对于禁止出境文物、一级文物及重点文物，在版面设计上以金色边框或底纹标注。

5. 关于器物描述：图版及器物描述标注年代均为埋藏年代，即墓葬年代，其中西汉包含了新莽时期；如器物本身是春秋战国或推测是更早时期的遗物，则在文字描述中加以注明。已公开发表文物，均根据考古报告、图录标注有器物的出土地点，考虑到版面设计等因素，出土编号均标注在图录“器物说明”部分；如已知出土地点但未公布资料，或考古报告中无明确出土编号，则仅标注出土地点；如文物为征集品或无明确出土地点，则仅标注收藏单位。相关文物数据均采自相应简报、报告，以及由收藏单位提供。

汉玉的文化精神

西北大学历史学院，中国人民大学国学院　王子今

《说文·玉部》收124字。段玉裁注："文百二十四，重十七。"此外，又有："珏，二玉相合为一珏。""班，分瑞玉。""琲，车笭间皮箧也，古者使奉玉所以盛之。"[1]可知"玉"在汉代社会生活中有相当全面的文化作用。"玉"的生产、加工、消费、流通等发挥经济方面诸作用，同时其供奉、宝用、珍藏、欣赏等又实现文化方面诸功能，这些都是高等级的文明进程中的特殊表现，但是在汉代，玉在社会方面的影响可能非常广泛。除了在物质生活方面具有作为富贵象征的突出作用，"玉"在思想意识方面作为道德象征的意义也尤为重要。对"玉"的特殊爱重，是中国古代社会文化心理的特殊表现之一。在汉代，对玉的珍爱尤为突出。可以说，对玉器遗存的关注、研究、理解和说明，有工艺史的意义，也有物质文化史的意义，而制度史、风俗史、生活史的诸多信息，都可以因此得到展现。当时的政治理念、信仰世界和美学追求，也能够通过汉玉的"精光""美色""新""鲜""英华"有所反映。[2]

一、"瑞玉""祭玉"："玉"在天人之间

《史记》卷一《五帝本纪》关于舜与尧的权力接递，说到"璇玑玉衡"的神秘作用："帝尧老，命舜摄行天子之政，以观天命。舜乃在璇玑玉衡，以齐七政。"而后又有"揖五瑞，择吉月日，见四岳诸牧，班瑞"的礼仪。"瑞""班瑞"，也与"玉"有关。所谓"璇玑""班瑞"等，字皆从玉。裴骃《集解》："郑玄曰：'璇玑，玉衡，浑天仪也。七政，日月五星也。'"张守节《正义》："《说文》云：'璇，赤玉也。'""蔡邕云：'玉衡长八尺，孔径一寸，下端望之，以视星宿，并县玑以象天，而以衡望之，转玑窥衡，以知星宿。玑径八尺，圆周二丈五尺而强也。'郑玄云：'运转者为玑，持正者为衡。'"[3]注家所引汉儒诸说，体现了对"玉"在"天命"与人事之间神异作用的理解。《史记》卷二五《律书》最后写道："太史公曰：在旋玑玉衡以齐七政，即天地二十八宿。十母，十二子，钟律调自上古。建律运历造日度，可据而度也。合符节，通道德，即从斯之谓也。"张守节《正义》说，"十母"即"十干"，就是天干十。"十二子"即"十二支"，就是地支十二。[4]文化秩序的确定和遵循，是通过"旋玑玉衡"即"璇玑玉衡"实现的。天地间规律的认识乃至"七政"之"齐"，都离不开"玉"质"浑天仪"的使用。所谓"钟律"以及"建律运历造日度"，《史记》卷二五《律书》说："王者制事立法，物度轨则，壹禀于六律，六律为万事根本焉。"而"律"本身，按照司马贞《索隐》的说法，"案：古律用竹，又用玉，汉末以铜为之。"[5]作为"物度轨则""万事根本"的"律"，也曾经"用玉"。

在上古时代的社会意识中，天象与观测天象的"璇玑玉衡""旋玑玉衡"有对应关系。《史记》卷二七《天官书》写道："北斗七星，所谓'旋、玑、玉衡以齐七政'。杓携龙角，衡殷南斗，魁枕参首。"司马贞《索隐》："案：《春秋运斗枢》云'斗，第一天枢，第二旋，第三玑，第四权，第五衡，第六开阳，第七摇光。'""《文耀钩》云'斗者，天之喉舌。玉衡属杓，魁为旋玑'。"司马贞《索隐》："案：《尚书》'旋'作'璇'。马融云'璇，美玉也。机，浑天仪，可转旋，故曰机。衡，其中横筒。以璇为机，以玉为衡，盖贵天象也'。郑玄注《大传》

[1]〔汉〕许慎撰，〔清〕段玉裁注：《说文解字注》，经韵楼臧版影印版，上海古籍出版社，1981年，10—20页。

[2]《说文·玉部》："瑛，玉光也。"段玉裁注："《山海经》言'玉荣'，《离骚》《孝经援神契》《洛书》皆言'玉英'。《淮南鸿烈》曰：'龙渊有玉英。'高注：英，精光也。"《说文·玉部》："琰，璧上起美色也。"段玉裁注："璧当为圭，也当为者。"《说文·玉部》："莹，玉色也。""《逸论语》曰：如玉之莹。""玼，新玉色鲜也。"段玉裁注："各本无新。《诗音义》两引皆作新色鲜也。"《说文·玉部》："瑮，玉英华罗列秩秩。"〔汉〕许慎撰，〔清〕段玉裁注：《说文解字注》，11—12、15页。

[3]《史记》，中华书局，1959年，24页。

[4]《史记》，1253—1254页。

[5]《史记》，1239页。

图 1　素面玉璧，1995 年集灵宫遗址出土

图 2　玉圭、璧组合，1978~1980 年咸阳市秦都汉昭帝平陵陵园内出土

云‘浑仪中筒为旋机，外规为玉衡’也。”[1]

“玉”在天人关系中的神秘意义还有其他表现。

汉代礼仪用“玉”称作“礼玉”，按照功能或可析分为“祭玉”“瑞玉”等。[2]《史记》卷二八《封禅书》：“天子始郊拜太一”，“公卿言‘皇帝始郊见太一云阳，有司奉瑄玉嘉牲荐飨。是夜有美光，及昼，黄气上属天’。”[3]《史记》卷一二《孝武本纪》言“天子始郊拜泰一”，同样“有司奉瑄玉”的记述，裴骃《集解》：“孟康曰：‘璧大六寸谓之瑄。’”司马贞《索隐》：“音宣，璧大六寸也。”[4]“瑄玉”是形制确定“大六寸”的“璧”。以“珪璧”“恭祀天地”，是“奉承大业”的帝王必须进行的神学表演。[5] 有学者分析出土数量颇多的汉代玉璧的功用，指出首先用以祭祀。陕西华阴黄埔峪集灵宫遗址“出土诸多的玉圭和玉璧”，即“汉武帝祭祀华山”所用（图 1）。[6]《汉书》卷二八上《地理志上》“京兆尹”条：“华阴，……太华山在南，有祠，……集灵宫，武帝起。莽曰华坛也。”[7] 山川祭祀用玉又见《史记》卷二八《封禅书》所见“其河、湫、汉水加玉各二”情形，张守节《正义》：“河、湫，黄河及湫泉”，“言二水祭时各加玉璧二枚。”当然也包括“汉水”。[8] 汉武帝“还自临决河，沉白马玉璧于河，令群臣从官自将军已下皆负薪填决河”，有歌诗言“搴长茭兮沉美玉”[9]，是特殊的以“玉”“祭河”的行为。《汉书》卷二九《沟洫志》颜师古注：“湛美玉者，以祭河也。”又称作“沉玉礼神”。[10]《说文·玉部》：“珑，祷旱玉也。”[11] 看来治水、“祷旱”都必须借助“玉”的功用。

考古人员在汉昭帝平陵与上官皇后陵之间发现一条宽 5 米的东西向道路。道路两侧曾经分别发现了“东西向排列的成组玉器”。每组间隔 2 米左右，每组玉器均由 1 件玉璧和四周环绕的 7 件或 8 件玉圭组合而成。圭的上端朝向璧。璧、圭均素面无纹（图 2）。[12] 璧与圭的这种组合，应当与汉代帝陵的祭祀仪式有关。[13]“玚，圭尺二寸，有瓒，以祠宗庙者也。”[14] 提示了“祠宗庙”用“玚”的制度。

正如有的学者所指出的：“玉器在汉代丧葬习俗中有较大的发展，葬玉在汉代玉器中占有重要的地位。”[15] 或称“丧葬用玉”。有的学者总结：“汉代的丧葬用玉主要有玉覆面、玉衣、玉九窍塞、玉琀、玉握和镶玉棺。”[16]“玉”在生人与死界、人世与仙境之间的特殊的神秘作用，通过墓葬用“玉”得以体现。《说文·玉部》：“琀，送死口中玉也。”据段玉裁注引多种典籍，可知“琀”的形制有所不同。[17]“宜子孙——汉代玉器集萃”展陈列的徐州博物馆藏玉猪，既是丧葬实用器物，亦或有财富象征的寄托之意，同时也是精美的艺术品。

“葬玉”体现了“玉”的神异功能与实用价值的结合。刘云辉《陕西出土汉代玉器》提示我们：“西安岳家寨东汉墓、宝鸡东汉吕仁墓以及西安昆仑机械厂东汉墓均出土了雕刻‘五铢’二字的玉冥钱。”“玉冥钱”标识实用钱币的“五铢”字样，表现出死界与现世的密切关联。而西安理工大学汉墓出土的玉五铢钱“含在墓主人口中，作玉琀使用”

[1]《史记》，1291、1292 页。

[2] 中国社会科学院考古研究所：《中国考古学·秦汉卷》，中国社会科学出版社，2010 年，731 页。

[3]《史记》，1395 页。

[4]《史记》，470、471 页。

[5]《后汉书》卷二《明帝纪》：“朕以暗陋，奉承大业，亲执圭璧，恭祀天地。”中华书局，1965 年，100 页。

[6] 王永红：《汉代玉璧研究》，《东方收藏》2023 年第 5 期。刘云辉提示，华阴“祭祀华山的玉器”东汉时曾经出土：“如《后汉书》引《古今注》曰：‘章帝七年（建初七年，即 82 年），玉圭出弘农华阴’。”刘云辉：《陕西出土汉代玉器》，文物出版社、众志美术出版社，2009 年，12 页。今按：今本《后汉书》未见此内容。《艺文类聚》卷八三《宝玉部上·珪》：“《古今注》曰：章帝建初七年，玉珪出弘农华阴。”（1430 页）。

[7]《汉书》，中华书局，1962 年，1543—1544 页。

[8]《史记》，1381 页。

[9]《史记》，1413 页。

[10]《汉书》，1683 页。

[11]〔汉〕许慎撰，〔清〕段玉裁注：《说文解字注》，12 页。

[12] 咸阳博物馆：《汉平陵调查简报》，《考古与文物》1982 年第 4 期。

[13] 刘庆柱、李毓芳：《西汉十一陵》，陕西人民出版社，1987 年，72 页。

[14]〔汉〕许慎撰，〔清〕段玉裁注：《说文解字注》，12 页。

[15] 卢兆荫：《略论汉代丧葬用玉的发展与演变》，《东亚玉器》第 2 册，香港中文大学中国考古艺术研究中心，1998 年。

[16] 中国社会科学院考古研究所：《中国考古学·秦汉卷》，733 页。

[17]〔汉〕许慎撰，〔清〕段玉裁注：《说文解字注》，19 页。

（图3）[1]，也体现当时认为玉有利于死者尸身保全的理念。《汉书》卷六七《杨王孙传》："口含玉石，欲化不得，郁为枯腊，千载之后，棺椁朽腐，乃得归土，就其真宅。"[2] 所谓"归土，就其真宅"的期望，可以说明对死后世界的想象。

图3 玉五铢冥钱，2004年西安市南郊岳家寨西安理工大学新校区东汉早期墓（M9）出土

二、"玉"与政治权威和财富强势

在有关舜继承尧权位的过程的记述中，司马迁写道："遂类于上帝，禋于六宗，望于山川，辩于群神。揖五瑞，择吉月日，见四岳诸牧，班瑞。岁二月，东巡狩，至于岱宗，祡，望秩于山川。遂见东方君长，合时月正日，同律度量衡，修五礼五玉三帛二生一死为挚，如五器，卒乃复。"关于"五瑞"，裴骃《集解》引马融曰："揖，敛也。五瑞，公侯伯子男所执，以为瑞信也。尧将禅舜，使群牧敛之，使舜亲往班之。"所谓"五瑞"，是执政权力的象征。张守节《正义》："揖音集。《周礼·典瑞》云：'王执镇圭，尺二寸。公执桓圭，九寸。侯执信圭，七寸。伯执躬圭，五寸。子执谷璧，男执蒲璧，皆五寸。言五瑞者，王不在中也。'"王、公、侯、伯、子、男，所执"圭""璧"各有等级规范。张守节《正义》还写道："孔文祥云：'宋末，会稽修禹庙，于庙庭山土中得五等圭璧百余枚，形与《周礼》同，皆短小。此即禹会诸侯于会稽，执以礼山神而埋之。其璧今犹有在也。'"[3] 宋代出土可能和禹的纪念有关的古代玉器"五等圭璧百余枚"，可以与现代科学考古发现的远古玉器相比较，以增进对"玉"与早期行政权力相结合的认识。

体现政治权威至高无上的"玉"制品，以"玺"最为典型。据《史记》卷六《秦始皇本纪》，嫪毐"作乱"罪行之一，即"矫王御玺"。[4] 裴骃《集解》引蔡邕曰："玺者，印信也。天子玺白玉螭虎钮。古者尊卑共之。《月令》曰'固封玺'，《左传》曰'季武子玺书追而与之'，此诸侯大夫印称玺也。"[5] 后来则皇帝专用印称"玺"。秦灭，"秦王子婴素车白马，系颈以组，封皇帝玺符节，降轵道旁"。[6]《史记》卷九《吕太后本纪》："大臣皆往谒，奉天子玺上代王，共尊立为天子。"[7]《史记》卷一〇《孝文本纪》："太尉乃跪上天子玺符。"[8] 据《史记》卷二八《封禅书》记载，"天子独与侍中奉车子侯上泰山，亦有封。其事皆禁"。此所谓"封"，可能即张守节《正义》引《白虎通》云："或曰封者，金泥银绳，或曰石泥金绳，封之印玺也。"而《封禅书》还写道："天子既已封泰山，无风雨灾，而方士更言蓬莱诸神若将可得，于是上欣然庶几遇之，乃复东至海上望，冀遇蓬莱焉。奉车子侯暴病，一日死。上乃遂去，并海上，北至碣石，巡自辽西，历北边至九原。五月，反至甘泉。"关于导致汉武帝迅速离开神秘的东海的奉车子侯暴死一事，司马贞《索隐》："《新论》云：'武帝出玺印石，财有朕兆，子侯则没印，帝畏恶，故杀之。'《风俗通》亦云然。顾胤按：《武帝集》帝与子侯家语云'道士皆言子侯得仙，不足悲'。此说是也。"[9] 奉车子侯被处死，是因为"武帝出玺印石，财有朕兆，子侯则没印"的意外。

前说"诸侯大夫印称玺"情形，又见于《史记》卷四〇《楚世家》"怀王大悦，乃置相玺于张仪"[10]，《史记》卷四四《魏世家》"皆将务以其国事魏，欲得丞相玺也"以及"欲玺者段干子也，欲地者秦也"，而"今王使欲地者制玺，使欲玺者制地，魏氏地不尽则不知已"。[11] 后来则专有"皇帝玺"。[12]"玉印"则是地位特殊的权贵官僚的"印信"。《史记》

[1] 刘云辉：《陕西出土汉代玉器》，33页。

[2] 《汉书》，2908页。

[3] 《史记》，24—25页。

[4] 《史记》："上之雍郊，毐恐祸起，乃与党谋，矫太后玺发卒以反蕲年宫。"言"矫太后玺"。（2513页）。

[5] 《史记》，227页。

[6] 《史记》，362页。

[7] 《史记》，411页。

[8] 《史记》，415页。

[9] 《史记》，1398、1355、1398—1399页。

[10] 《史记》，1723页。

[11] 《史记》，1851、1854页。

[12] 《史记》卷八七《李斯列传》"封其书以皇帝玺"（2551页）；《史记》卷五七《绛侯周勃世家》"绛侯绾皇帝玺"（2072页）；《史记》卷一一八《淮南衡山列传》"作皇帝玺"（3090页）；《汉书》卷八《宣帝纪》"王受皇帝玺绶"（238页）；《汉书》卷五三《景十三王传·江都易王刘非》"刻皇帝玺"（2417页）；《汉书》卷六三《武五子传·昌邑哀王刘髆》"王受皇帝玺绶"（2765页）；《汉书》卷六八《霍光传》"奉上皇帝玺绶"（2947页）。

图 4　皇后之玺，1968 年咸阳市北原韩家湾狼家沟出土

图 5　四灵纹玉铺首，1975 年汉武帝茂陵园内出土

图 6　玉獬豸佩，1976 年西安市西北郊汉长安城武库第七遗址内出土

卷二八《封禅书》："于是天子又刻玉印曰'天道将军'，使使衣羽衣，夜立白茅上，五利将军亦衣羽衣，夜立白茅上受印，以示不臣也。"[1] 人们熟知的 1968 年陕西咸阳发现的西汉"皇后之玺"（图 4）[2]，以及"宜子孙——汉代玉器集萃"展陈列的徐州博物馆藏"刘慎"双面玉印、南京博物院藏羊纽玉印等，都是汉玉玺印的珍贵实物。

汉武帝作建章宫，有"玉堂、璧门"。[3] 也是借用"玉""璧"神化其地位，强化其权威的建筑设计。班固《西都赋》说到"璧门"："自未央而连桂宫，北弥明光而亘长乐，陵墱道而超西墉，混建章而外属，设璧门之凤阙，上觚棱而栖金雀。"以玉为宫殿建筑装饰，是非常豪华的设计，即所谓"雕玉瑱以居楹，裁金璧以饰珰，发五色之渥采，光焆朗以景彰"。或说"随侯明月，错落其间，金釭衔璧，是为列钱，翡翠火齐，流耀含英，悬黎垂棘，夜光在焉"。[4]"宜子孙——汉代玉器集萃"展陈列的茂陵博物馆藏汉武帝茂陵附近出土的四灵纹玉铺首（图 5）以及河北博物院藏镶玉鎏金铜铺首等，都是这种建筑文化现象的文物实证。茂陵四灵纹玉铺首，有的学者称之为"兽面形四神玉铺首"。[5]

汉文帝时期推行司法改革。当时，最高执政者强调"法者，治之正也"。[6] 执法公正的开明理念，又见于张释之所谓"法者天子所与天下公共也"。[7] 与司法有关的神兽"獬豸"，出现在社会政治意识中。如《后汉书·舆服志下》"法冠"条说："法冠，……执法者服之，侍御史、廷尉正监平也。或谓之獬豸冠。獬豸神羊，能别曲直，楚王尝获之，故以为冠。"[8] 对于汉长安城武库第七遗址出土的片状圆形透雕玉佩，刘云辉《陕西出土汉代玉器》以为"应是西汉晚期的作品"，判定为"迄今所见的汉代唯一的一件獬豸玉佩"，以为"是研究汉代神话动物最珍贵的资料之一"，"也是汉代统治阶级迷信神异瑞兽的又一实物证据"（图 6）。其实，这一遗存也是研究汉代法律思想史和法制意识史的珍贵资料。编著者的专题论文《武库遗址出土的玉雕怪兽为獬豸考》作为此书附录[9]，使得有兴趣的研究者可以方便参考。"长安茅坡汉墓出土的迄今所见汉代唯一的猳豚玉佩"的介绍说明，也为人们理解汉代法制史提供了新的知识。

从汉代陵墓随葬玉器的研究成果看，不同身份等级随葬玉器种类及器形存在差异。[10] 也有研究者对具体汉墓出土玉器进行个案研究，以了解当时"严格的社会等级"的表现，以及墓主是否"僭越礼制"。[11] 对于某一阶层等级墓葬随葬玉器的研究[12]，也是有值得肯定的学术价值的。我们看到，除了政治权威之外，财富强势以及社会影响方面的霸权能力，也在用玉的数量与质量条件方面有优越的显现。综合各方面的研究成果，在某种意义上可以说，"玉"，可以被看作汉代体现社会身份等级的重要标记。

---

[1]《史记》，1391 页。

[2] 刘云辉：《陕西出土汉代玉器》，4 页。

[3]《史记》，1402 页。

[4]《后汉书》，1341、1340 页。

[5] 刘云辉：《陕西出土汉代玉器》，11 页。

[6]《史记》，418 页。

[7]《史记》，2754 页。

[8] 李贤注："《异物志》曰：'东北荒中有兽名獬豸，一角，性忠，见人斗，则触不直者；闻人论，则咋不正者。楚执法者所服也。'"《后汉书》，3667 页。《晋书》卷二五《舆服志》："或谓獬豸神羊，能触邪佞。"（768 页）。

[9] 刘云辉：《陕西出土汉代玉器》，324—326 页。

[10] 侯小楠：《山东汉代贵族墓随葬玉器研究》，云南大学硕士学位论文，2022 年。

[11] 李双君：《江西南昌汉代海昏侯墓出土玉器》，厦门大学硕士学位论文，2021 年。

[12] 王万莉：《汉代豪强墓出土玉器的研究》，西南大学硕士学位论文，2013 年。

三、“玉版”“玉字”与“玉”之“五德”

“玉”作为精神文化的直接载体，可见于“玉版”“玉字”之说。《史记》卷一三〇《太史公自序》说到秦始皇时代焚书导致的文化断裂：“周道废，秦拨去古文，焚灭《诗》《书》，故明堂石室金匮玉版图籍散乱。”关于所谓“玉版”，裴骃《集解》：“如淳曰：‘刻玉版以为文字。’”[1]《汉书》卷六二《司马迁传》：“周道既废，秦拨去古文，焚灭《诗》《书》，故明堂石室金鐀玉版图籍散乱。”颜师古注：“如淳曰：‘玉版，刻玉版画为文字也。’”“玉版”实物，可见“秦骃祷病玉版”。[2]

汉玉也曾经作为书写材料和文字载体。《汉书》卷一九《晁错传》：“若高皇帝之建功业，陛下之德厚而得贤佐，皆有司之所览，刻于玉版，藏于金匮，历之春秋，纪之后世，为帝者祖宗，与天地相终。”[3]说“刻于玉版”者，可以存之长久，“历之春秋，纪之后世”。《后汉书》卷五二《崔骃传》：“……及其策合道从，克乱弭冲，乃将镂玄珪，册显功，铭昆吾之冶，勒景、襄之钟。”关于“镂玄珪，册显功”，李贤注：“珪，玉也。《诗含神雾》曰：‘刻之玉版，臧之金匮。’”[4]《后汉书》卷五九《张衡传》：“永元中，清河宋景遂以历纪推言水灾，而伪称洞视玉版。”李贤注：“言宋景历纪推知水灾，非洞视玉版所见也。”[5]大概“玉版”文书确实存在。“玉版”文字的形成，称“刻”“画”“镂”。据介绍，“汉长安城桂宫四号建筑遗址出土了王莽拟封禅泰山的‘玉牒’，是考古发现的西汉至新莽时期帝王使用的唯一玉牒”（图7）。[6]这样的“玉牒”，也是“刻玉版以为文字”。

[1] 《史记》，3319、3320页。

[2] 李零：《秦骃祷病玉版的研究》，《国学研究》第6卷，北京大学出版社，1999年；李家浩：《秦骃玉版铭文研究》，《北京大学中国古文献研究中心集刊》2001年第1期；连劭名：《秦惠文王祷词华山玉简文研究》，《中国历史博物馆馆刊》2000年第1期；连劭名：《秦惠文王祷祠华山玉简文研究补正》，《中国历史博物馆馆刊》2000年第2期；曾宪通、杨泽生、肖毅：《秦骃玉版文字初探》，《考古与文物》2001年第1期；周凤五：《〈秦惠文王祷祠华山玉版〉新探》，《历史语言研究所集刊》第72本第1分册，2001年；王辉：《秦曾孙骃告华大山明神文考释》，《考古学报》2001年第2期；李学勤：《秦玉牍索隐》，《故宫博物院院刊》2002年第2期；侯乃峰：《秦骃祷病玉版铭文集解》，《文博》2005年第6期。

[3] 《汉书》，2292页。

[4] 《后汉书》，1711、1713页。

[5] 《后汉书》，1912页。

[6] 刘云辉：《陕西出土汉代玉器》，53页。

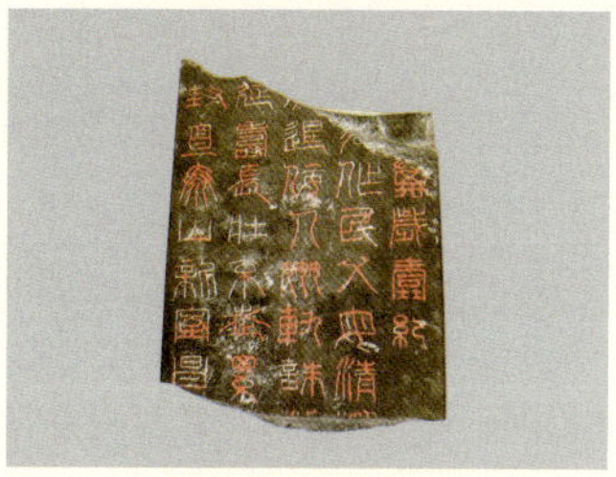

图7　玉牒，2001年西安市北郊汉长安城桂宫四号建筑遗址出土

“玉版”文字在政治时局转变的重要关键点被赋予神秘意义，并为掌权者利用。《三国志》卷二《魏书·文帝纪》记载“汉帝”“禅位”事。裴松之注引《献帝传》载禅代众事曰，说到“左中郎将李伏表魏王曰”：“昔先王初建魏国，在境外者闻之未审，皆以为拜王。武都李庶、姜合羁旅汉中，谓臣曰：‘必为魏公，未便王也。定天下者，魏公子桓，神之所命，当合符谶，以应天人之位。’臣以合辞语镇南将军张鲁，鲁亦问合知书所出？合曰：‘孔子《玉版》也。天子历数，虽百世可知。’是后月余，有亡人来，写得册文，卒如合辞。”裴松之注还写道：“辛亥，太史丞许芝条魏代汉见谶纬于魏王曰。”所言“谶纬”，或见于“玉版”：“《易传》曰：‘……最著明者也。又曰：‘初六，履霜，阴始凝也。’又有积虫大穴天子之宫，厥咎然，今蝗虫见，应之也。又曰：‘圣人以德亲比天下，仁恩洽普，厥应麒麟以戊己日至，厥应圣人受命。’又曰：‘圣人清净行中正，贤人福至民从命，厥应麒麟来。’《春秋汉含孳》曰：‘汉以魏，魏以征。’《春秋玉版谶》曰：‘代赤者魏公子。’……”[7]所谓“孔子《玉版》”“《春秋玉版谶》”为宣传谶纬者所利用。

“玉”又被赋予道德寄托，成为高尚人格的象征。

《礼记·聘义》记述孔子和子贡的一段对话：“子贡问于孔子曰：‘敢问君子贵玉而贱珉者何也？为玉之寡而珉之多与？’孔子曰：‘非为珉之多故贱之也，玉之寡故贵之也。夫昔者君子比德于玉焉。温润而泽，仁也。缜密以栗，知也。廉而不刿，义也。垂之如队，礼也。叩之其声清越以长，其终诎然，乐也。瑕不掩瑜，瑜不掩瑕，忠也。孚尹旁达，信也。气如白虹，天也。精神见于山川，地也。圭璋特达，德也。天下莫不贵者，道也。《诗》云：言念君子，温其如玉。故君子贵之也。’”[8]

[7] 《三国志》，中华书局，1959年，62—64页。

[8] 〔清〕阮元校刻：《十三经注疏》，据原世界书局缩印本，中华书局，1980年，1694页。

说“君子贵玉”，“君子比德于玉焉”，因为“玉”具有“仁”“知”“义”“礼”“乐”“忠”“信”“天”“地”“德”“道”这十一种品性。《说文·玉部》：“玉，石之美有五德者。润泽以温，仁之方也。鰓理自外，可以知中，义之方也。其声舒扬，专以远闻，智之方也。不挠而折，勇之方也。锐廉而不忮，絜之方也。象三玉之连，丨其贯也。”[1]《初学记》卷二七引《五经通义》曰：“玉有五德。温润而泽，有似于智。锐而不害，有似于仁。抑而不挠，有似于义。有瑕于内，必见于外，有似于信。垂之如坠，有似于礼。”[2]这里说到“玉”的另一种“五德”：智、仁、义、信、礼。这种“五德”组合，与《说文》中的“仁”“义”“智”“勇”“絜”不同。

《留青日札》卷二三“玉五德七德”条，引《五经通义》，言“是曰智仁义信礼者，玉之五德也”；引《礼记》，言“是曰仁智义礼乐忠信者，玉之七德也”，然而不言孔子所说“仁智义礼乐忠信”之后的“天”“地”“德”“道”。于是说“故君子比德于玉也”。[3]可见玉有五德、七德甚至十一种象征意义，诸说不同，但是“君子比德于玉”的意识，是有持续影响的。

《说文·玉部》所谓“玉，石之美有五德者”，可以看作比较明确的汉代社会意识的体现。而同篇还有其他体现“玉”与“德”的关系的信息。如：“瑞，以玉为信也。”“珩，佩上玉也。从王行，所以节行止也。”[4]一说“以玉为信”，一说“所以节行止”。“玉”与佩用主人行为表现的特殊关联，还有一个例子。鸿门宴上，范增反复示意项羽尽快下决心除掉刘邦：“范增数目项王，举所佩玉玦以示之者三，项王默然不应。”[5]司马迁对于这一细节的精彩记述，有评论赞美“此数句白描得神”[6]。连带后续项庄舞剑情节，有咏史诗：“一剑飞扬四座惊，三提玉玦不闻声。”[7]范增“举所佩玉玦以示之”，是规劝，是提醒，是警告。但是为什么要举“玦”“以示之”呢？有学者解释，“玦”有决断之意：“案《国语·晋语一》：‘佩之以金玦。’韦昭注：‘玦如环而缺。’《庄子·田子方篇》：‘绶佩玦者，事至而断。’”[8]《资治通鉴》卷九“汉高帝元年”记述鸿门宴场景，胡三省注：“玦如环而有缺。增举以示羽，盖欲其决意杀沛公也。’”[9]有《史记》注家引《资治通鉴》胡注解释司马迁笔下范增“举所佩玉玦以示之者三”动作的涵义。[10]李贺诗“腰下三看宝玦光”[11]，辛弃疾词“掷地刘郎玉斗”[12]，李昱诗“玉玦不灵玉斗裂，楚汉雌雄从此决”[13]，说明了鸿门宴“玉玦”“玉斗”故事的久远影响。

四、“玉山”“玉门”：“玉”与文明交流

《山海经·西山经》说“玉山”为“西王母所居”。郭璞注：“此山多玉石，因以名云。”[14]《史记》卷一二三《大宛列传》：“（盐泽）其南则河源出焉。多玉石，河注中国。”“汉使穷河源，河源出于窴，其山多玉石，采来，天子案古图书，名河所出山曰昆仑云。”[15]《汉书》卷九六上《西域传上》：“东则接汉，厄以玉门、阳关，……”有学者解释，“玉门，古关名”，“因西域输入玉石取道于此而得名”。[16]“玉山”是中原“采来”玉器的主要方向。“玉门”则“厄”其输入通道。这也是丝绸之路史研究的主要课题之一。

刘云辉《陕西出土汉代玉器》论“汉代玉器材质来源”即玉材产地，指出陕西出土汉代玉器多用昆仑山玉材、青海一带的玉材和西安附近的蓝田玉。而值得重视的是，“帝王用玉均是来自新疆和田玉”，“还

[1] 〔汉〕许慎撰，〔清〕段玉裁注：《说文解字注》，10页。

[2] 〔唐〕徐坚等：《初学记》，中华书局，1962年，652页。

[3] 〔明〕田艺蘅撰，朱碧莲点校：《留青日札》，上海古籍出版社，1992年，429页。

[4] 〔汉〕许慎撰，〔清〕段玉裁注：《说文解字注》，13页。

[5] 《史记》，312页。

[6] 〔清〕牛运震撰，崔凡芝校释：《空山堂史记评注校释》，中华书局，2012年，70页。

[7] 罗惇衍：《项庄》。〔清〕罗惇衍著，赵望秦等校证：《集义轩咏史诗钞校证》，三秦出版社，2014年，141页。

[8] 王叔岷：《史记斠证》，中华书局，2007年，269页。

[9] 〔宋〕司马光编著，〔元〕胡三省音注，“标点资治通鉴小组”校点：《资治通鉴》，中华书局，1956年，302页。

[10] 张玉春疏证：《〈史记〉日本古注疏证》，齐鲁书社，2016年，47页。

[11] 李贺：《公莫舞歌》，〔唐〕李贺著，吴企明笺注：《李长吉歌诗编年笺注》卷六，中华书局，2012年，699页。

[12] 辛弃疾：《破阵子》，〔南宋〕辛弃疾著，辛更儒笺注：《辛弃疾集编年笺注》卷七，中华书局，2015年，644页。《史记》卷七《项羽本纪》：“沛公已去，间至军中，张良入谢，曰：‘沛公不胜杯杓，不能辞。谨使臣良奉白璧一双，再拜献大王足下；玉斗一双，再拜奉大将军足下。’……项王则受璧，置之坐上。亚父受玉斗，置之地，拔剑撞而破之，曰：‘唉！竖子不足与谋。夺项王天下者，必沛公也，吾属今为之虏矣。’”（314页）。

[13] 李昱：《鸿门舞剑歌》，〔明〕李昱撰，窦怀永点校：《李草阁诗集》卷二，浙江古籍出版社，2019年，30页。

[14] 周明辑释：《山海经集释》，巴蜀书社，2019年，81页。

[15] 《史记》，3160、3173页。

[16] 王继如：《汉书今注》，凤凰出版社，2013年，2273页。

有少量的玉并不是来自新疆，而是与青海白玉极为相似”。[1]

除了玉器制作的材料来源与丝绸之路文明交流有关而外，汉代玉器的题材图样和文化风格，也受到西北方向的外来影响。可能有些民俗表现，也随玉器的流通广泛传布。

上文说到“含在墓主人口中，作为玉琀使用”的“汉墓出土的玉五铢钱”。对相关现象的考察对于“口含钱”风习的认识，提供了新的信息。斯坦因在对中国新疆吐鲁番阿斯塔那古代墓葬区进行考察时，发现了在死者口中放置萨珊王朝银币和拜占庭帝国金币的情形。他在《亚洲腹地》一书中将这一现象与“给死者口中放置一枚钱币，作为支付给摆渡者查朗（charon）的摆渡费”的希腊古俗相联系，然而他又写道：“可是，1916年沙畹热情地告诉我，汉译佛典中也有有关的佛经故事。于是，我翻阅了有关内容，才知道这一习俗并非不为远东所知晓。”夏鼐则指出：“我国在殷商时代便已有了死者口中含贝的习俗，考古学和文献上都有很多证据。当时贝是作为货币的。将铜钱和饭及珠玉一起含于死者口中，成了秦汉以后的习俗。广州和辽阳汉墓中都发现过死者口含一至二枚五铢钱。”[2] 日本学者小谷仲男似乎更重视死者口中含玉的葬式，并且认为与“葬玉”风习有关联。他认为，“纵观中国葬制的变迁，虽不能排除含玉、握玉有时为钱币代替，但是，被信奉为具有神秘灵力的玉石与作为交易媒介的钱币之机能，还是有区别的”。他说：“至于汉代口中含钱，除发现地点比较易受西方影响的地域之外，还缺乏有力的证据。”[3] 罗丰对相关现象进行了这样的分析：“中亚地区的这种习俗显然与古希腊习俗有某种渊源关系，但就其深刻含义而言，明显与前者不可同日而语。后者目前推测为与中亚地区流行的某一宗教或为拜火教信仰有点联系。中国吐鲁番和固原、洛阳、西安等地死者含币习惯与中亚地区是一脉相承的，表现出一种渊源关系。中亚、中国内地的发现表明，虽然古希腊习俗对其有所影响，但并不是严格意义上的，主要原因是传统不同。”[4] 这一见解，值得关心丝绸之路史和中外文化交流史的人们重视。

自战国至于汉晋，带有西北异族文化风格的器物在中原多有出土。

[1] 刘云辉：《陕西出土汉代玉器》，53—54页。

[2] 夏鼐：《综述中国出土的波斯萨珊朝银币》，《考古学报》1974年第1期。

[3] [日]小谷仲男：《死者口中含币习俗——汉唐墓葬所反映的西方因素》，续华译，《敦煌学辑刊》1990年第1期。

[4] 罗丰：《胡汉之间——“丝绸之路”与西北历史考古》，文物出版社，2004年，182页。

图8　云驼纹玉带扣，长沙市陡壁山出土

其中以草原动物纹青铜牌饰最为引人注目。韦正在考察徐州狮子山汉墓出土带饰时，以曹墓云驼纹玉带扣为例，指出西汉时期中原工匠对北方少数民族器物的仿制已见于玉器。[5]1974年发掘的湖南长沙咸家湖西汉中期大型岩坑竖穴木椁墓内棺中部发现玉牌饰，单面透雕“蜷曲蹲卧的骆驼”，四周透雕卷云纹（图8）。陈宗瑞指出，曹墓出土“两件玉牌饰上的骆驼显然并非凡物”，可以与长沙咸家湖西汉墓内棺中部发现的玉牌饰进行关联性考察。此外，“海昏侯墓中发现的动物噬咬纹玉嵌饰主体为双熊猎猪，两只熊与一只野猪纠缠在一起”，这种题材在春秋晚期至战国时期大量出现，“在两汉时期更为流行”。“这件嵌饰的纹样与狮子山汉墓出土金带扣几乎一致，类似纹饰的器物在北方地区、乃至境外也有发现。”[6]

五、汉代的古“玉”：文化继承和文化纪念

中国文化有尚古、尊古、崇古、慕古的传统。对器用的宝爱，有以古为上的普遍心理。因此对于工艺品的收藏，历代都有好古的习尚。

秦汉考古学方面具有总结意义的论著《中国考古学·秦汉卷》在对“汉代玉器”进行分析时指出：“20世纪50年代以来，考古发掘出土的汉代玉器，种类和数量都很多。但由于玉器是具有收藏价值的珍贵物品，墓葬中出土的玉器有些可能是墓主生前的收藏品，所以墓葬的年代只是所出玉器年代的下限，因而汉墓中也可能出土先秦的玉器。这是对出土玉器进行分期断代时应该注意的问题。”[7] 刘云辉曾经分析“陕西汉代墓葬中出土先秦时期的传世品玉器”，指出：“西安北郊

[5] 韦正、李虎仁、邹厚本：《江苏徐州市狮子山西汉墓的发掘与收获》，《考古》1998年第8期。

[6] 陈宗瑞：《胡风汉造：从汉代漆器、玉器纹样也论“中原制造”》，《考古与文物》2024年第3期。

[7] 中国社会科学院考古研究所：《中国考古学·秦汉卷》，726页。

新莽时期墓葬出土的夏代柄形器，西安北郊新莽墓葬出土了西周晚—春秋早期龙纹玉耳玦、春秋晚期秦式龙纹玉璧、西安市长安区茅坡汉墓出土了春秋晚期秦式龙纹玉觿、西安沙坡汉墓出土了战国早期龙纹兽面纹凿形玉饰，这些先秦时期玉器汉代仍在使用，它们对汉代人来讲自然属于传世品。”[1]

收藏前代玉器，对于有经济实力和政治权力的社会上层来说，是比较普遍的文化习惯。海昏侯墓出土玉舞人的制作年代存在学术分歧。或以为战国晚期，或以为西汉早期。[2] 我们看到这样的意见：海昏侯墓出土玉舞人“与河南洛阳金村战国晚期大墓出土的双舞人玉佩、上海博物馆收藏的战国人佩相似，此类玉舞人的形象见于战国末期，应是墓主人收藏的旧玉”。[3] 有学者经过综合比较和认真分析，明确指出，“海昏侯墓出土的玉舞人应该是战国时期制作的礼仪用品，作为墓主人喜好的收藏之物随葬，同时兼有偶人化的辟邪功能”。[4] 其说未必得到学界普遍信从，但是跨年代比较这一思路也许是值得肯定的。

六、汉玉的艺术美

在汉代多种文物遗存中，玉器的造型设计和工艺技法所表现的艺术品味和美感追求，是特别优异的。

有学者介绍江苏扬州博物馆藏中出土于扬州“妾莫书”汉墓的西汉舞女玉佩，指出其制作采用镂雕手法：“舞女穿着长裙，长袖翩翩起舞，雕刻手法均匀细腻，舞女面部细节生动传神”，“形态自然优美，线条明快，简洁大方。”[5]

有些以野生动物为摹作主题的汉代玉器，形象往往鲜明生动。如陕西咸阳出土的玉熊（图 9）、安徽巢湖出土的朱雀衔环卮等，不仅造型精美，而且正如有的研究者所指出的，其造型与纹饰“承载了丰富的象征意义”，以特殊的艺术美“反映了汉代社会的礼制、信仰和价值观”。[6] 这种视角的分析，联系了汉玉作为文明结晶的意义，所论客观。关于汉玉的文化价值，还可以列举很多例证。有的学者关注汉玉中人物和动物造型圆雕作品的艺术成就，得出了“汉代的艺术成就斐然，造型艺术空前绝后”的认识，并且指出：“造型艺术中的玉质圆雕作品更占有十分耀眼的地位。”[7] 这样的判断，是有充备的学术依据的。也有研究者强调，“汉代玉器具有无以伦比的形式魅力”，“汉代玉器在中国玉器发展史上具有里程碑的意义”，汉代玉器“以其后世不可企及的审美形式和艺术风格散发出耀眼的光芒”。[8] 这些评价，大致是符合实际的。

图 9　玉熊，1966 年咸阳市汉元帝渭陵建筑遗址中出土

《说文·玉部》可见加工“玉”的工艺史信息：“琢，治玉也。”“琱，治玉也。”“理，治玉也。”段玉裁注：“《释器》：玉谓治琢，石谓之摩。《毛传》同。按琢琱字谓镌鑿之事。理字谓分析之事。《考工记》刮摩五工。玉人，记玉之用；楖人、雕人，阙。楖人，盖理之，如楖之疏发。雕人，盖啄之，如鸟之啄物。左思赋水鸟曰‘凋啄蔓藻’。是其意。”[9] 其说比较全面地说明了玉作工艺的特点。“宜子孙——汉代玉器集萃”展所见咸阳博物院藏玉鹰、天长市博物馆藏龙形玉环、咸阳博物院藏玉人奔马（图 10）[10] 以及扬州博物馆藏辟邪形玉壶等，均生动优美，都是汉代以“治玉”为艺术方式的精美作品。此外，河北省文物考古研究院藏嵌玉马蹄金、南京博物院藏鹰座玉琮、徐州博物馆藏漆木芯镶玉枕等，以“玉”和其他材质的巧妙结合，成就了特别

[1] 刘云辉：《陕西出土汉代玉器》，54 页。

[2] 樊文杰、张杰：《南昌汉代海昏侯国刘贺墓出土玉舞人年代考》，《南方文物》2018 年第 2 期；任楷：《海昏侯墓出土玉舞人评析》，《大匠之门》第 12 辑，广西美术出版社，2016 年，150—152 页；徐良：《南昌海昏侯墓出土玉舞人考》，《地方文化研究》2019 年第 1 期。

[3] 权敏、罗晓燕：《南昌汉代海昏侯国考古中的玉器》，《收藏家》2016 年第 7 期。

[4] 练春海：《海昏侯墓出土玉舞人研究》，《艺术学研究》2023 年第 4 期。

[5] 许兰青：《汉代玉佩工艺特色及历史人文价值探究》，《文物鉴定与鉴赏》2022 年第 13 期。

[6] 刘先锋：《汉代玉器在中国传统文化中的象征意义与社会功能分析》，《收藏》2024 年第 6 期。

[7] 刘云辉、刘思哲：《汉代圆雕人物和动物玉器艺术成就试析》，《河南博物院院刊》2020 年第 2 期。

[8] 马颖：《汉代玉器审美形式与风格研究》，西北大学博士学位论文，2018 年。

[9] 〔汉〕许慎撰，〔清〕段玉裁注：《说文解字注》，15 页。

[10] 刘云辉不同意有的学者定名“胡儿骑马”的意见，称“玉仙人乘天马”。刘云辉：《陕西出土汉代玉器》，31、266、267 页。

图 10　玉人奔马，1965 年咸阳市汉元帝渭陵建筑遗址中发现

图 11　“千秋万岁宜子孙”锦枕，1995 年新疆民丰县尼雅遗址 95MNI 号墓地 M8 出土

名贵典雅的器物，也体现了“治玉”工匠的美学构想和技术巧思。我们观摩、把玩、鉴赏这些汉代艺术珍品时，自然会追忆怀想当时“玉人”们的勤劳和智慧。

七、关于“宜子孙”玉器

“宜子孙”文字频繁见于汉代金文资料，也是汉代镜铭习用语。汉印文字中也可见“宜子孙”。[1] 出土于浙江湖州的东汉永元六年“大吉”砖，可见反文“大吉宜子孙”。四川西昌出土东汉“宜子孙”砖，有文字：“宜子孙长大吉利”。又如“汉宜子孙砖”，文曰：“宜子孙饮百口寿长久”。[2]“[光] 和五年二月墓券”有“世世富贵，永宜子孙”字样。[3] 新疆拜城“刘平国石刻”有“坚固万岁，人民喜，长寿亿年，宜子孙”文字。[4]“居巢刘君墓石羊题记”中也可以看到“宜子孙”字样：“大吉羊宜子孙传世老寿”（小石羊第一石）；“大吉宜子孙传世老寿”；（小石羊第二石）“大吉宜子孙传世老寿”（小石羊第三石）；“大吉宜子孙传世老寿”（小石羊第四石）。[5] 显然，“宜子孙”，是“大吉”“大吉羊”的重要表现，在汉代已经成为寄托美好吉祥心愿的习用语。

居延汉简中可见“李大书门宜子孙”（E.P.T59:147A）。[6] 简文也可以说明“宜子孙”在当时是体现非常普遍的民间意识的公开的愿望表述。新疆民丰出土的“千秋万岁宜子孙”锦枕（图 11）[7]，也值得我们注意。通过这些信息，我们可以推想汉代民间普通人群的愿望。这些人生期望与“宜子孙”结合，共同形成了当时社会意识中与现今人们所谓较高幸福指数有所接近的文化追求。

汉代人视“子孙充实”“子孙蕃昌”“子孙备具”为宗法秩序的基础。[8] 对于家族的责任，称“子子孙孙，卑尔炽昌”[9]，“子子孙孙，永永番昌”[10]。理想的家族关系，即所谓“宜尔子孙，夭夭伸伸”，“子孙既多，又皆和睦”。[11] 陈直《关中秦汉陶录》著录“长宜子孙常得男”陶文 [12]，则显示了以文物形式表达的当时人求子愿望明朗的性别倾向。

《初学记》卷二九引《杂五行书》：“黑犬白前两足，宜子孙。”[13] 一些神秘植物和神秘动物具有“宜子孙”特殊功能的情形，又见于《山海经 · 西山经》和《山海经 · 南山经》。[14]

汉墓出土玉璧及其他玉质佩饰多有突出文字标示“宜子孙”者。[15]

[1]　王子今：《汉代儿童的世界》，中华书局，2024 年，2—15 页。
[2]　王镛、李淼：《中国古代砖文》，知识出版社，1990 年，59、128、156 页。
[3]　[日] 池田温：《中国历代墓券略考》，《东洋文化研究所纪要》第 86 号，1981 年，17 页。
[4]　[日] 永田英正：《汉代石刻集成 · 本文篇》，京都大学人文科学研究所研究报告，同朋舍，1994 年，78 页。
[5]　[日] 永田英正：《汉代石刻集成 · 本文篇》，175 页。
[6]　甘肃省文物考古研究所等：《居延新简：甲渠候官与第四燧》，文物出版社，1990 年，368 页。
[7]　新疆文物考古研究所：《新疆民丰县尼雅遗址 95MNI 号墓地 M8 发掘简报》，《文物》2000 年第 1 期。
[8]　王子今：《汉代儿童的世界》，1、22—23 页。
[9]　《校官碑》，高文：《汉碑集释》，河南大学出版社，1997 年，458—459 页。
[10]　《白石神君碑》，高文：《汉碑集释》，446 页。
[11]　《汉书》，2207—2208 页。
[12]　陈直有文字说明：“汉长宜子孙常得男陶盖，陶皆纯青，出土地址未详，科学院所藏。文七字‘长宜子孙常得男’男字减笔。”陈直：《关中秦汉陶录》上册，中华书局，2006 年，78—79 页。
[13]　〔唐〕徐坚等：《初学记》，712 页。《艺文类聚》卷九四引《杂五行书》：“黑犬白前两足，宜子孙。”〔唐〕欧阳询撰，汪绍楹校：《艺文类聚》，上海古籍出版社，1965 年，1637 页。
[14]　王子今：《汉代儿童的世界》，26—27 页。
[15]　扬州博物馆：《江苏邗江县甘泉老虎墩汉墓》，《文物》1991 年第 10 期；魏振圣：《山东省青州市发现东汉大型出廓玉璧》，《文物》1988 年第 1 期；山东省青州市博物馆：《山东青州市马家冢子东汉墓的清理》，《考古》2007 年第 6 期；井娟：《头戴“龙帽”的东汉“宜子孙”玉璧》，《春秋》2024 年第 3 期。

又可见“宜子孙日益昌”文字。[1] 入展“宜子孙——汉代玉器集萃”的扬州博物馆藏“宜子孙”玉璧是具有典型性、代表性的“宜子孙”玉器。

“宜子孙——汉代玉器集萃”展设计高明，策划优异，布展精心。汉玉以晶莹温润形制所体现的清雅悠远的文化精神、文化气质和文化风格，得到真切的表现和合理的说明。而展览主题以“宜子孙”标识，是有学术深意的。这一思路对于研究和理解汉代与“玉”有关的文化现象，提示了最重要的文明主脉，也为关心汉文化和玉文化的朋友们提供了新鲜资料和新鲜见解。

“宜子孙——汉代玉器集萃”展对于说明和理解汉代物质文化和汉代精神文化的面貌，贡献是可贵的。汉史研究者以及所有关心汉代历史文化的人们，都会因此感谢徐天进教授，感谢良渚博物院，感谢为展览成功做出努力的朋友们付出的智慧和辛劳。

（本文写作，得到中国人民大学国学院王泽的帮助，谨此致谢。）

[1] 熊昭明、富霞：《合浦汉墓》，广西科学技术出版社，2019 年，66 页。

汉代玉器研究综述

河南大学历史文化学院　曹芳芳

汉代是中国历史上一个辉煌且极具影响力的时期，历时四百余年（公元前206—公元220年），在政治、经济、文化等诸多方面展现出了独特且繁荣的风貌。汉代以其长期的稳定、持续的繁荣和广泛的影响，铸就了中国历史的辉煌篇章。在这样的大一统盛世中，创造出了极为灿烂的物质文化与艺术，承载着丰富的历史文化内涵。其独特的造型、精湛的工艺以及深刻的文化寓意，反映出汉代社会政治、经济、文化等多方面特征。对汉代玉器的研究，有助于深入了解汉代社会的整体风貌和中国古代玉器文化的传承演变。因而，本文将对汉代玉器研究的历程、成果与现状进行较为全面的述评。

一、汉代玉器研究的历史

（一）早期研究阶段（宋代至清代前期）

宋代金石学的兴起为古代玉器的研究奠定了基础，一些学者开始关注汉代玉器，并将其纳入金石学的研究范畴。这一时期的研究主要侧重于对玉器的著录和简单描述，目的在于考证古代的礼仪制度。例如，吕大临的《考古图》、赵明诚的《金石录》等著作中，对汉代玉器进行了收录和简要介绍，但研究方法较为单一，对玉器的工艺、文化内涵等方面的探讨相对有限。元代朱德润的《古玉图》基本上继承了宋人对汉代玉器的著录与讨论模式，只是新增了关于如何鉴赏玉器的内容。总体来看，当时的金石学家对于汉代玉器仅偏重形制描述而缺少考证，只是将其笼统称为古玉，有时甚至将其时代判断错误。

明清时期，考据学的发展以及收藏之风的盛行推动了对汉代玉器的进一步研究。学者们在继承宋代金石学研究方法的基础上，更加注重对玉器实物的考证和鉴别，不仅关注玉器的造型、纹饰，还对其制作工艺、玉质等方面进行了初步探讨。一些收藏家也对汉代玉器产生了浓厚兴趣，促使市场上出现了不少关于汉代玉器鉴定和收藏的著作，如高濂的《遵生八笺》，其中便对汉代玉器的质地、色泽、造型等方面进行了初步探讨。张岱的《陶庵梦忆》中也有少量玉器的记载与追述。当时的金石学家和考据学家，或者文人雅士对于汉代玉器的探索，基本未形成专著，皆是散见于其学术著作或散文中。他们的研究仍以传统文献或礼书中的记载为依据进行发挥和阐释，未能脱离传统的桎梏，其研究仍存在一定的局限性。

（二）近代研究阶段（清代后期至民国时期）

清代后期至民国时期，一方面金石学的研究传统仍在延续。如瞿中溶及吴大澂以实物与古代文献相结合的方式，详考各类古玉的名物制度，指出了一些传世的汉代玉器，如刚卯、蝉形玉琀、鸠杖首等。然而，他们所依据的主要是“三礼”等经书和汉儒注释，考释存在一定局限性，常把一些汉代玉器定为三代之器。徐寿基《玉谱类编》是一部较成体统的玉器专著，全书四卷二十八集，遍查古籍，分类编排。该书内容丰富，旁征博引，其中部分内容的考证和认识是与秦汉时期的玉器相联系的。

另一方面，随着西方考古学思想的传入和国内考古发掘工作的初步开展，汉代玉器的研究逐渐摆脱了传统金石学的束缚，开始向现代考古学研究方法转变。一些学者借鉴西方考古学中的类型学、地层学等方法，结合汉代玉器的出土情况、年代判定等方面进行了更科学的研究。同时，考古发现的汉代玉器数量逐渐增多，为研究提供了更多的实物资料。如1909—1916年，日本人关野贞、谷井济一和今龙西等在朝鲜平安南道大同江南岸发掘了一批汉代乐浪郡的墓葬。在此之后到第二次世界大战结束前，日本学者在朝鲜半岛发掘了70多座乐浪墓葬。[1] 这批墓葬中出土了玉璧、玉琀、玉猪、玉剑饰等玉器。此后，日本学者滨田耕作和中国学者郭宝钧等人开始运用这批资料研究汉代玉

[1]　[日]今西龙：《朝鲜平壤郡大同江面南古坟》,《东京人类学会杂志》第25卷293号，1910年；朝鲜总督府：《乐浪时代的遗迹》,《古迹调查特别报告》第4册，汉城，1927年；[日]原田淑人、田泽金吾：《乐浪——五官掾王盱の坟墓》，刀江书院，1930年；朝鲜古迹研究会：《乐浪彩箧冢》，1935年；朝鲜总督府：《乐浪郡时代の遗迹》，东京印刷株式会社，1927年；乐浪汉墓刊行会：《乐浪汉墓·第一册》，真阳社，1974年；《平壤附近に於ける乐浪郡时代の遗迹》;[日]高久健二:《乐浪古坟文化研究》，学研出版社，1995年。

器，对汉代玉具剑各部位玉饰的名称、悬佩方式及蝉形琀的意义等进行了比较详细的探讨。[1] 但由于当时考古发掘的汉玉资料较少，对汉代玉器还缺乏全面的认识。1914—1916 年，英国考古学家斯坦因在新疆楼兰、尼雅等地发现了一批汉代玉器，引起了国内外学术界的广泛关注。[2] 这一时期的研究成果主要体现在一些考古报告和少量的专题研究论文中。比较重要的是郭宝钧在 1948 年写作的《古玉新诠》，首先根据现代考古理念与考古材料，将三国之前的中国玉器分为石器时代之玉的实用期、殷末周初之玉的玩好期、春秋战国之玉的配列期、西东两汉之玉的仿制期；其次，提出了研究玉器的三个层次，即“抽绎玉之属性，赋以哲学思想而道德化；排列玉之形制，赋以阴阳思想而宗教化；比较玉之尺度，赋以爵位等级而政治化”。[3] 可以说，郭宝钧先生的这两层研究开启了以考古学手段研究玉器之先河。

二、汉代玉器研究的成果与现状

新中国成立以来，随着大规模的考古发掘工作的开展，大量汉代墓葬和遗址被发现，出土了丰富的汉代玉器，为汉代玉器的全面研究提供了极为丰富的实物资料，创造了条件。

（一）考古发现与资料整理

随着我国考古事业的蓬勃发展，大量汉代墓葬和遗址被发掘，出土了丰富的汉代玉器，为汉代玉器的研究提供了前所未有的实物资料。如河北满城中山靖王刘胜夫妇墓、陕西汉代帝陵与贵族墓葬、广州南越王墓、徐州楚王墓、巢湖北山头汉墓、扬州汉墓、南昌海昏侯墓等重要考古发现，出土玉器数量众多，种类丰富、工艺精湛，涵盖了礼仪用玉、丧葬用玉、装饰用玉、生活用玉等各个方面，使人们对汉代玉器的认识更加全面、准确。

考古工作者对出土玉器的资料整理也更加细致和规范，不仅有玉器的出土位置、组合关系、保存状况等信息的详细记录，还运用现代科技手段对玉器开展无损检测和分析，为深入研究汉代玉器的文化内涵和社会功能奠定了坚实基础。同时，还出版有汉代玉器的专题图书或图录，如《南越王墓玉器》《汉广陵国玉器》《陕西出土汉代玉器》《龙飞凤舞——徐州汉代楚王墓出土玉器》等书，进一步方便了汉代玉器研究的开展与深入。

除了考古的发掘资料整理与初步研究之外，博物馆举办的关于汉代玉器的展览也对研究起到了较大的推动作用。近十年来关于汉代玉器或汉代文物的代表性展览主要有“宜子孙——汉代玉器集萃”（2024）、“大汉气象——徐州汉代文物精品展”（2020）、“龙飞凤舞——汉代诸侯王墓出土玉器展”（2016）、“汉风——中国汉代文物展”（2014）等，另有包含了诸多汉代玉器的综合性玉器展，诸如中国国家博物馆新版“中国古代玉器展”（2023）与“玉润中华——中国玉器的万年史诗图卷”（2023）等。这些配套展览出版的图录，详细收录了展览中关于汉代玉器的高清图片、尺寸规格、出土信息等关键资料，集中呈现了分散于各个馆藏机构的玉器信息，让更多研究者、爱好者能更便捷地了解到不同地区发现的汉代玉器的情况和背景资料，弥补了过去可能存在的资料空白，完善汉代玉器的资料库。另外，图录中还会邀请业内专家撰写专业的解读文章，从玉器组合、工艺特点、使用功能、纹饰风格等多个角度进行细致剖析，探讨汉代玉器蕴含的文化寓意、社会审美、等级制度、丧葬习俗等多方面内容。

（二）综合性研究

关于汉代玉器的综合研究首推夏鼐先生的《汉代的玉器——汉代玉器中传统的延续和变化》一文。[4] 他以考古资料实证为主，兼以历史学、文献学等学科知识，将考古发现与历史文献相结合，厘清了汉代玉器对前代传统的继承与自身发展的脉络，以严谨的考古学方法对经生们依据“三礼”等经书及汉儒注释来研究古代玉器的方法进行了批判和纠正，并从玉器的材料、工艺、器形、花纹等多个方面对汉代玉器进行了系统研究，为后来的汉代玉器研究构建了一个全面而科学的框架。可以讲，夏鼐先生此文宛如一颗璀璨的启明星，在汉代玉器研究领域中熠熠生辉，开启了这一领域研究的崭新篇章。更为重要的是，此文实现了极具影响力的 “一破一立”。在过往的研究中，诸多学者采用文献资料来研究汉代玉器，但这样的方式存在诸多误读之处，比

[1] ［日］滨田耕作：《私の发掘した古墓》，《青陵随笔》，座右宝刊行会，1947 年，12—24 页。

[2] ［英］斯坦因：《西域考古记》，向达译，商务印书馆，2013 年。

[3] 郭宝钧：《古玉新诠》，中国科学院历史语言研究所集刊第二十下册，1948 年，1—46 页。

[4] 夏鼐：《汉代的玉器——汉代玉器中传统的延续和变化》，《考古学报》1983 年第 2 期。

如在玉器名称、用途以及葬制中玉器放置位置等关键问题上，多是基于杜撰或者理想化的设想，缺乏坚实的实物依据。夏鼐先生凭借其深厚的学术功底以及严谨的治学态度，以科学的考古学方法，对这些传统研究中的误区进行了有力的纠正，打破了旧有研究桎梏。与此同时，夏鼐先生并未止步于“破”，更是积极地“立”起了一套科学的汉代玉器研究理论框架，通过他亲身参与或精心梳理的考古发掘实例，如满城汉墓、定县北庄汉墓等，为其理论框架筑牢了坚实的实物根基，其研究成果极具说服力，为后续的汉代玉器研究提供了清晰且科学的路径与方法。后来的研究者们能够沿着这一框架，不断地精耕细作，持续拓展和深化对汉代玉器的认知与探索。正是这些重要的意义，使得这篇文章成为了开展汉代玉器研究的纲领性文件。

之后，卢兆荫先生根据自身从事汉唐考古50余年以来的积累，出版了有关汉代玉器研究的专著。如《玉振金声——玉器·金银器考古学研究》，包括玉器研究论文26篇，关于汉代玉器的研究有24篇。[1]不仅有关于满城汉墓、南越王墓、徐州狮子山汉墓、长清双乳山汉墓等汉代诸侯王墓出土玉器的相关研究，也有对诸如玉衣、玉舞人、玉璧、玉剑饰、韘形佩等特殊器型的专题研究，还有专门关于汉代礼仪用玉的研究以及汉代玉文化发展脉络的探讨，为汉代玉器研究提供了丰富的资料和重要参考。此外，卢兆荫先生的《古玉史话》也专辟一章，以汉代玉器为主，对礼仪用玉、丧葬用玉、装饰用玉和日常用玉在公元前3世纪至6世纪之间的发展、演变与新特点进行了研究与归纳[2]，有助于厘清汉代玉器所处的历史脉络与历史特征。

最新的关于汉代玉器的综合性研究是徐琳的《汉代玉器研究》。[3]全书分为“汉代王侯贵族墓葬的发现及其出土玉器”“两汉玉器的分类及研究”“汉代用玉思想探讨”三大章节，首先以大量考古材料和文献为依据，全面梳理了两汉诸侯王、列侯墓葬出土的玉器，并采用器物学的研究方法，将迄今出土的汉代玉器及有关的传世汉玉从礼仪、丧葬、装饰、日常及陈设用玉四个大类，进行了全面、系统、深入的分析研究。之后，对汉代玉器的装饰风格、艺术审美、使用功能、文化内涵等进行了较为深入的探讨。此外，该书还从各方面思想渊源探讨了汉代用玉思想的形成与发展、流变之根源，跳出了文物研究以往困于一器一物的窠臼，将对文物、历史的研究回归到背后的人与社会这一上层建筑。这是目前第一本关于汉代玉器全面且系统的研究专著，因此其意义不言而喻。一是，内容全面系统。作者这种系统的分类和研究方法，使读者能够清晰地了解汉代玉器的种类、特点以及在不同场景中的应用。二是，研究视角有所创新。以往关于汉代玉器的研究往往局限于对器物本身的描述和分析，而本书的一大亮点是跳出了这一窠臼，进一步从思想渊源的角度探讨了汉代用玉思想的形成、发展与流变的根源。通过对汉代社会背景、文化传统、宗教信仰等多方面的综合考察，作者深入剖析了汉代人重视玉器的原因，以及玉器在汉代社会中所承载的丰富文化内涵和象征意义，使读者能够更加全面地理解汉代玉器在当时社会中的重要地位和作用。三是，学术价值高。作者汇集了二十年来对汉代玉器及玉文化的研究成果，书中所引用的考古材料和文献资料详实准确，为读者提供了丰富的研究素材，而且，在对汉代玉器的研究过程中，作者提出了许多独到的见解和观点。同时，本书采用了器物学、考古学、历史学、文化学等多学科交叉的研究方法，这种综合运用多种研究方法的范式，也为今后的玉器研究提供了有益的借鉴。

《汉代玉文化国际学术研讨会论文集（2018中国·徐州）》是2018年10月底在江苏徐州举办的“2018中国·徐州汉代玉文化国际学术研讨会”的论文集，全书收录了会议论文中的35篇，内容涉及汉代玉文化综合研究等多个方面，从不同角度探讨了汉代玉器的相关问题，有助于读者全面了解汉代玉文化的研究现状和最新成果。袁胜文的《汉代诸侯王墓用玉制度研究》一文，将汉代诸侯王墓出土玉器大致分为礼玉、装饰玉和实用器具三类，发现玉衣和九窍塞等殓葬玉及玉璧和组玉佩等具有礼玉性质的器类集中体现使用者的身份等级，并存在一定的使用制度，这种制度的存在源自汉代人的玉崇拜和玉迷信。[4]

此外，还有一些研究生学位论文将汉代玉器纳入其中，作为一章讨论。如石荣传《三代至两汉玉器分期及用玉制度研究》、李婵《上古三代秦汉玉文化研究》。也有专门针对某个阶层墓葬出土玉器的研究，如王万莉《汉代豪强墓出土玉器的研究》。

（三）分类与用途研究

学者们将汉代玉器按功能和用途细分为礼仪用玉、丧葬用玉、装

---

[1] 卢兆荫：《玉振金声——玉器·金银器考古学研究》，科学出版社，2007年。

[2] 卢兆荫：《古玉史话》，社会科学文献出版社，2011年。

[3] 徐琳：《汉代玉器研究》，故宫出版社，2024年。

[4] 袁胜文：《汉代诸侯王墓用玉制度研究》，《南开学报（哲学社会科学版）》2012年第5期。

饰用玉、日常及陈设用玉等类别，并详细探讨了各类玉器的具体用途和象征意义。

在汉代，礼仪用玉延续了先秦时期的部分传统，但也有所变化。卢兆荫先生认为的礼仪用玉包括古代贵族阶层祭祀、朝聘以及其他各种礼仪活动所用的“礼玉”（或称“祭玉”）、“瑞玉”及仪仗用玉等。[1] 虽然所谓的“六器”组合以及从先秦继承而来的玉戈、玉钺等兵器在汉代仍然存在，但它们数量较少。总体而言，汉代在礼仪用玉方面部分继承秦代及先秦时期的用玉制度，而在器类上趋于简化，礼仪用玉以玉圭和玉璧为主。[2] 曹芳芳认为汉代玉圭具有鲜明的时间、地域、性别与功能之分，玉圭在汉代逐渐成为帝王的专属用玉，由于玉圭鲜明的等级性、美好的寓意性，成为美好品质的象征。同时根据汉代文献中对“圭（珪）币”记载与实际的考古发现相结合，认为这一词语中的“圭”是玉器的代名词。[3] 关于汉代玉圭的最新研究成果是《汉代用圭制度研究》，通过文献记载、祭祀用圭、墓葬用圭三个方面的梳理和分析，认为汉代的祭祀用圭整体上具有较为明显的统一性，应是专为祭祀制作的消费品；墓葬用圭方面，仅有诸侯王级别的贵族才能够使用大型玉圭随葬，等级较低的其它贵族至平民，虽然也存在大型玉圭随葬的情况，但是只使用石制品或玉璧改制品。[4]

由于玉璧的分布地域、使用数量与使用范围远超玉圭，因而关于玉璧的研究也远多于玉圭。关于汉代玉璧的研究大致可以分为三类。一是，综合性研究。以考古发现的实物资料为主，对汉代玉璧的分期、分区、位置、功能、所反映的文化与思想观念进行较为全面的讨论。[5] 这类研究多为高校的研究生学位论文，因而资料全面、研究系统。二是，单个方面或单一地区玉璧材料的介绍与探讨，讨论主题包括玉璧用途[6]、随葬制度[7]和玉璧纹样[8]，涉及的地区性研究主要在福建[9]。三是，璧纹图像研究。这类研究主要依据大量的画像砖、石材料和石椁图像，梳理其中的璧纹资料，探讨画像砖、石椁中璧纹的分类、分区与分期[10]，功能与寓意[11]或是以上的综合性探讨[12]。汉代璧类图像具有“信仰性”与“世俗性”两大象征意义，并且存在由“信仰性”向“世俗性”转变的现象。[13] 同时，这些研究大多认为石椁、画像砖石上的玉璧与天门关系密切，是天国门户的象征。但是，一例从神话学角度的研究认为，汉画像石中的连璧纹是“玉帛为二精”神话理念的再编码，编码的核心是由蚕到丝的符号置换，以及玉璧与丝帛建构的图像新意义，由此将静态的生命观转换为动态的生命理念。[14]

玉琮在汉代可能基本已不再制作，汉墓中偶然发现的玉琮多是先秦时期遗留下来的旧玉，而且在此时被改制，已不能作为礼仪用玉使用。如涟水三里墩汉墓出土的素面玉琮，增加了鎏金鹰足银座和镶嵌水晶泡的鎏金银盖。这件玉琮的年代有史前说[15]、西周说[16]，其功能有当作

---

[1] 卢兆荫：《略论汉代礼仪用玉的继承与发展》，《文物》1998 年第 3 期。

[2] 卢兆荫：《略论汉代礼仪用玉的继承与发展》，《文物》1998 年第 3 期。

[3] 曹芳芳：《汉代玉圭的发现与研究》，《青年考古学家》（第 2 辑），科学出版社，2022 年，86—103 页。

[4] 方良朱、黄一哲：《汉代用圭制度研究》，北京大学中国考古学研究中心、北京大学震旦古代文明研究中心：《古代文明（第 18 卷）》，上海古籍出版社，2024 年，189—203 页。

[5] 石文嘉：《汉代墓葬中出土玉璧的研究》，南开大学硕士学位论文，2011 年；陈斯文：《两汉时期出土玉璧的初步研究》，西北大学硕士学位论文，2012 年；陈斯文、刘云辉：《略论汉墓出土玉璧及其蕴含的丧葬观念》，《文博》2012 年第 2 期；吴桐：《略论秦汉玉璧》，南京大学硕士学位论文，2015 年；周秋香：《两汉时期墓葬中出土玉璧、玉蝉的研究》，江西师范大学硕士学位论文，2016 年；杨岐黄：《新石器时代至汉代玉璧研究》，西北大学博士学位论文，2020 年；武海文：《长江下游地区出土汉代玉璧研究》，山东大学硕士学位论文，2020 年。

[6] 练春海：《论汉墓内棺盖上所置玉璧的礼仪功能》，《美术研究》2019 年第 1 期；沈辰：《文化传承中的时尚：西汉玉璧功能以及文化寓意的再思考》，《故宫博物院院刊》2019 年第 6 期。

[7] 石文嘉：《汉代玉璧的随葬制度》，《中原文物》2013 年第 3 期。

[8] 侯淳耀：《榖纹玉璧装饰研究——以临淄商王墓地与范家村墓地为例》，中央美术学院硕士学位论文，2018 年；刘彦臻：《海昏侯墓玉璧中的谷纹研究》，南昌大学硕士学位论文，2021 年。

[9] 林丹：《论福建出土的汉代闽越国玉璧和玉组佩》，《福建文博》2014 年第 1 期。

[10] 王春云、乔石磊：《汉代石椁画像“璧纹”图像谱系研究》，《海岱考古》2024 年第 1 期。

[11] 陈江风：《汉画玉璧图像中的文化学阐释》，中国汉画学会、河南博物院：《中国汉画学会第十三届年会论文集》，中州古籍出版社，2011 年。

[12] 任义玲：《汉代画像中的玉璧及其蕴含的象征意义》，《中州今古》2000 年第 4 期；张颢馨：《汉代画像石璧类图像研究》，山东大学硕士学位论文，2021 年；张晓超、赵俊杰：《四川地区汉代花纹砖上的玉璧纹图像小考》，《南方文物》2021 年第 4 期；伍秋鹏：《川渝地区的汉代龙虎衔璧图像初探》，《形象史学》2021 年第 3 期。

[13] 张颢馨：《汉代画像石璧类图像研究》，山东大学硕士学位论文，2021 年，110 页。

[14] 王倩：《玉帛为二精：汉画像石连璧纹的神话编码与认知》，《神话研究集刊》2023 年第 1 期。

[15] 武留涵、祝熙：《江苏涟水三里墩西汉墓的再认识》，《文物春秋》2024 年第 6 期。

[16] 古方：《中国古玉器图典》，文物出版社，2007 年。

"天门"[1]、容器、工艺品[2]等。此外礼仪用玉的研究还涉及祭玉，汉代的畤祭用玉类型进一步丰富，至武帝时期伴随着儒家思想被尊为国家治理的主导理论，在国家祭天典仪中，以符合儒家经典的玉器组合顺理成章取代"非礼"的秦式传统，也标志着汉代礼制走向成熟。[3]

汉代装饰用玉主要包括由各类玉饰组成的组玉佩、韘形佩、玉舞人（组）佩、玉簪、玉带钩、玉剑饰、各类珠饰以及挂在腰带上的玉印等精美配饰。但学界主要对组玉佩、玉舞人（组）佩、韘形佩、玉剑饰与珠饰研究较多。关于佩玉的综合性研究以高校研究生学位论文为主。黄诚对汉代的佩饰进行了分类、分期与佩玉思想内涵研究。[4]曾东对先秦秦汉时期的组玉佩、事佩及其思想内涵进行了初步探索，指出秦汉时期组玉佩逐渐成为一般性的装饰用玉，同时事佩的主要功能转变成实用性的日常生活小工具。[5]关于玉舞人（组）佩的研究可以分为三类：一是，综合性研究。这些研究或是对既往研究的综述[6]，或是全面对汉代的此类佩玉进行类型学、年代、组合、使用及其源流的考察，提出此类组佩具有鲜明的性别与等级差异，主要为高等级贵族女性使用。[7]二是，关于玉舞人佩的功能与思想内涵。目前主流的看法是玉舞人佩具有趋吉避凶或祈福辟邪的作用[8]，而且大多数学者认为玉舞人的造型与舞姿表现的是楚舞[9]，但也有少量学者认为表现的是中原与越族风格相融合的舞蹈[10]。然而不论如何，它们的出现与汉代乐舞艺术的发展、汉代丧葬观念和明器制度密切相关[11]。三是，艺术性研究。主要包含造型特征[12]、艺术成就研究[13]和以玉舞人为参照研究舞蹈或者服饰[14]，这部分研究多为艺术学领域的学者。

韘形佩的研究主要围绕着其发展演变、功能和名称而展开。在先秦时期，韘具有实用功能，至汉代演变为装饰品，这是诸家的共识。其演变的原因关乎材料与工艺水平、政治军事、工艺美术、射礼文化等多种因素。[15]由于韘和韘形佩流行的时间长，形制、纹饰和雕刻手法又变化多端，从而在命名上出现诸多混乱，其名称有多种叫法，包括"韘""佩（珮）"或者"心形佩""玦""觿""羡璧"和"扇面形玉饰片"等。杨建芳认为东周以来的韘和韘形佩都应称为韘形玉饰。[16]而黄曲则认为钮和附饰应该成为韘和韘形佩的区别所在，圆筒状和有钮的称为韘，有附饰的则称韘形佩。[17]蒋希来更加全面地以墓葬中出土的韘及韘形佩为研究对象，结合相关考古材料和文献材料，考察韘及韘形佩的类型、分期、分区特征、功能及使用制度、社会属性、纹饰内涵等内容。[18]2018年，左骏根据青岛土山屯汉墓（M6）棺内墨书遣册"玉決一"的内容，首先指出韘形佩在汉代真正的名称应该是"玉玦"，解决了此前学界关于此类玉器长久命名的混乱。[19]之后，任楷不仅肯定了这一论断，而且进一步指出了"玦为缺环"误识的根源，皆起于三国以来对"玦"的误注。[20]

关于玉剑饰已有的研究主要围绕材质、器形、纹饰、工艺和功能展开。蔡冰清通过对海昏侯墓出土玉剑饰的多方面考古学观察，认为这批剑饰以和田玉为主，多饰螭纹和兽面纹，玉剑饰采用片切割工具、线性工具、桯钻、管钻、砣具、打磨工具等加工制作，经历了选料、描图、造型、雕纹、抛磨的工艺流程，使玉剑饰具有美化剑身、区分等级、辟邪压胜的装饰、礼仪和丧葬功能。[21]梁瑞雪则围绕剑饰的组成、形制

[1] 汤超：《西周至汉代出土玉琮功能初探》，《南方文物》2017年第3期。
[2] 卢兆荫：《略论汉代礼仪用玉的继承与发展》，《文物》1998年第3期。
[3] 陈博、冯夏颖：《试析畤祭用玉的时代特点与相关问题》，《考古》2023年第11期。
[4] 黄诚：《汉代佩饰玉与佩玉思想研究》，江西师范大学硕士学位论文，2013年。
[5] 曾东：《先秦秦汉时期组玉佩和事佩研究》，武汉大学硕士学位论文，2018年。
[6] 寇钰洁、周剑虹：《玉舞人研究综述》，《文物鉴定与鉴赏》2022年第18期。
[7] 徐良、王志高：《两汉玉舞人组佩研究》，《考古》2023年第2期；武耕：《西汉楚国"玉舞人"组佩研究》，《中国国家博物馆馆刊》2020年第1期。
[8] 王倩：《两汉时期出土的玉舞人》，《美成在久》2018年第1期；边泽星：《汉代玉舞人功能考》，《大众考古》2020年第10期；练春海：《海昏侯墓出土玉舞人研究》，《艺术学研究》2023年第4期。
[9] 徐良：《南昌海昏侯墓出土玉舞人考》，《地方文化研究》2019年第1期。
[10] 黎国韬、陈熙：《南越王墓出土玉舞人考》，《文化遗产》2011年第1期。
[11] 张亮：《汉代"舞人"玉雕探析》，《南方文物》2013年第4期。
[12] 鲍晓：《汉代玉舞人造型小考》，《艺术百家》2008年A2期；王乙稀：《浅析西汉时期玉舞人造型与佩戴方式》，《文物鉴定与鉴赏》2019年第15期。
[13] 刘云辉、刘思哲：《汉代圆雕人物和动物玉器艺术成就试析》，《河南博物院院刊》2020年第2期。
[14] 张雅宁：《古代玉舞人的舞蹈文化研究》，中国艺术研究院硕士学位论文，2014年；王方：《汉代舞服的考古学研究》，《博物院》2019年第1期；黄晓蔓：《战汉女性玉舞人服饰造型与思想内涵》，《淮北师范大学学报（哲学社会科学版）》2023年第3期。
[15] 袁良榕、张恩、涂晓琼：《韘形佩的历史渊源及演变——以海昏侯墓出土龙凤纹韘形佩为例》，《宝石和宝石学杂志》2016年第4期。
[16] 杨建芳：《玉韘及韘形玉饰——一种玉器的演变考察》，《中国文物世界》1989年第7期。
[17] 黄曲：《浅论"韘"及"韘形佩"》，《考古与文物》2011年第2期。
[18] 蒋来希：《两周至汉代韘及韘形佩研究》，山东大学硕士学位论文，2016年。
[19] 左骏：《古代玉护指的流变：芄兰之叶，童子佩韘》，《大众考古》2018年第10期。
[20] 任楷：《"玦"：汉代韘形佩再探》，《艺术理论与艺术史学刊》2019年第1期。
[21] 蔡冰清：《海昏侯刘贺墓出土玉剑饰研究》，厦门大学硕士学位论文，2018年。

和纹饰进行分析，提出完整玉具剑的佩戴者一般为诸侯王，是一种贵族身份的象征。[1] 杨桐收集了已公开发表的474件汉代玉具剑饰，对各类剑饰进行了分类研究，并对其分区、分期情况进行了探讨，总结了汉代玉具剑饰在玉料、工艺和纹饰方面的特点，进而从其出土组合和等级差异方面探讨了玉具剑饰的使用制度[2]，这篇研究是目前关于汉代玉具剑饰最为系统和完善的研究。孙机先生则创造性地论述了玉具剑与璏式佩剑法的关系，并认为这种玉剑悬佩方式从我国西传至伊朗和希腊、罗马。[3]

珠饰的研究与上述其他装饰玉相比则更进一步，以区域为依托，已出版有2部研究专著。《湖南出土珠饰研究》网罗了湖南出土的主要珠饰，内容系统，第一次对湖南出土珠饰进行长时段的全面分类整理。[4] 在研究方法上，采用社会科学研究方法与自然科学技术研究方法相结合、定性描述与定量分析相结合的技术路线，将湖南地区汉代珠饰的研究推向了新阶段。《广州出土汉代珠饰研究》则是一本专门的汉代珠饰研究。与《湖南出土珠饰研究》相比，新增了国外研究进展、大量的材质检测与分析结果与产地来源探讨。[5] 可以说，这是目前最完善的珠饰研究成果。

汉代“天人合一”观念和厚葬之风盛行，丧葬玉器繁荣发展到顶峰，葬玉制度逐渐完备。葬玉主要包括嵌玉漆棺上的玉器、玉衣、玉席、玉温明、玉塞、玉握、玉琀（多为玉蝉）、玉枕等。在以往对汉代丧葬用玉的研究中，既有全面考察的综合性研究，也有专门针对某个具体品类的研究。综合性研究以高校研究生学位论文为主，对汉代丧葬用玉的各个品类及其造型、纹饰、工艺、使用制度与蕴含的思想观念进行全方位的探讨。[6] 同时，也有学者以单篇文章的形式对诸侯王墓出土葬玉与用玉制度进行了讨论。[7] 专门器类的分类研究则涉及玉衣[8]、殓葬玉璧[9]、玉温明[10]、玉覆面[11]、主要作为玉琀的玉蝉[12]和握玉[13]等丧葬用玉，对其造型、材质、纹饰、使用、制作工艺、使用规范、复原以及背后所反映的丧葬观念等都有了系统研究。其中较为重要的新认识是玉温明的确认与玉衣起源的新进展。2017年青岛土山屯汉墓（M147）出土文字记载“温明一件”，并出土一件保存良好、结构完整、部件位置清晰的温明，为学术界研究温明提供了重要的文献资料和实物资料，并且厘清了以往针对温明是否为“秘器”的歧见。[14] 以往研究认为玉衣可能起源于东周时期的“鳞施”[15]。而刘照建认为玉衣起源于西汉立国初年，极有可能与汉高祖刘邦的推动有关，既能彰显身份又能保护尸体。玉衣的产生是崇玉的殓葬理念、玉器加工工艺的完善和铠甲制作技术在汉初相结合的产物。[16]

---

[1] 梁瑞雪：《汉代玉具剑剑饰简析》，《赤峰学院学报（汉文哲学社会科学版）》2015年第10期。

[2] 杨桐：《考古出土汉代玉具剑饰研究》，河南大学硕士学位论文，2024年。

[3] 孙机：《玉具剑与璏式佩剑法》，《考古》1985年第1期。

[4] 湖南省博物馆：《湖南出土珠饰研究》，湖南人民出版社，2018年。

[5] 广州市文物考古研究院：《广州出土汉代珠饰研究》，科学出版社，2020年。

[6] 刘雪瑶：《中原地区出土西周至两汉葬玉研究》，郑州大学硕士学位论文，2022年；薛玉芳：《江苏地区出土的汉代丧葬玉器研究》，河南大学硕士学位论文，2021年；蔡丹阳：《汉代琉璃葬具考》，云南大学硕士学位论文，2022年。

[7] 石荣传：《两汉诸侯王墓出土葬玉及葬玉制度初探》，《中原文物》2003年第5期；武玮：《河南永城西汉梁王陵墓出土葬玉蠡探》，《中原文物》2008年第3期。

[8] 中国科学院考古研究所技术室：《满城汉墓“金缕玉衣”的清理和复原》，《考古》1972年第2期；白金荣：《西汉南越王“丝缕玉衣”的清理与复原》，《文物》1991年第4期；卢兆荫：《试论两汉的玉衣》，《考古》1981年第1期；卢兆荫：《再论两汉的玉衣》，《文物》1989年第10期；张培善：《河北满城汉墓玉衣等的矿物研究》，《考古》1981年第1期；刘尊志：《西汉诸侯王墓敛葬玉衣及相关问题》，《中原文物》2011年第4期；龚良等：《徐州地区的汉代玉衣及相关问题》，《东南文化》1996年第1期；宗时珍：《关于西汉王侯敛葬玉衣的思考》，《南方文物》2019年第3期；焦阳：《染山汉墓出土“玉衣”讨论——也谈汉代墓葬中的“玉席”》，《南方文物》2021年第4期；梁英旭、董晓京：《“滇王玉衣”名称及相关问题驳正》，《文博》2020年第3期；王静：《汉代玉衣研究》，河北师范大学硕士学位论文，2008年。

[9] 刘尊志：《汉代墓葬中的玉璧敛葬》，《华夏考古》2018年第6期。

[10] 裘锡圭：《漆“面罩”应称“秘器”》，《文物》1987年第7期；孙机：《“温明”不是“秘器”》，《文物》1988年第3期；韩国河：《温明、秘器与便房考》，《文史哲》2003年第4期；李祖敏：《汉代温明的研究》，山东大学硕士学位论文，2020年；阴星月：《温明文化属性探讨——从造型与装饰角度分析》，《文博》2021年第3期。

[11] 肖剑波：《两周秦汉玉覆面研究》，南京师范大学硕士学位论文，2017年；袁胜文、石文嘉：《玉石覆面研究》，《中原文物》2009年第3期。

[12] 王晓琳：《汉代玉蝉文化研究》，中国地质大学（北京）硕士学位论文，2014年；王煜、谢亦琛：《汉代蝉形口琀研究》，《考古学报》2017年第1期；朱乃诚：《汉代玉蝉研究》，《文博学刊》2019年第1期。

[13] 严钊周：《汉代琀玉和握玉》，《南方文物》2000年第2期；廖薇：《西汉玉猪握形制及尺寸考》，《湖南省博物馆馆刊（第十九辑）》，岳麓书社，2024年，372—380页。

[14] 李祖敏：《试论土山屯M147出土温明的渊源和内涵》，《文物天地》2022年第6期。

[15] 那志良：《珠襦玉匣与金缕玉衣》，《故宫学术季刊》1984年第2卷第2期；林兰英：《试析周代的葬玉对汉代玉衣的影响》，《东南文化》1998年第2期；孙庆伟：《周代用玉制度研究》，上海古籍出版社，2007年。

[16] 刘照建：《汉代玉衣起源问题研究》，《考古》2022年第5期。

（四）工艺技术研究

借助现代科技手段，如显微镜、光谱分析、X 射线衍射等，对汉代玉器的制作工艺进行了更深入的研究，包括雕刻工具与技法的分析、制作流程的还原等。通过对玉器表面微观痕迹的观察和分析，可以了解汉代工匠使用的雕刻工具和雕刻手法，如"汉八刀"和"游丝毛雕"工艺的具体操作方式和特点等。

徐琳曾通盘式地对中国古代治玉工艺进行研究与总结，其中汉代玉器与东周玉器、魏晋南北朝玉器为一章。因为从东周开始，铁器逐渐兴起，至汉代，铁工具在治玉活动中最终也取代了青铜工具，铁质工具的普遍使用对汉代的玉器工艺有着革命性的影响。因而该章设两节，首先从治玉工具的再次革新与治玉作坊方面总体上把握这一时期治玉的基础环节与先进生产力；其次具体展开讨论各个治玉工艺流程上的环节，主要包括成型、玉与金属结合、活环套接、钻孔、镂空、雕纹、抛光、俏色等，以及特殊品类（如玉璧、改制器与仿玉玻璃器）的制作工艺。[1] 之后，孔富安大体延续徐琳的思路，全面探索中国古代的制玉技术，将汉代作为其中一部分。目前，已有专门的关于汉代玉器工艺图谱构建的研究生学位论文，虽然来自于艺术设计领域，然而也是开辟了一条从基础研究到应用的路径。[2] 耿庆刚专门对汉代的改制器进行了考古学观察，汉代玉器改制以玉璧类为大宗、少量为玉具剑和先秦古玉，改制后的玉器以玉衣、玉覆面、镶玉棺等葬玉为主，改制器也限于皇室、王侯及高级贵族墓葬中。[3] 黄巧好也专门对南越王墓中的金玉结合玉器进行了探讨。[4]

单篇的研究主要聚焦于徐州楚王墓玉器的工艺。学者们运用硅胶翻模复制微痕加电子显微镜观察，对具体玉器的工艺进行研究，认为当时玉器制作已有相当成熟固定的加工工序和规范标准，楚王室在当时已拥有管理严格、水平高超的专门制玉作坊。[5] 同时，发现钻孔技术用于减地、透雕和掏堂等去料工序的做法，较早期技术而言更为安全谨慎，可控程度更高，对立体形体的塑造更准确，而且旋转运动的砣磨已被用于玉器打磨和抛光。[6] 除此之外，叶晓红还对血池遗址出土玉器的工艺进行探讨，较为特殊的是玉人表面的阴刻纹饰，虽然阴刻痕迹符合旋转砣具加工特点，解玉砂却并未使用。[7] 赵瑞廷等通过对大葆台汉墓玉器工艺的观察，认为对于大葆台玉器加工的高效与精细，起决定作用的是使用了较商周青铜工具优异的钢铁工具与高效的工艺。[8]

总体而言，目前研究发现，由于提高强度的铁质工具的运用，汉代玉器的制作工艺在继承战国传统的基础上有了很大改进，圆雕、高浮雕、透雕等技艺大量应用且更加成熟，雕刻线条流畅自然，造型生动逼真，体现了汉代工匠高超的技艺水平和创新精神。

（五）文化内涵与社会思想探讨

学者们从多个角度对汉代玉器所蕴含的文化内涵和社会思想进行了深入探讨。一是，结合汉代的思想文化背景，研究玉器所体现的儒家思想、道家思想以及谶纬神学等观念。[9] 杨伯达先生早已指出这些内容属于玉学的重要组成部分。[10] 这一时期儒家倡导的"君子比德于玉"思想在汉代玉器中得到了充分体现，玉被赋予了仁、义、礼、智、信等诸多美好品德，成为人们修身养性、道德追求的象征。同时，在汉代，儒家"贵玉"的思想得到继承，玉德的内容进一步精炼，较为成熟。以东汉许慎《说文解字》为代表，总结与凝练了东周以来的玉德思想，提出了玉有仁、义、智、勇、洁五种德的"五德说"，泽被后世。玉的"德"与"美"是统一的、不可分割的，在汉代发展为"德符并重"。[11]

二是，通过对葬玉、佩玉等不同类型玉器的研究，揭示汉代的丧葬制度、礼仪规范、社会等级制度以及人们的审美观念和精神信仰等。例如，玉衣、玉琀、玉握等葬玉的大量使用，反映了汉代人"事死如生"的丧葬观念和对来世的期许。这些研究多包含在具体器类的研究中，兹不赘述。

---

[1] 徐琳：《中国古代治玉工艺》，紫禁城出版社，2011 年。

[2] 陈赖桂：《汉代玉器工艺图谱构建研究 ——以徐州博物馆馆藏玉器为例》，中国矿业大学硕士学位论文，2023 年。

[3] 耿庆刚：《试论汉代玉器的改制现象》，《文博》2015 年第 6 期。

[4] 黄巧好：《从南越王墓出土玉器看西汉金属与玉的结合工艺》，《文物天地》2019 年第 1 期。

[5] 宗时珍、叶晓红：《略论徐州狮子山楚王墓出土玉器工艺》，《故宫博物院院刊》2019 年第 3 期。

[6] 叶晓红等：《钻孔技术在西汉玉器工艺中的灵活应用——以徐州狮子山楚王墓为例》，《文物》2020 年第 9 期。

[7] 叶晓红、田亚岐、张蕾：《陕西凤翔雍山血池秦汉祭祀遗址出土玉器工艺探讨》，《文物》2022 年第 11 期。

[8] 赵瑞廷等：《大葆台西汉墓出土玉器加工工艺判断》，《首都博物馆论丛 · 第 33 辑》，北京燕山出版社，2019 年。

[9] 黄诚：《汉代佩饰玉与佩玉思想研究》，江苏师范大学硕士学位论文，2013 年；鲍丽娟：《汉代礼仪用玉中的社会思潮》，《艺术品》2016 年第 4 期。

[10] 杨伯达：《关于玉学的理论框架及其观点的探讨》，《中原文物》2001 年第 4 期。

[11] 卢兆荫：《玉德 · 玉符 · 汉玉风格》，《文物》1996 年第 4 期。

除此之外，在这两层内涵之上，在汉代丧葬、佩饰、日常及陈设用玉中，有许多玉器无论造型或纹饰都有一定的辟邪厌胜之意，这与当时社会流行的辟邪厌胜思想密不可分。[1]因而，辟邪厌胜意义是汉代用玉思想中的一个重要方面。同时，许多玉器虽然在造型、纹饰风格及用途上十分不同，但背后却蕴涵着惊人相似的用玉思想，即生前求神仙长生、死后求升仙的思想观念。这种思想观念也是汉代玉器艺术创造的直接动力之一。[2]这些用玉思想无疑都跟当时流行的道家思想有关。因而，可以说汉代的用玉思想中，道家思想属于形而上的道统，而儒家思想与谶纬神学属于形而下的术数。

（六）区域特色与交流研究

关注汉代不同地区玉器的特色与差异，以及区域间的文化交流与融合，已成为当前汉代玉器研究的一个重要方向。这也是目前高校研究生学位论文关于汉代玉器研究的主要议题，涉及的区域有长沙地区[3]、徐州地区[4]、河北地区[5]、南昌地区[6]、中原地区[7]、山东地区[8]、江苏地区[9]、广州地区[10]和闽越地区[11]。除了闽越地区，以上提到的地域都是汉代诸侯王分封的地区，也发掘有一定数量的诸侯王墓，这是这些研究赖以成立的前提基础。其次，这些研究的范式较为雷同，基本上都是以考古实物资料为主，对各个区域的汉代玉器首先进行分类、分期研究，然后观察纹饰、工艺、使用制度等，最后分析文化内涵与用玉思想。虽然范式较为雷同，但是也为各个区域的汉代玉器研究打下了坚实的基础。

同时，也存在不同区域汉墓玉器的比较研究。像广州南越王墓、满城汉墓和狮子山汉墓同为西汉早中期的诸侯王墓葬，出土玉器的种类也极为相似，但这些墓葬的玉器仍然有许多个体差异。已有研究发现，汉代玉器在不同地区呈现出一定的地域风格。徐州地区的楚王墓出土玉器与广州南越王墓出土玉器在造型、纹饰等方面既有共性又有差异，反映了不同地区的经济水平、时代差异、文化传统和审美倾向。满城汉墓玉器与狮子山楚王墓玉器相比，在玉器材质上较为逊色。[12]南越王墓玉器与满城汉墓玉器相比，在丧葬用玉上缺乏九窍塞；在装饰用玉方面，主要在于玉璜和玉组佩的数量悬殊；在日常用玉方面，玉印章的形制与玉带钩的制作工艺有所区别。[13]同时，丝绸之路的开通促进了中原地区与西域等地的文化交流，新疆和田玉大量输入中原，对汉代玉器的发展产生了重要影响，不仅提高了玉器的质量，也丰富了玉器的造型和纹饰题材。

（七）艺术风格研究

汉代玉器工艺风格承继战国，在器形品类、制作工艺与纹饰风格方面，大胆创新，力求新高，气象面貌为之一新，艺术水准高度空前，体现出汉人高超的审美情趣。因而，也有较多的学者从艺术或设计角度对汉代玉器进行分析。

古方认为分析和统计组玉佩和玉具剑饰数目、组合、出土位置及其造型、纹饰，是认识西汉玉器变化的重要参考标准，西汉晚期和东汉时期的玉器造型、纹饰、工艺虽然有所变化，但其用玉制度基本没有变化且愈加严格，他认为汉代玉器的风格是在汉武帝时期才真正形成。[14]刘云辉则针对汉代墓葬出土的秦式风格玉器进行了梳理并进行了初步解读。[15]

---

[1] 徐琳：《两汉用玉思想研究之一——辟邪厌胜思想》，《故宫博物院院刊》2008年第1期。

[2] 徐琳：《两汉用玉思想研究之二——神仙长生思想》，《故宫学刊（第四辑）》，紫禁城出版社，2008年，415—438页。

[3] 李嘉瑞：《试论长沙地区西汉诸侯王墓的用玉制度——以五座西汉长沙王、王后墓出土玉器为例》，《湖南考古辑刊·第17集》，科学出版社，2024年，266—280页。

[4] 曹梦溪：《徐州地区西汉墓葬出土玉器研究》，郑州大学硕士学位论文，2018年。

[5] 陶丛：《河北地区两汉时期墓葬出土玉器研究》，河北大学硕士学位论文，2019年。

[6] 李双君：《江西南昌汉代海昏侯墓出土玉器》，厦门大学硕士学位论文，2017年；方良朱：《海昏侯刘贺墓出土玉器的礼制研究》，厦门大学硕士学位论文，2019年。

[7] 刘雪瑶：《中原地区出土西周至两汉葬玉研究》，郑州大学硕士学位论文，2022年；陈旭：《河南西汉墓葬出土玉器研究》，云南大学硕士学位论文，2016年。

[8] 侯小楠：《山东汉代贵族墓随葬玉器研究》，云南大学硕士学位论文，2021年。

[9] 薛玉芳：《江苏地区出土的汉代丧葬玉器研究》，河南大学硕士学位论文，2020年。

[10] 王薇：《广州南越王墓玉器的装饰艺术特色及再应用研究》，广东工业大学硕士学位论文，2017年。

[11] 林存琪：《论汉代闽越国玉器》，《上海文博论丛》2007年第1期。

[12] 王利超：《满城汉墓与狮子山汉墓出土玉器对比研究》，《文物鉴定与鉴赏》2024年第10期。

[13] 卢兆荫：《南越王墓玉器与满城汉墓玉器比较研究》，《考古与文物》1998年第1期。

[14] 古方：《论西汉中期玉器风格的变化及其社会背景》，《中原文物》2003年第5期。

[15] 刘云辉：《西汉墓葬中出土的秦式玉器》，《西部考古（第一辑）》，三秦出版社，2006年，276—283页。

马颖借助考古学、美术史和视觉文化等研究领域的方法理念，以汉代玉器的审美形式和艺术风格为核心，探究汉代玉器的品类及其审美形式具有的特质及其背后的审美文化精神。她认为汉代玉器设计因材施艺，自然天成；取大势，去繁缛；一物多用，营造无限的想象空间。汉代玉工还有创新，营造出丰富的比例、平衡、韵律等形式美感。玉器纹饰也突破了商周以来宗教、理性色彩浓郁的凝重、严谨、对称，呈现出飞扬灵动、充满张力的审美趣味。同时，汉代玉器艺术风格主要体现为充满动感和张力的艺术形式以及雄浑刚健、自由灵动的美感特征。道器平衡的哲学观促进了汉代玉器精神内涵与审美形式的高度统一。[1] 杨晓波的《汉代玉器的艺术内涵研究》则是一本艺术理论专著，通过对考古成果和历史文献的深入剖析，结合艺术考古和美术学的研究方法，从工艺美术角度对汉代玉器的独特艺术魅力和文化内涵进行了全面解读，对玉器发展状况、文化解析、玉器材料与工艺、艺术风格、艺术内涵等方面展开研究论述。[2] 这两部研究从文化审美和艺术设计的角度呈现了汉玉研究的另一种模式。此外，陈倩也从造型和纹饰两方面，探讨了汉代玉器的装饰艺术。[3] 苏芳淑的《琢玉成器：考古艺术史中的玉文化》自新石器时代以降，就中国历代出土与传世的玉器中的十个学术课题，进行了深入的探讨，为读者提供了一个宏观的玉文化研究视角，其中也涉及汉代玉器的相关研究。[4]

总体而言，汉玉的艺术研究主要从分析汉代玉器的造型特点，包括形态、线条、比例等方面的特征，以及纹饰图案，包括几何纹、动物纹、人物纹等，探讨其艺术风格和审美价值。学者们关注到汉代玉器从以抽象为主转向以写实为主的艺术风格变化，形神兼备，具有很高的艺术价值。

（八）科技考古与修复技术研究

随着对文化遗产保护意识的增强，汉代玉器的保护与修复技术也成为研究的重要内容。如何运用科学有效的方法对出土玉器进行保护、修复和保存，延长其寿命，同时最大程度地保留其历史信息和艺术价值，是当前文物保护工作者和学者们共同关注的问题。

早在20世纪70年代，满城汉墓的发掘，发现了新中国第一例保存完整的金缕玉衣，其修复就成为一个重大课题。因而，关于汉代玉器的修复保护技术的探索始于此时。中国科学院考古研究所技术室主持了满城汉墓“金缕玉衣”的清理和复原。[5] 之后，随着南越王墓的发掘，以白荣金为技术骨干的社科院考古研究所技术室再次推动了南越王“丝缕玉衣”的清理与复原。[6] 同时，闻广对南越王出土玉器从地质学角度进行了材质分析[7]，后来他继续对高邮神居山二号汉墓玉器进行了地质考古学研究。[8] 他发现两墓软玉器原料均属多源，同时存在就近取材的可能性。之后，谷娴子等对徐州狮子山楚王陵出土玉器进行了材质检测与研究，认为徐州狮子山楚王陵出土玉器玉料来源主要与新疆和田地区玉料有关，并且新疆和田地区成为当时宫廷玉料的主流来源[9]，而且对古玉器玉料中石墨包裹体拉曼光谱的深入研究可以对玉料的产地来源进行限定。[10] 这一研究不仅肯定了新疆和田地区的闪石玉至西汉早期已大规模进入中原地区，也覆盖到了楚文化区域，而且还提出了古玉玉料产源判定的方法。

徐州是汉代楚国的分封地，出土了大量的玉器，尤其是玉衣数量在全国首屈一指。因而，关于玉衣的修复与保护的案例较多，之后进一步向玉棺拓展。[11] 目前，已出版有关于徐州汉玉修复的专著《徐州狮子山楚王墓出土镶玉漆棺修复报告》。《中国早期玉器科技考古与保护研究》是第一本较为系统的、关于玉器科技考古与保护研究的专著。该书以中国出土的新石器时代至汉代玉器为研究对象，涉及中国早期玉器的材质、火烧环境玉器变化、玉器入土埋藏之后的风化与沁色机制以及玉器出土之后的科学保护等内容，还有关于玉器修复和预防性保护的专门章节。[12] 作者运用了科技考古的方法，将地质学、矿物学、

[1] 马颖：《汉代玉器审美形式与风格研究》，西北大学博士学位论文，2018年。
[2] 杨晓波：《汉代玉器的艺术内涵研究》，云南美术出版社，2024年。
[3] 陈倩：《汉代玉器造型与纹饰研究》，华中师范大学硕士学位论文，2008年。
[4] 苏芳淑：《琢玉成器：考古艺术史中的玉文化》，上海书画出版社，2021年。
[5] 中国科学院考古研究所技术室：《满城汉墓“金缕玉衣”的清理和复原》，《考古》1972年第2期。
[6] 白荣金：《西汉南越王“丝缕玉衣”的清理与复原》，《文物》1991年第4期。
[7] 闻广：《中国古玉地质考古学研究——西汉南越王墓玉器》，《考古》1991年第11期。
[8] 闻广：《高邮神居山二号汉墓玉器地质考古学研究——中国古玉地质考古学研究之四》，《文物》1994年第5期。
[9] 谷娴子等：《徐州狮子山楚王陵出土金缕玉衣和镶玉漆棺的玉料组分特征及产地来源研究》，《文物保护与考古科学》2010年第4期。
[10] 谷娴子等：《西汉狮子山楚王陵出土玉器中的石墨包裹体》，《中山大学学报（自然科学版）》2007年第6期。
[11] 李春雷：《江苏徐州狮子山楚王陵出土镶玉漆棺的推理复原研究》，《考古与文物》1999年第1期。
[12] 王荣：《中国早期玉器科技考古与保护研究》，复旦大学出版社，2020年。

材料学等多学科知识与考古学相结合，为玉器保护提供了科学依据，体现了多学科交叉研究的优势，推动了玉器研究的科学化进程。

汉代玉器的科技考古与保护修复技术的相关研究涉及玉器的材质、病害分析、保护材料的研发、修复工艺的改进等多个方面，通过对玉器材质、结构、保存环境等因素的综合研究，制定出了一系列针对性的保护和修复方案，为汉代玉器的长期保存和传承提供了有力保障。

三、小结

综上所述，汉代玉器研究经历了从早期的简单著录到现代多学科交叉综合研究的漫长历程，取得了丰硕的成果。随着考古发现的不断增加和研究方法的不断创新，我们对汉代玉器的认识也在不断深化。然而，汉代玉器研究仍面临一些挑战和问题，如发掘资料积压或发表不全，部分玉器的功能和用途尚存在争议，一些地区的汉代玉器研究还相对薄弱等。未来，需要进一步加强考古发掘和资料整理工作，拓展研究视野，深化多学科交叉研究，以推动汉代玉器研究向更深入、更全面的方向发展。

从文化角度来看，玉器在汉代不仅仅是一种装饰品或实用器具，更被赋予了深厚的文化内涵。儒家倡导的“君子比德于玉”观念深入人心，玉象征着仁、义、礼、智、信等诸多美好品德，成为人们修身养性、道德追求的具象化体现。通过对汉代玉器所蕴含文化寓意的解读，我们能够清晰地洞察当时社会普遍遵循的价值体系以及文化传承脉络，了解古代思想文化如何渗透到日常生活的方方面面。

在艺术领域，汉代玉器的造型、纹饰设计展现出了极高的艺术水准和独特的审美风格。其造型或古朴大气、雄浑刚健，或灵动婉约、精巧细腻，从玉璧、玉璜等传统礼器的庄重典雅，到玉舞人、玉兽等陈设把玩玉器的生动活泼，无不彰显出汉代工匠们卓越的艺术创造力。纹饰方面，谷纹、蒲纹、云纹等传统纹饰在继承前代的基础上不断演变创新，同时还融入了神话传说、祥瑞动物等元素，如龙凤纹、螭虎纹等，这些纹饰不仅具有装饰性，更反映出当时人们的审美观念、宗教信仰以及对美好生活的向往之情，对于研究中国古代艺术风格的演变和发展具有重要的参照价值。

就工艺层面而言，汉代玉器制作工艺达到了前所未有的高度，无论是玉料的开采、切割技术，还是雕琢、打磨工艺，都展现出了精湛的技艺水平。透雕、浮雕、线刻等多种雕刻手法灵活运用，使得玉器呈现出层次感丰富、立体感强的艺术效果。研究汉代玉器工艺，有助于我们还原古代玉器制作的流程与技法，了解当时的科技水平以及手工业发展状况，为传承和弘扬传统玉雕工艺提供宝贵的历史借鉴。

再者，汉代玉器在社会习俗方面也扮演着重要角色。玉器在丧葬仪式中有着特殊的用途，玉衣、玉琀、玉握等葬玉的大量使用，反映出当时人们“事死如生”的丧葬观念以及对来世的期许；而在礼仪交往、赏赐馈赠等社会活动中，玉器同样是不可或缺的重要物品，其种类、规格往往与使用者的身份地位紧密相关，体现出严格的等级制度。因此，对汉代玉器的研究能够帮助我们拨开历史的迷雾，深入探寻古代社会的风俗习惯、礼仪规范以及阶层结构等诸多细节内容。

综上所述，系统地开展汉代玉器研究，无论是对于丰富中国古代文化艺术史的研究成果，还是深化我们对汉代乃至整个古代社会的认知，都有着深远且重要的意义。

汉代仿玉玻璃器的考古发现与研究

中山大学社会学与人类学学院　周繁文

战国中期起，以湖南为主的南方地区出现仿制玉器，即以其他人工或天然材料仿照传统天然玉石器类制作的同类器物，其中以仿玉玻璃器居多，另有少量仿玉滑石器，器型皆以璧、环为主。[1] 至汉代，仿制玉器的原料仍延续战国时的情形，以玻璃和滑石为主。仿玉玻璃器在视觉效果上与玉器极为类似，成分主要是铅钡玻璃。[2] 李青会等 [3]、张福康 [4] 都指出，汉以前文献中的“琉璃”其实是包括仿玉玻璃、蜻蜓眼玻璃等在内的人工玻璃与天然玉石器的统称。某些仿玉玻璃器甚至能达到乱真的效果，未经成分检测之前常被误判为玉器，如徐州北洞山楚王墓附属建筑第 5 室所出玻璃杯在出土时就被当作“玉杯”。[5] 仿玉滑石器则在视觉效果上与玉器差异甚大，仅在器类上相似，实质属于明器化的仿制玉器。[6] 本文不对其进行介绍。

从目前的考古发现来看，仿玉玻璃器的器类包括璧、窍塞、衣片、面罩、席、剑饰等，下文将分别概述其出土情况。此外，需加说明的是，汉代玻璃器中亦见耳杯、带钩、编磬等器类，呈现类玉质的外观，但由于这些器类并非玉器特有，数量也很少，无法确定是否作为玉器仿制品而存在。广西合浦饲料公司 M7 出土一件蓝色玻璃环，成分为钾玻璃。[7] 长沙曹馔墓内出土有琉璃钏，但报告未详细交代。[8] 这些都暂不计入仿玉玻璃器类。

一、玻璃璧

玻璃璧发现于广东广州汉墓（M1062、1068、1100、1101、1103、1129、1174、2059、2061）[9]、象岗南越王墓 [10]、安徽天长杨村 M1[11]、天长安乐乡北岗村 M9[12]、湖南长沙汉墓（M217、251、255、332）[13]、长沙桐梓坡 M55 和 M59[14]、常德南坪 D3M27[15]、资兴旧市 M364[16]、大庸大塔岗邮电公寓工地 67 号墓 [17]、衡阳蒋家山 M2[18]，江苏东海尹湾 M6 和九凤墩汉墓 [19]、徐州苏山头 M2[20]，广西贵县加工厂 56M3、合浦望牛岭 71M2[21]，陕西汉茂陵陵区 [22]。时代主要集中在西汉，

[1] 廖薇：《长沙地区战国墓用玉及仿玉现象探析》，《文博学刊》2022 年第 3 期；冯百龄、曹诗媛：《中国战汉铅钡玻璃器刍议》，《洛阳考古》2021 年第 1 期。

[2] 冯百龄、曹诗媛：《中国战汉铅钡玻璃器刍议》，《洛阳考古》2021 年第 1 期。

[3] 李青会、干福熹、顾冬红：《关于中国古代玻璃研究的几个问题》，《自然科学史研究》2007 年第 2 期。

[4] 张福康、程朱海、张志刚：《中国古琉璃的研究》，《硅酸盐学报》1983 年第 1 期。

[5] 李银德：《徐州发现一批重要西汉玻璃器》，《东南文化》1990 年 Z1 期。

[6] 廖薇：《湖南地区仿玉滑石器浅析》，《边疆考古研究（第 28 辑）》，科学出版社，2020 年，285—300 页；田波：《汉代出土滑石器研究》，江苏师范大学历史文化与旅游学院硕士学位论文，2013 年。

[7] 据黄启善称，广西地区共发现汉代玻璃环 2 件，但资料仅披露 1 件。参见：黄启善：《广西古代玻璃的研究》，干福熹：《中国南方古玻璃研究——2002 年南宁中国南方古玻璃研讨会论文集》，16 页。

[8] 肖湘、黄纲正：《长沙咸家湖西汉曹（女巽）墓》，《文物》1979 年第 3 期。

[9] 广州市文物管理委员会、广州市博物馆：《广州汉墓》，文物出版社，1981 年，165—166、239 页。

[10] 广州市文物管理委员会、中国社会科学院考古研究所、广东省博物馆：《西汉南越王墓》，文物出版社，1991 年，133—134 页。

[11] 安徽省文物考古研究所、天长县文物管理所：《安徽省天长县杨村汉墓》，《东南文化》1992 年第 6 期。

[12] 王步毅等：《安徽古玻璃璧分析》，《考古与文物》1995 年第 5 期。

[13] 中国科学院考古研究所：《长沙发掘报告》，科学出版社，1957 年，83—84、128 页。

[14] 宋少华：《长沙西郊桐梓坡汉墓》，《考古学报》1986 年第 1 期。

[15] 龙朝彬：《湖南常德市南坪汉代土墩墓群的发掘》，《考古》2014 年第 1 期。

[16] 吴铭生、师悦菊：《湖南资兴西汉墓》，《考古学报》1995 年第 4 期。

[17] 湖南省考古研究所、湘西自治州文物队、大庸市文管所：《1986—1987 大庸城区西汉墓发掘报告》，《湖南考古辑刊》第 5 辑，1989 年，99—124 页。

[18] 周世荣：《湖南出土琉璃器的主要特点及其重要意义》，《考古》1988 年第 6 期。

[19] 纪达凯、刘劲松：《江苏东海县尹湾汉墓群发掘简报》，《文物》1996 年第 8 期。

[20] 耿建军等：《江苏徐州苏山头汉墓发掘简报》，《文物》2013 年第 5 期。

[21] 黄启善：《广西古代玻璃的研究》，干福熹：《中国南方古玻璃研究——2002 年南宁中国南方古玻璃研讨会论文集》，上海科学技术出版社，2003 年，10—20 页。

[22] 王志杰、朱捷元：《汉茂陵及其陪葬冢附近新发现的重要文物》，《文物》1976 年第 7 期。

东汉十分少见。除茂陵陵区的为采集以外，其余皆出于墓内，基本为一墓一件，只有南越王墓出土5件、常德南坪D3M27出土3件。除南越王墓等级较高之外，其余均为中小型墓。

从玻璃璧的地域分布来看，广东最多，且仅见于广州，其次是湖南，另外在江苏、广西、安徽、陕西等地也有少量发现。这与战国时玻璃璧主要集中于湖南的情形[1]大相径庭。

汉代玻璃璧的质地呈透明、半透明或不透明状。颜色普遍为青、白色系，包括乳白、青白、黄白、淡绿、深绿等色，仅有1例广西贵县加工厂56M3所出的东汉玻璃璧为蓝色。纹饰或满布器表，或仅施于单面，内容皆为几何纹样，以谷纹璧最多，蒲纹璧、方格纹璧次之，另有极少量的谷纹涡纹璧、涡纹璧和素面璧。经检测过的玻璃璧，成分皆以铅钡玻璃为主，也有少量铅玻璃。成型工艺基本采取铸造法，常见一面光滑、一面粗糙的现象，部分纹饰如大庸大塔岗M67:1系成型后刻划而成。

玻璃璧的尺寸大概可以分为几种规格：①最大的是茂陵陵区所出玻璃璧，直径23.4厘米、孔径4.8厘米、厚1.8厘米；②第二种规格包括江苏所出的2块，直径约17.3厘米—18.4厘米、孔径约4厘米—4.5厘米、厚约0.5厘米—0.6厘米；③第三种规格则存在较明显的地区差异，长沙所出的一块直径为16.1厘米、好径2.9厘米、厚0.9厘米，厚度极高，而广州、安徽所出的2块，直径约为14厘米—15厘米、好径5.2厘米、厚0.3厘米；④第四种规格的玻璃璧数量最多，分布范围也最广，见于广州、安徽、长沙、江苏等地，直径约10.3厘米—12.4厘米、好径约2.2厘米—4.8厘米、厚约0.3厘米—0.6厘米；⑤第五种规格仅见于湖南，直径约8.2厘米—9.2厘米、好径约3.3厘米—3.4厘米、厚约0.25厘米—0.33厘米。

玻璃璧的使用方式与玉璧一致。考古报告详细交代出土位置的情况中，多数玻璃璧都位于墓底、墓主胸部或身侧，由于葬具腐朽，不确定是作为独立的随葬品还是镶嵌于棺上。少数的玻璃璧则被镶嵌于面罩上，如江苏东海尹湾M6所出木面罩（M6:3），面罩内外镶嵌有不同形状的琉璃片和镶金箔琉璃片，罩内上下正中各嵌一件玉璧和琉璃璧。东海九凤墩汉墓中与类似琉璃片共出的琉璃璧应当也是同样用途。此外，广州汉墓M1174:11的玻璃璧与5颗鎏金铜珠共出，未知其编联方式和具体用途。汉代玻璃璧出土情况如表一所示。

[1] 傅举有：《湖南出土的战国秦汉玻璃璧》，《上海文博论丛》2010年第2辑。

二、玻璃窍塞

玻璃窍塞主要流行于西汉中期到东汉中期。其中以鼻塞最多，发现于广州象岗南越王墓[2]、广西贵县罗泊湾M1[3]、安徽萧县西虎山M2[4]、长沙咸嘉湖曹嫼墓[5]、常德南坪“酉阳长”墓[6]。洛阳烧沟M1027内发现的棒形玻璃器暂未能确定是鼻塞还是耳塞[7]。除罗泊湾M1、曹嫼墓各出1件以外，其余皆成对出土，一般为圆柱形或八角柱形，两端粗细不一，长约1.1厘米—2.1厘米，规格差异不大。颜色以白色居多，亦有蓝、绿色。

其次是口琀，发现于洛阳烧沟M30、1026，盱眙仁昌M2[8]，西安投资策划服务公司M10、24[9]，甘肃永昌水泉子M8[10]、扬州发电厂汉墓、扬州东风砖瓦厂汉墓、邗江西湖胡场M6[11]，除水泉子M8所出为圆柱形外，其余均为蝉形，白色或黄色，有一种规格略小，长约3.2厘米—3.9厘米，其次是长约4.5厘米—4.6厘米，另有一种规格稍大，长约5.2厘米—5.6厘米。扬州所出的玻璃蝉还使用了嵌贴银箔、包银箔等工艺，为其他地区所未见。

[2] 广州市文物管理委员会、中国社会科学院考古研究所、广东省博物馆：《西汉南越王墓》，文物出版社，1991年，271页。

[3] 据黄启善称，广西地区共发现汉代玻璃鼻塞10件，但资料仅披露1件。参见：黄启善：《广西古代玻璃的研究》，干福熹：《中国南方古玻璃研究——2002年南宁中国南方古玻璃研讨会论文集》，上海科学技术出版社，2003年，16页。但在考古报告中未见该器物，根据黄启善文内对玻璃鼻塞尺寸、颜色描述，疑为报告内所称的“琉璃珰”，参见：广西壮族自治区博物馆：《广西贵县罗泊湾汉墓》，文物出版社，1988年，55页。

[4] 宋彦昭等：《安徽萧县西虎山汉墓清理简报》，《东南文化》2007年第6期。

[5] 肖湘、黄纲正：《长沙咸家湖西汉曹嫼墓》，《文物》1979年第3期。

[6] 熊传新：《湖南常德南坪东汉“酉阳长”墓》，《考古》1980年第4期。

[7] 洛阳区考古发掘队：《洛阳烧沟汉墓》，科学出版社，1959年，210—211页。

[8] 尹增淮等：《江苏盱眙仁昌汉墓发掘报告》，《东南文化》2014年第4期。

[9] 据墓葬平面图，M10出土2件玉蝉，但在具体器物描述时，却称其为料器。此外，该墓群尚有1件玻璃琀、1对玻璃耳塞未交代具体出处，故不计入其内。参见：齐丽华、李增社：《陕西投资策划服务公司汉墓清理简报》，《考古与文物》2006年第4期。

[10] 王永安等：《甘肃永昌县水泉子汉墓群2012年发掘简报》，《考古》2017年第12期。

[11] 汤伟建、周长源：《扬州出土的汉代玉蝉和玻璃蝉》，《上海文博论丛》2006年第1期。

表一：汉代玻璃璧出土情况

出土墓葬或器号	数量	颜色	纹饰	尺寸（单位：厘米）	成分	成型方式	出土位置	年代
西汉茂陵附近	1	深蓝色，半透明	谷纹	直径 23.4、孔径 4.8、厚 1.8	铅玻璃			西汉
广州汉墓 M1100:14	1	青白色	双面皆饰谷纹，内外边缘有弦纹一周	直径 11.5、好径 4、厚 0.5				西汉早期
广州汉墓 M1103:19	1	黄白色	双面皆饰谷纹，内外边缘有弦纹一周	直径 11.4、好径 3.6、厚 0.3				西汉早期
广州汉墓 M1101:1	1	深绿色	一面饰谷纹和圆涡纹，另一面饰圆涡纹，内外均有弦纹一周	直径 14、好径 5.2、厚 0.3				西汉早期
广州汉墓 M1174:11	1							西汉早期
广州汉墓 M1062	1							西汉早期
广州汉墓 M1068	1							西汉早期
广州汉墓 M1129	1							西汉早期
广州汉墓 M2061:76	1	黄白色	谷纹					西汉中期
广州汉墓 M2059:6	1	碧绿色，透明	谷纹					西汉中期
南越王墓 C190—192、221	5	青白色	蒲纹，内外沿各有一道凹弦纹	直径 11.6、内径 3.8、厚 0.6（C191）	铅钡玻璃	铸造	西耳室	西汉早中期
天长杨村 M1:5	1		一面饰小方块凸点，一面平整光滑	直径 11.4、孔径 3、厚 0.3		浇铸		西汉晚期
天长安乐乡北岗村 M9	1	深绿色，半透明	一面光亮饰涡纹，一面粗糙	直径 15、厚 0.3	铅钡玻璃	模制		西汉早期
常德南坪 D3M27	3		双面饰谷纹，好和肉皆有缘	直径 12.4、好径 4.8、厚 0.6	铅钡玻璃		墓主胸部	西汉中晚期
资兴旧市 M364:1	1	乳白色	单面光滑饰谷纹，背面粗糙	直径 8.8、好径 3.4			墓底一端中部	西汉前期
长沙 M332:1	1	乳白色，微透明	双面饰谷纹	直径 8.2、好径 3.32、厚 0.33				西汉前期
长沙 M251:2	1	淡绿色，微透明	单面饰谷纹	直径 11.5、好径 4.65、厚 0.35				西汉前期
长沙 M255:6	1	深绿色，半透明	素面	直径 12.1、好径 2.8、厚 0.6				西汉后期
长沙 M217:10	1	浅绿色，不透明	双面饰谷纹	直径 16.1、好径 2.9、厚 0.9				西汉后期
长沙桐梓坡 M55:1	1	米黄色，半透明	单面饰谷纹	直径 9.2、好径 3.8、厚 0.25				战国末至西汉初
长沙桐梓坡 M59:7	1	米黄色，半透明	单面饰谷纹				墓室一端	战国末至西汉初
大庸大塔岗 M67:1	1	白绿色	刻划小方格纹	直径 12.2、穿径 3、厚 0.4				西汉早中期
衡阳蒋家山 M2	1	碧绿色	谷纹					西汉
东海尹湾 M6:6	1		单面饰蒲纹	直径 17.3、好径 4.5、厚 0.6			男墓主左腿一侧	西汉中晚期至新莽
东海尹湾 M6:3	1		所出木面罩内嵌琉璃璧单面饰蒲纹	直径 10.3、好径 2.2、厚 0.3			面罩内镶嵌	西汉中晚期至新莽
东海九凤墩汉墓	1							
徐州苏山头 M2:63	1	青绿色	双面饰谷纹	直径 18.4、孔径 4、厚 0.5				西汉早期偏早
贵县加工厂 56M3	1	蓝色	方格纹					东汉
合浦望牛岭 71M2	1		单面饰方格纹	内径 13、径 3.7、厚 0.4	铅玻璃			西汉

成组合出土的玻璃窍塞有4例，洛阳烧沟M1026出土有玻璃琀和玻璃耳塞或鼻塞，西安投资策划服务公司M17出土有玻璃鼻塞和耳塞[1]，江苏盱眙仁昌M3出土玻璃鼻塞和耳塞[2]，河南禹州崔张M33则出土了一整套的玻璃窍塞，包括鼻塞、耳塞、口琀和眼罩[3]。此外，在安徽萧县西虎山M2中有玻璃鼻塞与玉琀共出的现象。

经成分检测的玻璃窍塞不多，仅知罗泊湾M1所出鼻塞的成分为铅钡玻璃。汉代玻璃窍塞出土情况如表二所示。

三、玻璃殓具饰片

汉墓所见玻璃殓具基本均模仿玉敛具的样式，包括由若干玻璃片编缀而成的玻璃衣（整衣或头、手、足套）、玻璃席，以及镶嵌玻璃片的木温明、木枕。但许多殓具出土时已呈散乱状，饰片原本的编联或镶嵌方式不明，仅能从各墓内出土饰片的数量和状态大致推断原本所属的殓具种类，所以在此一并概述。

玻璃衣片发现于江苏扬州“妾莫书”墓[4]、扬州邗江宝女墩M104[5]、西安财政干部培训中心M33[6]、云南江川李家山M51[7]。每墓出土10—600片不等，以长方形居多，包括素面与模铸阴纹两类，纹饰内往往填金箔。张全民认为，一件完整的玉衣所使用的玉片总数常达两千多片，而考古发现中单墓所出的琉璃片普遍数量偏少，虽然有盗扰的因素，但也很可能原本就不是完整的玻璃衣，而是包裹头、手或足的玻璃衣套，类似于江苏徐州拖龙山M1出土的玉头套和玉足套[8]，大英博物馆、美国波士顿美术馆、中国香港的关善明、加拿大多伦多的波尔·辛格收藏的玻璃片可能也是类似的衣片。他还推测，山东五莲张家仲崮汉墓[9]、河北邢台南郊西汉墓[10]所出的“玉片”也存在是玻璃片的可能。[11]焦阳认为山东滕州染山西汉画像石墓[12]所出的“玉衣片”也可能是玻璃衣片。[13]

嵌玻璃片的温明发现于山西阳高古城堡M12[14]、江苏东海尹湾M6北棺[15]、青岛土山屯M147[16]，后两墓同时还出土有嵌玻璃片的木枕。土山屯的温明上有156块琉璃片，木枕的饰片较少，仅有十余片，形制、纹饰与衣片类似。

琉璃席发现于江西新建海昏侯刘贺墓（M1）[17]、刘充国墓（M5）[18]、山东青岛土山屯M147、江苏连云港尹湾M9北棺[19]、江苏扬州西湖蚕桑厂董汉夫妇墓南棺[20]。以刘充国墓玻璃席为例，通长约207厘米、宽约63厘米、残厚约0.5厘米，由上层席面和下层底衬组成。席面的主体部分为32排、每排11枚，共352枚玻璃片，外围由一圈长条形嵌玻璃泡镂空贴云母嵌金涂朱包边，最外侧为12枚鎏金柿蒂纹铜饰和12块菱形嵌玻璃泡镂空贴云母嵌金涂朱片相间组成的边。主体玻璃片及两圈包边通过有机物线绑缚在下层底衬上。

---

[1] 据墓葬平面图，M10出土2件玉蝉，但在具体器物描述时，却称其为料器。此外，该墓群尚有1件玻璃琀、1对玻璃耳塞未交代具体出处，故不计入其内。参见：齐丽华、李增社：《陕西投资策划服务公司汉墓清理简报》，《考古与文物》2006年第4期。

[2] 尹增淮等：《江苏盱眙仁昌汉墓发掘报告》，《东南文化》2014年第4期。

[3] 陈军锋等：《河南禹州市崔张汉墓发掘简报》，《考古与文物》2018年第2期。

[4] 周长源、徐良玉、吴炜：《扬州西汉“妾莫书”木椁墓》，《文物》1980年第12期；程朱海、周长源：《扬州西汉墓玻璃衣片的研究》，《中国古玻璃研究1984年北京国际玻璃学术讨论会论文集》，中国建筑工业出版社，1986年。

[5] 李则斌：《江苏邗江县杨寿乡宝女墩新莽墓》，《文物》1991年第10期；周长源、张福康：《对扬州宝女墩出土汉代玻璃衣片的研究》，《文物》1991年第10期。

[6] 西安市文物保护考古所：《西安财政干部培训中心汉、后赵墓发掘简报》，《文博》1997年第6期；张全民：《西安M33汉代玻璃研究》，《文博》2004年第1期。简报和张全民论文所述玻璃片情况存在差异，以后者为准。

[7] 张新宁：《云南江川县李家山古墓群第二次发掘》，《考古》2001年第2期。

---

[8] 龚良、孟强、耿建军：《徐州地区的汉代玉衣及相关问题》，《东南文化》1996年第1期。

[9] 曹元启、王学良：《山东五莲张家仲崮汉墓》，《文物》1987年第9期。

[10] 何直刚：《河北邢台南郊西汉墓》，《考古》1980年第5期。

[11] 张全民：《西安M33汉代玻璃研究》，《文博》2004年第1期。

[12] 张耘等：《山东滕州市染山西汉画像石墓》，《考古》2012年第1期。

[13] 焦阳：《染山汉墓出土“玉衣”讨论——也谈汉代墓葬中的“玉席”》，《南方文物》2021年第4期。

[14] ［日］小野胜年、日比野丈夫：《阳高古城堡——中国山西省阳高县古城堡汉墓》，六兴出版，1990年，109页；吕静：《海昏侯刘贺墓面罩之问——以两汉时期面罩的考察为中心》，《南方文物》2022年第1期。

[15] 纪达凯、刘劲松：《江苏东海县尹湾汉墓群发掘简报》，《文物》1996年第8期。

[16] 彭峪等：《山东青岛土山屯墓群四号封土与墓葬的发掘》，《考古学报》2019年第3期；于超、石玉兵、彭峪：《青岛土山屯墓群M147出土琉璃片初探》，《文物天地》2023年第5期。

[17] 杨军、徐长青：《南昌市西汉海昏侯墓》，《考古》2016年第7期。

[18] 刘勇等：《南昌西汉海昏侯墓园M5出土玻璃席制作工艺及相关问题研究》，《南方文物》2021年第6期。

[19] 朱磊、王勉：《汉代贴金琉璃棺席修复报告》，《文物修复与研究》2014年。

[20] 发掘资料未公布，据：扬州市地方志编纂委员会：《扬州年鉴2008》，新华出版社，2008年，242页；庄蕙芷：《西汉琉璃葬具与海昏侯的琉璃席》，《中国美术研究》2018年第2期。

表二：汉代玻璃窍塞出土情况

器类	出土墓葬或器号	数量	颜色	形状与尺寸（单位：厘米）	年代	成分	备注
鼻塞	南越王墓西侧室 F96	2	蓝色，透明	八角柱形，一端微粗，长 1.1-1.2	西汉早中期		
	广西贵县罗泊湾 1 号墓	1	绿色，半透明	长 1.3、大头径 0.8、小头径 0.55	西汉早期	铅钡玻璃	报告称为琉璃珰
	长沙咸家湖曹孆墓	1			西汉中期		
	安徽萧县西虎山 M2:8	2		粉笔状，长 2.1、直径 0.45-0.75	西汉中晚期		与玉琀共出
	江苏盱眙仁昌 M3:7	2	灰白	圆柱形，上粗下细，粗径 0.8、高 1.6	西汉晚期		
	陕西西安投资策划服务公司 M17:22	2	灰白	短柱状，一端略细，长 1.9、直径 0.7-0.9	西汉晚期至新莽		
	河南禹州崔张 M33:19-1、2	2	乳白泛淡黄	圆柱形，上粗下细，中有穿孔，长 2.3、直径 0.3-0.6（19-1）	新莽至东汉早期		
	常德南坪东汉“酉阳长”墓（73 常南 M1）	2	蓝色，透明	两端粗，中间细，长 3.5	东汉中期		
	洛阳烧沟 M1026:27-1	4		六角柱形，一端粗，一端细，长 2.1、径 0.7	新莽至东汉早期		亦可能为耳塞
	洛阳烧沟 M1026:10B	1		六角柱形，一端粗，一端细，长 4、径 0.6	新莽至东汉早期		出于人头右前方，亦可能为耳塞
	洛阳烧沟 M1027:50	3		六角柱形，一端粗，一端细，长 2.2、径 0.9	东汉中晚期		亦可能为耳塞
琀	陕西西安投资策划服务公司 M10:26、27	2	淡黄	蝉形，长 3.9、宽 2.1、厚 0.9	西汉中期偏晚		
	江苏盱眙仁昌 M2:5	1	灰白	蝉形，长 3.2、宽 2	西汉晚期		
	甘肃永昌水泉子 M8:31	1		圆柱体，直径约 1、高约 2.2	西汉晚至东汉初		
	河南禹州崔张 M33:20	1	乳白泛淡黄	蝉形，长 5.4、宽 0.7-3.2、厚 0.2-0.4	新莽至东汉早期		
	洛阳烧沟 M1026:26	1		长 4.6	新莽至东汉早期		
	洛阳烧沟 M30:23	1		长 4.5	东汉早中期		
	陕西西安投资策划服务公司 M24:2	1	黄色，光亮	蝉形，长 5.5、宽 2.9、厚 0.8			
	江苏扬州发电厂汉墓男棺	1	灰白色	嵌贴银箔玻璃蝉，长 5.2、宽 2.9			模铸
	江苏扬州东风砖瓦厂汉墓	1		嵌贴银箔玻璃蝉，长 5.4、宽 3.1			模铸
	江苏邗江西湖胡场 M6	1	涅白色，半透明	包银箔玻璃蝉，长 5.6、宽 2.7			模铸
耳塞	江苏盱眙仁昌 M3	2	乳白	圆柱形，上粗下细，粗径 0.6、高 1.5	西汉晚期		
	陕西西安投资策划服务公司 M17:21	2		短柱状，一端略细，长 1.7、直径 0.7-0.9	西汉晚期至新莽		
	河南禹州崔张 M33:18-1、2	2	乳白泛淡黄	圆柱形，上粗下细，中有穿孔，长 2.2、直径 0.3-0.5	新莽至东汉早期		
眼罩	河南禹州崔张 M33:17-1、2	2	乳白泛淡黄	平面呈抹角椭圆形，两端各一穿孔，长径 3.5、短径 1.3、厚 0.2（17-1）	新莽至东汉早期		

除此之外，因东海九凤墩汉墓[1]、西安财政干部培训中心 M31[2] 资料未披露或数量太少，无法判断其所属殓具种类。

这些玻璃殓具的工艺、纹饰、形制较为相似，流行年代从西汉中期至东汉初期，流行地域以江苏为主，陕西、山东、江西、云南亦有发现。成分经检测者均为铅钡玻璃。庄蕙芷认为，玻璃殓具的使用者身份明显低于玉殓具的使用者身份，而玻璃殓具系统内亦存在着等级制度，使用玻璃衣的墓主身份高于使用玻璃面罩、玻璃席的墓主。[3] 其观点可备一说。汉代玻璃殓具饰片出土情况如表三所示。

另外，在两广常见一墓之内出土上千颗玻璃珠的现象。譬如，在象岗南越王墓墓主玉衣的胸部发现有上千颗玻璃珠、在胸腹部的组玉璧上发现有 70 颗玻璃贝，结合出土位置和状态推测，可能是珠襦的配件。[4] 这可能也属于玻璃殓具的一种，但这些玻璃珠颜色、成分各异，仿玉的意图不明显，暂不讨论。

四、玻璃剑饰

玻璃剑饰发现不多，零星见于湖南、广东、江苏。西汉中晚期的常德南坪 D3M27 发现了玻璃剑璏（D3M27:10）。[5] 广州东汉前期的 M4001 所出铜剑（M4001:9）上有玻璃剑璲和剑格。[6] 广州东汉后期的 M5045 所出铜剑（M5045:8）似嵌有玻璃剑璲。[7] 目前只有江苏扬州胡场西汉时期的 M13 出土了包括剑首、剑珌、剑格、剑璲、剑璏在内的一整套玻璃剑饰。[8]

[1] 纪达凯、刘劲松：《江苏东海县尹湾汉墓群发掘简报》，《文物》1996 年第 8 期。

[2] 西安市文物保护考古所：《西安财政干部培训中心汉、后赵墓发掘简报》，《文博》1997 年第 6 期；张全民：《西安 M33 汉代玻璃研究》，《文博》2004 年第 1 期。简报和张全民论文所述玻璃片情况存在差异，以后者为准。

[3] 庄蕙芷：《西汉琉璃葬具与海昏侯的琉璃席》，《中国美术研究》2018 年第 2 期。

[4] 广州市文物管理委员会、中国社会科学院考古研究所、广东省博物馆：《西汉南越王墓》，文物出版社，1991 年，213 页。

[5] 龙朝彬：《湖南常德市南坪汉代土墩墓群的发掘》，《考古》2014 年第 1 期。

[6] 广州市文物管理委员会、广州市博物馆：《广州汉墓》，文物出版社，1981 年，345 页。

[7] 广州市文物管理委员会、广州市博物馆：《广州汉墓》，文物出版社，1981 年，446 页。

[8] 傅举有：《战国汉代的玻璃剑饰（上）》，《收藏家》2010 年第 5 期；傅举有：《战国汉代的玻璃剑饰（下）》，《收藏家》2010 年第 6 期。

五、小结

相较于战国时期而言，汉代的仿玉玻璃器其实已呈现衰落之势。战国时期作为使用（可能还有生产）仿玉玻璃器核心地带的湖南地区[9] 至汉代也似乎在渐渐放弃这一器类，广东、江苏更为流行。目前能确认的仿玉玻璃器类以模仿殓葬玉器器类为主：玻璃璧最普遍，主要流行于西汉时期，尤其是广州、长沙等地；玻璃窍塞流行于西汉中期到东汉中期，洛阳、西安、扬州等地较多见；玻璃敛具主要流行于西汉中晚期至东汉初，扬州、青岛、西安、南昌等地都有发现，似与等级制度相关。而玻璃剑饰等其他饰件都是零星发现。检测结果显示，这些仿玉玻璃基本都是本土制作的铅钡玻璃。

对于大部分汉代人来说，区分玉器和仿玉玻璃器可能具有一定的难度。东汉时的《论衡·率性篇》中便提及："天道有真伪，真者固自与天相应，伪者人加知巧，亦与真者无以异也。何以验之？《禹贡》曰'璆琳琅轩'者，此则土地所生，真玉珠也。然而道人消烁五石，作五色之玉，比之真玉，光不殊别。兼鱼蚌之珠，与《禹贡》璆琳，皆真玉珠也。"[10] 王充所说的由"道人消烁五石"而作的"五色之玉"，与"真玉"几无差异，应即玻璃。干福熹等学者通过对中国早期玻璃的化学成分进行分析，认为战国中晚期到汉代的本土玻璃制造技术形成了两个流派，一派是采用铅丹（氧化铅）作为助熔剂的铅钡硅酸盐玻璃，另一派则是采用硝石（硝酸钾）作为助熔剂的钾硅酸盐玻璃，同时，玻璃熔炼需要有耐火坩埚作为容器，上述两种助熔剂和坩埚都与炼丹术或青铜制备技术不无关系，这也正巧与《论衡》的说法相应。[11] 故此，能够确认的是，汉代人有意发展了以玻璃仿玉的技术，在工艺上尤其刻意探索如何模仿玉器光泽度和乳浊感[12]，致使达到肉眼难以区分二者的效果。有学者认为，汉代制作玻璃时加入含钡矿物是为了更

[9] 周世荣：《湖南出土琉璃器的主要特点及其重要意义》，《考古》1988 年第 6 期；廖薇：《长沙地区战国墓用玉及仿玉现象探析》，《文博学刊》2022 年第 3 期。

[10] 黄晖：《论衡校释》卷第二《率性篇》，中华书局，1990 年，75—76 页。

[11] 干福熹、承焕生、李青会：《中国古代玻璃的起源——中国最早的古代玻璃研究》，《中国科学（E 辑：技术科学）》2007 年第 37 卷第 3 期。

[12] 杨伯达：《关于我国古玻璃史研究的几个问题》，《文物》1979 年第 5 期；干福熹等：《中国古代玻璃技术的发展》，上海科学技术出版社，2005 年，106、225—228 页。

表三：汉代玻璃敛具饰片出土情况

类型	墓葬名称	数量	形制	尺寸（单位：厘米）	成分	出土位置	墓葬年代
玻璃衣片	扬州“妾莫书”墓	600	长方形居多，另有梯形、三角形、圆形等13种。多数素面，仅圆片和长方形片表面模印蟠螭纹，后者中部还有柿蒂纹，少数花芯上保留一点金箔。圆片穿三孔，其余皆四角穿孔	大小不等，长方形片长6.2、宽4，最小的梯形片长6.2、宽0.8-1.1，厚度均为0.4	铅钡玻璃	棺内底部	西汉晚期
	西安财政干部培训中心M31	63	长方形居多，另有玉璧形、菱形、不规则长方形几类，过半数饰片有模铸阴纹，包括柿蒂纹、云纹、龙纹、菱形纹等，纹饰内填金箔	长方形片长5.8、宽4.4、厚0.32	高铅含钡玻璃		新莽至东汉中晚期
	西安财政干部培训中心M33	1					新莽至东汉初
	江川李家山M51	10	方形				西汉中晚期
	邗江宝女墩M104	19	灰白色，长方形，除1片未见穿孔外，其余皆四角穿孔。一类为素面，另一类模铸阴纹，包括变体柿蒂纹、云雷纹、云纹、白虎星辰纹4种，纹饰上贴金箔。有3片的背面墨书“王”字	尺寸基本相同，厚0.33	铅钡玻璃	盗洞内	新莽时期
嵌玻璃片的木温明	山西阳高古城堡M12						西汉晚期
	东海尹湾M6:3（北棺）		长方形、猫耳形、环形、半月形、梯形、三角形等，纹饰内填以金箔。长方形片四角有小孔			墓主头部	西汉中晚期至新莽
	青岛土山屯M147:6	156	长方形居多，另有环形、水滴形、马蹄形，多有阴纹，包括龙纹、螭纹、柿蒂纹、云纹、虎纹，纹饰内贴金箔	长方形饰片长6.4、宽4.4、厚0.3		罩于墓主头部	西汉晚期
嵌玻璃片的木枕	东海尹湾M6出土木枕		长方形				西汉中晚期至新莽
	青岛土山屯M147:53	16	长方形，多为素面，少量有阴纹，为柿蒂纹，纹饰内贴金箔			墓主头下	西汉晚期
玻璃席	海昏侯刘贺墓	384	每片四角都有钻孔，以包有金片的丝缕串成席面，周围包裹附有云母片与金箔的漆皮包边			墓主身下	西汉中期
	海昏侯嗣子刘充国墓	352	长方形，四角有穿孔	长约5.9、宽约3.9-4、厚约0.4	铅钡玻璃	墓主身下	西汉中期
	青岛土山屯M147:46	334	长方形、圆形、菱形，近半素面，其余有阴纹，包括虎纹、柿蒂纹等，纹饰内贴金箔	长方形饰片长5.6、宽4.4、厚0.3-0.4		墓主身下	西汉晚期
	东海尹湾M9北棺	323	长方形为主，少量圆形、菱形等，大多数有纹饰，包括龙纹、几何纹，纹饰中贴有金箔	大长方形饰片长8.5-9、宽5.3-5.5、厚约3-4，小长方形饰片长5.5-5.7、宽4.2-4.3、厚约2.5-3	铅钡玻璃	棺底	西汉
	扬州董汉夫妇墓南（女）棺		矩形、璧形			棺底	西汉

接近玉的质感。[1]脱玻化的工艺也是为了让外观更接近于天然玉。[2]在青岛土山屯西汉墓（M147）随葬的遣策中记载有“玉席一”“玉温明一”“玉枕一”，但该墓内并未发现这些玉器，而仅见琉璃席、镶琉璃片和琉璃璧的温明、镶琉璃片的木枕各一件[3]，很可能它们就是遣策中所谓的玉器。但目前难以断定的是，汉代仿玉玻璃器的使用者究竟是有意还是无意将其作为玉器的代替品。需要更进一步探究的还有，当时仿玉玻璃器与玉器的社会价值、流行范围、使用者身份和使用场景等情况又是否相同，如果存在差异，这种差异又以何种方式体现；各类仿玉玻璃器之间的等级或价值差异，仿玉玻璃器的产业链条如何运作，也都有待细致分析。围绕仿玉玻璃器开展上述研究，应当能从侧面提供汉代玉器及玉器产业流行状况的旁证，补充对汉代玉器的认识。

[1] 王步毅等：《安徽古玻璃璧分析》，《考古与文物》1995年第5期。

[2] 张全民：《西安M33汉代玻璃研究》，《文博》2004年第1期。

[3] 彭峪等：《山东青岛土山屯墓群四号封土与墓葬的发掘》，《考古学报》2019年第3期。

周秦汉佩玉行为：制度变革与感知体验

中山大学社会学与人类学学院　潘攀

距今约8000年前的新石器时代早期，东北地区先民即有主动用玉行为，以工具和配饰为主。[1] 自距今约5000年前的新石器时代晚期起，考古发现的史前玉器数量大增，出现良渚、红山等多个用玉中心，表现出用玉行为与原始宗教和社会等级间的关联。至商代晚期，玉器制造技术趋于成熟，类别涉及礼器、装饰器、葬玉、实用器等。此后，用玉习俗延续至今不绝，在各历史时期表现出不同的用玉文化传统。

一、周秦汉时期的佩玉制度变革

根据文献记载，周代从天子到士级贵族都要佩玉，从玉质、玉色到系饰都有等级规定。

《礼记·玉藻》载："古之君子必佩玉……凡带必有佩玉，唯丧否。佩玉有冲牙，君子无故，玉不去身，君子于玉比德焉。天子佩白玉而玄组绶，公侯佩山玄玉而朱组绶，大夫佩水苍玉而纯组绶，世子佩瑜玉而綦组绶，士佩瓀玟而缊组绶。孔子佩象环五寸而綦组绶。"[2]

女子也佩玉。《诗经·郑风·有女同车》有句："有女同车，颜如舜华。将翱将翔，佩玉琼琚。……有女同行，颜如舜英。将翱将翔，佩玉将将。"《列女传·辩通传·阿谷处女》云："孔子南游，过阿谷之隧，见处子佩瑱而浣。"

按《释名·释衣服》载："佩，倍也，言其非一物，有倍贰也。"[3]《说文》里释珩为"佩上玉也"。段注引《楚语》注："珩，佩上之横者。"又"'佩上玉'者，谓此乃玉佩最上之玉也。统言曰佩玉。"[4] 这里的"佩"，需指不止单件玉饰才解释得通，珩是其中一种。所以周秦汉时的所谓佩玉，应该是指佩戴多件玉饰组合。

《周礼·天官冢宰》在介绍周代掌管玉器的机构"玉府"时，提到"共王之服玉、佩玉、珠玉"。郑玄注引《诗传》："佩玉，上有葱衡，下有双璜冲牙，玭珠以纳其间。"[5]《毛诗·郑风·女曰鸡鸣》提及"杂佩"，郑笺曰："杂佩者，珩璜琚瑀冲牙之类。"[6] 又《新书·容经》："鸣玉者，佩玉也，上有双珩，下有双璜，冲牙玭珠以纳其间，琚瑀以杂之。"[7] 这里的"佩玉""杂佩""鸣玉"皆指佩玉组合，即主要包括珩、璜、冲牙、琚、瑀、玭珠等部件的玉组佩。

璜，《说文》释其为"半璧"，段注："按大戴礼，佩玉下有双璜，皆半规，似璜而小。"[8]《新书》注珩曰："佩首横玉，所以系组。"又引北周卢辩语："衡，平也。"[9] 璜、珩在玉组佩中的配置，据《说文》段注："其制，珩上横为组三，系于珩。系于中组者曰冲牙，系于左右组者曰璜，皆以玉。璜似半璧而小，亦谓之牙。系于中者触牙而成声，故曰冲牙。玭珠、琚、瑀贯于珩之下，璜、冲牙之上。"[10] 总结来看，是说珩位于组佩最上，形状扁横，有维持平衡并向下系连其他部件的功能；璜像半璧，弧度更大，悬于珩下左右两侧，中组下悬冲牙。璜在新石器时代就多有发现；珩根据目前考古发现，约在西周中期出现，作为维持组佩平衡的存在，其穿孔数量和位置应与璜有别，亦可以作为区分珩璜的一个方法。

[1] 段天璟、高云逸：《小南山遗址与东北地区史前玉器的相关问题》，《考古与文物》2024年第1期。

[2] 〔清〕阮元校刻：《十三经注疏》（中华书局影印本），中华书局，1980年，1482—1483页。

[3] 〔汉〕刘熙撰，〔清〕毕沅疏证，王先谦补，祝敏徹、孙玉文点校：《释名疏证补》，中华书局，2008年，183页。

[4] 〔汉〕许慎撰，〔清〕段玉裁注，许惟贤整理：《说文解字注》，凤凰出版社，2018年，21页。

[5] 〔清〕阮元校刻：《十三经注疏》，678页。

[6] 〔清〕阮元校刻：《十三经注疏》，340—341页。

[7] 〔汉〕贾谊撰，阎振益、钟夏校注：《新书校注》，中华书局，2000年，229页。

[8] 〔汉〕许慎撰，〔清〕段玉裁注，许惟贤整理：《说文解字注》，19页。

[9] 〔汉〕贾谊撰，阎振益、钟夏校注：《新书校注》，中华书局，2000年，239—240页。

[10] 〔汉〕许慎撰，〔清〕段玉裁注，许惟贤整理：《说文解字注》，21页。

至于冲牙，《女曰鸡鸣》郑玄笺云：“冲，昌容反，状如牙。”[1]郑注《礼记·玉藻》“佩玉有冲牙”时又言“居中央以前后触也”。唐孔颖达疏曰：“凡佩玉，必上系于冲（珩之误），下垂三道，穿以玭珠，下端前后以悬于璜，中央下端悬以冲牙。动则冲牙前后触璜而为声，所触之玉，其形似牙，故曰冲牙。”后又引南朝皇侃疏：“冲居中央，牙是外畔两边之璜，以冲牙为二物。”[2]可见孔颖达此时已发现郑皇二人说法的矛盾之处。《新书》注引清董增龄言：“佩之上……末悬一玉，两端皆锐，曰冲牙。……其末各悬一玉，如半璧而内向，曰璜。……行则冲牙触璜而有声。”[3]总结来看，历代文献对冲牙解释的矛盾核心，是其到底是指一种玉饰还是冲和牙两种。认为冲牙是一种玉饰的，指出其在组佩里悬于中组下端，为牙形或两边尖锐，佩玉行动时撞击两侧的璜发出声音；认为冲和牙是两种玉饰的，提出悬于中组的叫冲，悬于两侧的璜又叫牙，且并未描述冲为牙形。考古出土的西周典型玉组佩，多是以各形制大小的璜为核心，不见文献中记载的悬于中组的牙形玉饰。故亦有学者提出，冲、牙是两物，但都是指璜，只是在组佩中的位置和功能不同，两侧被撞击的叫牙，中组撞击对方的叫冲。[4]

其他琚、瑀、玭珠之类，瑀在《说文》中释为“石之次玉者”，琚是“佩玉石”。[5]都是指组佩上连系各主体玉饰的玉石杂珠。

佩玉又叫“鸣玉”，突出了玉组佩相较单件玉饰的特点：当佩戴组佩行动时，会因玉饰间的相互撞击产生更持续明显的声音场。对声音的强调则是为了提醒和规范佩戴者的道德心境与行为举止。《礼记·玉藻》载：“古之君子必佩玉，右徵角，左宫羽。趋以采齐，行以肆夏，周还中规，折还中矩，进则揖之，退则扬之，然后玉锵鸣也。故君子……行则鸣佩玉，是以非辟之心，无自入也。”孔疏曰：“君子恒闻鸾和佩玉之正声。自，由也，是以非类邪辟之心，无由入于身也。”[6]

佩玉声音的这种人文意象来自周代用玉文化与道德间的关联。《礼记·聘义》记载子贡问孔子，君子为何珍视玉超过其他美石，孔子答“夫昔者，君子比德于玉焉”，并总结了玉的十一德。[7]《管子·水地》《荀子·法行》《说苑·杂言》《说文解字》里也分别有九德、七德、六美、五德等说法，概括了玉在质地、纹理、硬度、密度、声音、颜色、光泽、韧度等方面的物理特点和附于其上的人文道德意象（表一）。其中都有涉及玉声特质，说其清扬悠远，尾音短促干脆。佩玉行动时，多件玉饰碰撞产生的独特声音场会明显地被佩玉者本人和周围其他人感知；组佩连续撞击身体形成的复合触感，也时刻提醒佩戴者严格规范自己身体行为的幅度和姿态。组佩形制越繁、玉料越优，形成的声音场就越复合清亮、富有节奏，对身体行为的规范约束力亦会越强，也越能彰显佩玉者的德行与身份。

文献显示，周代这种以玉比德的佩玉制度在周秦汉之际发生了变化。《后汉书·舆服志》载：“古者君臣佩玉，尊卑有度。上有韨，贵贱有殊。佩，所以章德，服之衷也。韨，所以执事，礼之共也。故礼有其度，威仪之制，三代同之。五霸迭兴，战兵不息，佩非战器，韨非兵旗，于是解去韨佩，留其系璲，以为章表。故《诗》曰‘鞙鞙佩璲’，此之谓也。韨佩既废，秦乃以采组连结于璲，光明章表，转相结受，故谓之绶。汉承秦制，用而弗改，故加之以双印佩刀之饰。至孝明皇帝，乃为大佩，冲牙双瑀璜，皆以白玉。”[8]

东周时期兵战频繁，“佩非战器”，繁缛的佩玉制度因为缺乏实用价值而被简化为“佩璲”“以为章表”。《尔雅·释器》释璲为“瑞也”。引郑笺云：“佩璲者，以瑞玉为佩。”[9]《周礼·春官宗伯》注曰：“人执以见曰瑞。瑞，符信也。”疏云：“瑞即下文镇圭之等是也。”[10]如此来看，“解去韨佩，留其系璲”就是指简化繁缛的玉组佩而只保留其上玉瑞饰件。

秦代为简化后的佩璲加以“采组”，即采丝打成的结，编结后即为“绶”，颜色、长度、编结方式等均有等级参差。汉承秦制，对佩绶的等级规范甚至更为严格。《新书·服疑》载：“是以高下异……则环佩异……贵贱有级，服位有等，等级既设，各处其检，人循其度，擅退则让，上僭则诛。……是以天下见其服而知贵贱，望其章而知其

[1]〔清〕阮元校刻：《十三经注疏》，340—341页。
[2]〔清〕阮元校刻：《十三经注疏》，1482—1483页。
[3]〔汉〕贾谊撰，阎振益、钟夏校注：《新书校注》，229、239—240页。
[4] 孙庆伟：《两周“佩玉”考》，《文物》1996年第9期。
[5]〔汉〕许慎撰，〔清〕段玉裁注，许惟贤整理：《说文解字注》，26页。
[6]〔清〕阮元校刻：《十三经注疏》，1482—1483页。
[7]〔清〕阮元校刻：《十三经注疏》，466页。
[8]〔晋〕司马彪撰，〔梁〕刘昭注补：《后汉书志》，中华书局，1965年，3671—3672页。
[9]〔清〕阮元校刻：《十三经注疏》，2600页。
[10]〔清〕阮元校刻：《十三经注疏》，776页。

表一 文献所见玉与传统人文道德的关联

	礼记·聘义	管子·水地	荀子·法行	说苑·杂言	说文解字
仁	温润而泽	温润以泽	温润而泽	廉而不刿	润泽以温
德	圭璋特达			望之温润	
智	缜密以栗	邻以理者	栗而理	近之栗理	其声舒扬传以远闻
义	廉而不刿	坚而不蹙	坚刚而不屈	声近徐而闻远	䚡理自外可以知中
辞		叩之 其音清搏彻远 纯而不杀	扣之 其声清扬而远闻 其止辍然		
乐	叩之 其声清越以长 其终诎然				
行		廉而不刿	廉而不刿		
洁		鲜而不垢			锐廉而不技
勇		折而不挠	折而不挠	折而不挠 阙而不荏	不挠而折
忠	瑕不掩瑜 瑜不掩瑕				
情		瑕适皆见	瑕适并见	有瑕必示之于外	
礼	垂之如队				
容		茂华光泽并通而不相陵			
信	孚尹旁达				
天	气如白虹				
地	精神见于山川				
道	天下莫不贵者				

势。”[1]《汉官仪》亦载：“绶者，有所承受也，所以别尊卑，彰有德也。”[2]

汉代对变革后的佩绶制度还有“加之以双印佩刀之饰”的进一步改进。《释名·释衣服》载：“佩……：有珠、有玉、有容刀、有帨巾、有觿之属也。”[3]在玉石管珠之外加入印、刀、巾、觿等物后的汉代佩绶，和周式玉组佩的主体配置有了明显区别。

[1]〔汉〕贾谊撰，阎振益、钟夏校注：《新书校注》，53页。

[2]〔汉〕应劭撰，〔元〕陶宗仪辑：《汉官仪》，载〔清〕孙星衍等辑：《汉官六种》，中华书局，1990年，188页。

[3]〔汉〕刘熙撰，〔清〕毕沅疏证，〔清〕王先谦补：《释名疏证补》，251页。

《礼记·玉藻》中提到：“君在不佩玉。左结佩，右设佩。居则设佩，朝则结佩。”郑注云：“出所处而君在焉，则去德佩而设事佩，辟德而示即事也。……结者，结其绶，不使鸣也。”孔疏曰：“事佩是木燧、大觿之属。……而示有劳役之事以奉于上。”[4]结有收敛之意，是指在面见君主时要收起组佩让它不发出声响，以示在君主面前不显德。而事佩，参考《礼记·内则》：“子事父母……左右佩用。左佩纷帨、刀、砺、小觿、金燧，右佩玦、捍、管、遰、大觿、木燧。”注曰：“小觿解小结也。觿，貌如锥。……木燧，钻火也。”[5]即言事佩之属是指解结、取火这类有实用功能之物。所谓“德佩”“事佩”之别，就是指佩玉象征德行和佩玉以为实用的区别。可以看出，汉代的佩绶制度虽仍有等级象征意义，但所佩之物已有从彰显德行向实用化转变的趋势。

总结来看，梳理文献可知，周秦汉佩玉制度从以瑞玉为主体、旨在彰显德行的玉组佩，演变为简化后包括珠玉及各类实用物件的佩绶制度。此中变化，也是周秦汉间从重礼到尚俗的社会文化背景转变在用玉文化上的体现。佩玉和佩绶行为所代表的等级象征意义始终未变；且至东汉以降，周式玉组佩仍未消失，即《后汉书·舆服志》里所记之“大佩”。然而，文献记载只是对佩玉制度的一种理想化描述，考古出土的周秦汉时期玉组佩实物材料，则有助于认知和验证这一演变过程。

二、考古出土周秦汉时期玉组佩及其演变

周秦汉玉组佩材料多出于墓葬，普遍有因扰动导致组佩部件位移或散失、系带连接部分不存、与其他丧葬用玉混杂等情况，给玉组佩的辨识和复原带来较大困难。常见两类问题：其一，疑似组佩部件的散存玉饰难以被确认辨识，给后续研究收集材料造成一定困难；其二，已完成初步复原并刊布的组佩材料，有时会带有复原者主观想法，不能不做甄别直接用于研究，需要结合出土情况，各部件单体形制特征、功能、穿孔数量和位置、细微痕迹等信息加以验证。此外，除了出土玉组佩实物，出土人俑、壁画等图像材料上的玉组佩形象也应在研究范围内，有助于直观了解玉组佩的形制和佩戴方式。

（一）西周

考古出土西周时期可确认玉组佩材料代表如陕西宝鸡𢐗国墓、河

[4]〔清〕阮元校刻：《十三经注疏》，1482—1483页。

[5]〔清〕阮元校刻：《十三经注疏》，1461页。

南平顶山应国墓、山西曲沃晋侯及夫人墓、河南三门峡上村岭虢国墓、山西绛县横水倗国墓、山西翼城大河口霸国墓、陕西张家坡井叔家族墓、陕西韩城梁带村芮国墓、陕西扶风强家村墓等。墓主即玉组佩的佩戴者皆为国君及妻妾或高等级贵族。玉组佩的基本配置是以多件璜、珩为主体，间以玉石管杂珠（图 1）。牙形饰在已复原组佩中并不常见，最多见不同大小形制的联璜。结合前文所论，所谓“佩玉有冲牙”，从考古出土实物来看，理解为不同位置的璜更为合理，在佩戴者行动时通过相互撞击产生声音。

值得注意的还有另一种常见佩玉组合：由一块梯形玉石牌下连成串的玉石杂珠。西周中晚期晋侯夫人墓（M92）出土过一组联璜玉组佩和两组梯形玉牌串饰，出土位置不同，据简报描述：组佩位于墓主胸腹部，过颈佩戴（图 2-1）；一组梯形玉牌串饰位于墓主右股骨右侧，总长 68.5 厘米（图 2-2）；另一组梯形玉牌下连玉蚕、玉圭形饰（简报称“玉戈”）和杂珠组成的组合佩饰，出土于墓主左肩胛骨下，简报认为“原当佩于肩后”，总长 29.5 厘米（图 2-3）。[1] 河南三门峡上村岭虢国墓、河南平顶山应国墓、山西绛县横水倗国墓、陕西韩城梁带村芮国墓等西周至春秋早期的高等级墓葬也同时出土过这两类佩玉组合，佩戴位置亦能看出差异。辨识和复原的关键是组合中的主体部件——联璜或梯形玉牌，璜的穿孔位置多在两端，梯形玉牌则多为上下穿多孔。

（二）东周

以联璜为主体的繁采华丽玉组佩在东周时期高等级墓葬中仍有发现。春秋时期代表如陕西韩城梁带村芮国夫人墓、河南信阳黄国国君及夫人墓、河南淅川下寺楚国贵族墓、山西太原金胜村赵卿墓、河南固始侯古堆宋景公妹墓、陕西宝鸡益门村秦公子墓等；战国时期代表如湖北随州曾侯乙墓、湖北江陵望山楚贵族墓、湖北荆州熊家冢楚王墓、

1. 西周早期　河南平顶山应国墓（M231）（女）　2. 西周早期　山西绛县横水倗国墓（M1011）（男）　3. 西周中期　河南平顶山应国墓（M84）（男）　4. 西周晚期　山西曲沃晋侯墓（M63）（女）

图 1　考古出土西周时期玉组佩（1—3 出自发掘报告，4 出自《中国出土玉器全集》）[2]

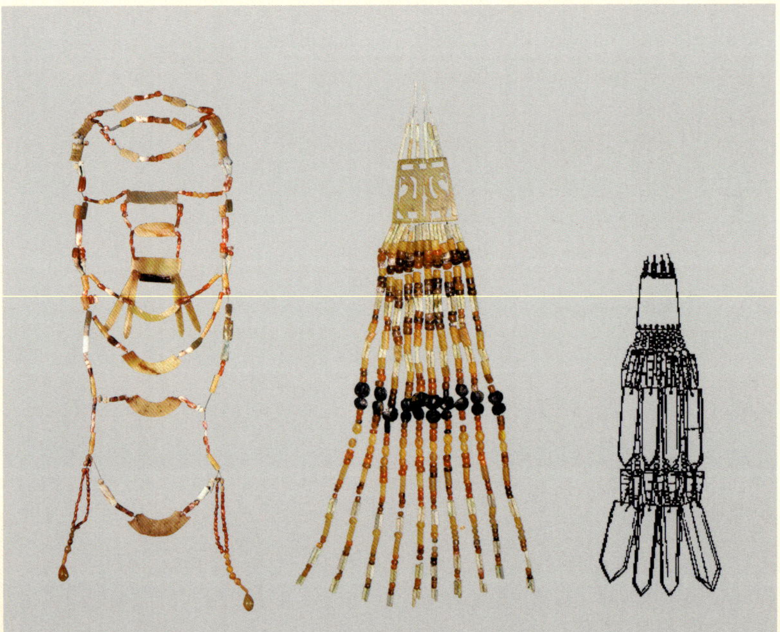

1　2　3

图 2　山西曲沃晋侯夫人墓（M92）出土的不同形制佩玉组合（3 出自发掘简报，其余出自《中国出土玉器全集》）[3]

[1] 徐天进等 :《天马——曲村遗址北赵晋侯墓地第五次发掘》,《文物》1995 年第 7 期。

[2] 河南省文物考古研究所、平顶山市文物管理局 :《平顶山应国墓地》, 大象出版社, 2012 年, 彩版一四 ; 谢尧亭等 :《山西绛县横水西周墓地 1011 号墓发掘报告》,《考古学报》2022 年第 1 期, 图版贰拾 -1;《平顶山应国墓地》, 彩版八八 ; 古方 :《中国出土玉器全集 3 山西》, 科学出版社, 2005 年, 109 页。

[3] 古方 :《中国出土玉器全集 3 山西》, 科学出版社, 2005 年, 86—87 页 ; 徐天进等 :《天马——曲村遗址北赵晋侯墓地第五次发掘》,《文物》1995 年第 7 期。

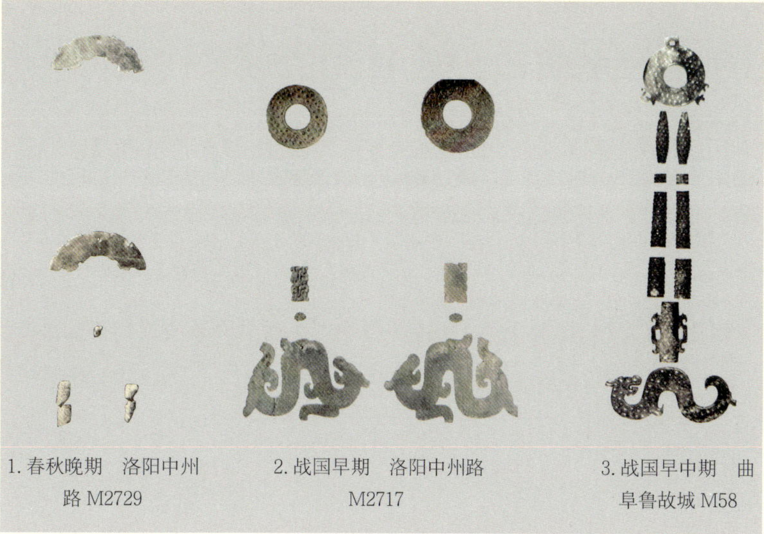

图 3　考古出土东周时期玉组佩（出自考古报告）[1]

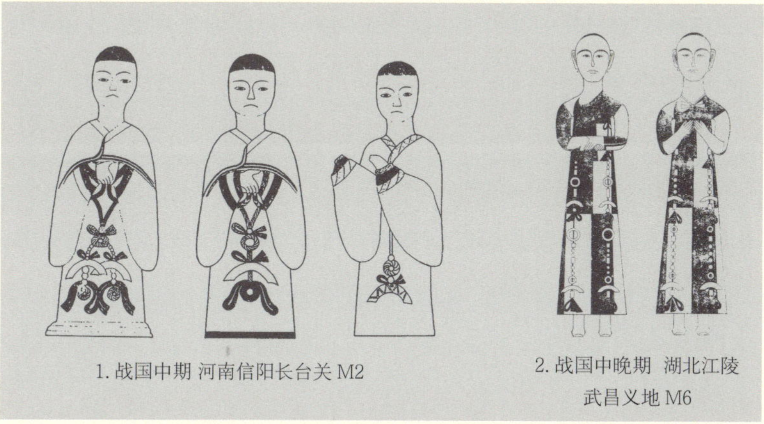

图 4　战国楚墓出土彩绘木俑上的玉组佩形象（出自考古报告）[2]

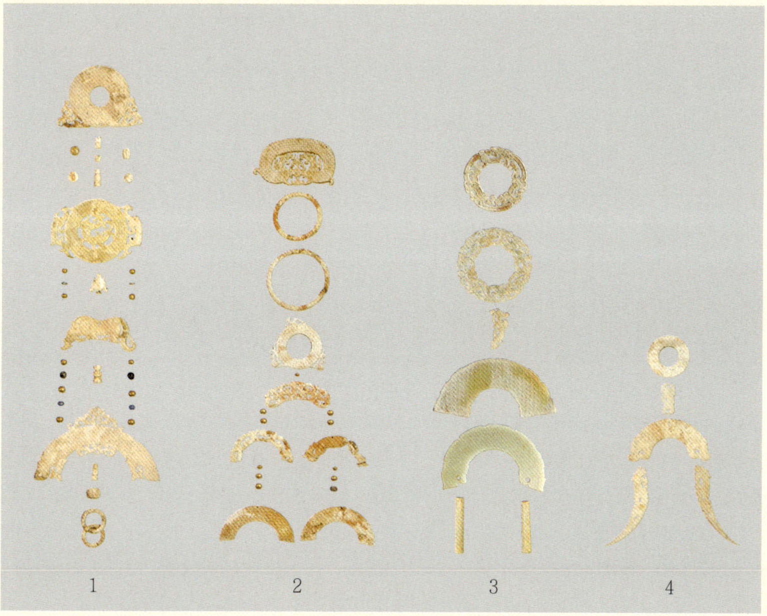

图 5　广州西汉南越王墓出土玉组佩（出自考古报告与《中国出土玉器全集》[3]）

四川涪陵小田溪巴王墓、陕西旬邑县转角村秦墓等。

有些疑似玉组佩未被复原。如春秋早期黄君孟墓墓主为某代黄国国君及夫人，男墓主椁室被扰严重，清理玉器 54 件，女墓主椁室出土玉器 131 件。其中简报称为“虎”的玉饰发现数量较多，刻虎纹，器身弧弯有 2—4 个穿孔，似组佩中的璜珩之类；另有大量玉石管和串珠，应为玉组佩部件。[4] 临近时代稍晚的黄季佗父墓也出土相同形制但数量相对少的虎形饰和璜。[5] 战国早期湖北随州曾侯乙墓主棺出土大量玉璜和成对龙形佩饰，应随葬有组佩；墓主腹部出土一件四节龙凤玉佩，头部近下颌处出土一件十六节龙凤玉挂饰，皆雕玉以作系连，和佩戴于墓主颈下胸前的组佩形制有别，报告认为其是“玉缨”，即帽带（冠饰）。[6]

约自春秋早中期至战国，各国贵族墓葬中所见玉组佩形制也表现出简化趋势。代表如洛阳中州路春秋晚期墓（M2729）墓主腹部出土两个石璜和三颗珠的组合；战国早期墓（M1316、M2717）墓主胸腹部也发现此类简化版玉组佩（图 3-1、2）。[7] 山东曲阜鲁故城战国早中期墓（M58）出土由一件璧、一件龙形饰和玉管连缀而成的玉组佩（图 3-3）。[8] 河南陕县战国早中期墓墓主身上也多见由一对龙形饰和玉石管珠组成的简化组佩。[9] 可以看出，简化后玉组佩的基本特点是主体玉饰不再为联璜，而代替以单件或成对瑞玉，系连用的玉石杂珠数量也大减。这与文献中东周时因战乱而简化佩玉制度为仅“佩璲”的记载相符。

出土东周时期俑上有时也能看到玉组佩形象。河南信阳长台关战国中期楚墓（M2）出土三件彩绘木俑，身前绘出玉组佩，大致可见两

[1] 中国科学院考古研究所：《洛阳中州路（西工段）》，科学出版社，1959 年，图版伍柒；《洛阳中州路（西工段）》，图版柒壹；山东省文物考古研究所等：《曲阜鲁国故城》，齐鲁书社，1982 年，图版壹零陆。

[2] 河南省文物研究所：《信阳楚墓》，文物出版社，1986 年，115 页；王传富、杨明洪：《湖北江陵武昌义地楚墓》，《文物》1989 年第 3 期。

[3] 古方：《中国出土玉器全集 11 广东、广西、福建、海南、香港、澳门、台湾》，科学出版社，2005 年，123—125、128 页。

[4] 欧潭生：《春秋早期黄君孟夫妇墓发掘报告》，《考古》1984 年第 4 期。

[5] 欧潭生：《河南光山春秋黄季佗父墓发掘简报》，《考古》1989 年第 1 期。

[6] 湖北省博物馆：《曾侯乙墓》，文物出版社，1989 年。

[7] 中国科学院考古研究所：《洛阳中州路（西工段）》，科学出版社，1959 年，118—120 页。

[8] 山东省文物考古研究所等：《曲阜鲁国故城》，齐鲁书社，1982 年。

[9] 中国社会科学院考古研究所：《陕县东周秦汉墓》，科学出版社，1994 年。

1. 江苏徐州北洞山西汉楚王墓出土彩绘陶俑　2. 西汉南越王墓出土玉舞人　3. 安徽涡阳西汉崖墓（M1）出土人形玉饰　4. 江西南昌东郊西汉墓（M14）出土玉舞人

图 6　汉墓出土“佩绶”人物
（1、3 出自考古报告，2、4 出自《中国出土玉器全集》）[1]

种形制：一是以锦带穿系彩结，下分左右两组，每组以彩结穿连成对的璜、环和珠饰；二是锦带穿系一组由彩结连成的单件璜、环和珠饰（图 4-1）。[2] 湖北江陵武昌义地战国中晚期楚墓（M6）出土两件彩绘木俑，自腋下绘出左右两组系带，从胸前垂挂至脚踝，以彩结穿连成对的环、璜和珠饰（图 4-2）。[3] 彩绘木俑所绘玉组佩有别于西周时流行的高等级联璜形制，和东周墓葬出土的简化版更为相近，是文献所载“以采组连结于璲”的写照。

（三）汉代

广州象岗西汉南越王墓出土了迄今发现最集中、等级最高、形制最完整的汉代玉组佩实物，分属墓主赵眛与其殉葬妻妾，初步复原 11 套（组）。[4] 赵眛玉组佩发现于主棺内玉衣上胸部至腹下，由璧、璜、玉人、玉石杂珠等连缀而成，有丝绢系带痕迹（图 5-1）；其他殉葬夫人玉组佩主要部件包括璧、璜、珩、环、舞人、管、觿、珠等，较赵眛组佩在结构和玉饰形制上有“礼降一级”特点（图 5-2~4）。南越王墓玉组佩配置与西周时相比，系连用的玉石管杂珠数量减少，承自东周仅留“系璲”传统，似即文献所记之汉代“大佩”。

各地大中型西汉墓中多有发现由璧、环、璜、珩、舞人、珠等组成的汉式玉组佩，墓主为高等级贵族男女，年代大致起自西汉早期至西汉中晚期，具体结构上体现出等级差异。代表如陕西西安东郊西汉早期窦氏墓[5]、江苏徐州韩山西汉早期刘氏墓[6]、江苏徐州骆驼山西汉早期段翘墓[7]、安徽天长三角圩西汉早中期桓平墓[8]、河北满城中山靖王及妻窦绾墓[9]、陕西西安三桥镇西汉墓[10]等。玉舞人为汉式玉组佩配置中的一大特色，单件或成对装饰，常于上下穿孔以系连其他组佩部件，多见于女性墓葬。此外，汉墓中时有发现带穿孔玉石铜质印章与各类玉石串饰共出。如陕西咸阳马泉公社西汉晚期墓、江西南昌施家窑村东汉墓、广西合浦地区汉墓等，流行于西汉晚期至东汉，似即文献所载“加之以双印佩刀之饰”于汉式佩绶体系中。

佩绶之“绶”的实物虽然难以保存，但汉代出土图像材料可以补充关于佩绶形制的证据。江苏徐州北洞山西汉早期楚王墓出土彩绘陶俑，腰间绘出彩色绶带系挂印章或悬垂白玉璜和玉管的佩绶形象。[11]（图 6-1）南越王墓一位夫人随葬玉组佩的玉舞人身上，自腰下正中刻垂一条佩绶，由丝带系连环、璜和绶结。[12]（图 6-2）安徽涡阳西汉崖墓（M1）出土玉人身前腰带中部刻系一条绶带穿璧。[13]（图 6-3）江西南昌东郊汉墓（M14）出土玉舞人，女舞者身前亦有一条垂至小腿的佩绶，自上而下可辨有绶带璧、菱形饰和觿。[14]（图 6-4）可以看出，典型汉式佩绶多系于胸下腰间，与周式高等级玉组佩过颈垂于胸前的情况不同。后者自两周延续至秦汉，虽经简化改动，但基本配置和佩戴方式大致沿用，使用者等级较高，汉时称大佩。同时，周秦汉间也逐渐演变出

[1] 徐州博物馆、南京大学历史学系考古专业：《徐州北洞山西汉楚王墓》，北京：文物出版社，2003 年，彩版三一；古方：《中国出土玉器全集 11 广东、广西、福建、海南、香港、澳门、台湾》，科学出版社，2005 年，120 页；刘海超、杨玉彬：《安徽涡阳稽山汉代崖墓》，《文物》2003 年第 9 期；古方：《中国出土玉器全集 9 江西》，科学出版社，2005 年，68 页。
[2] 河南省文物研究所：《信阳楚墓》，文物出版社，1986 年，114—116 页。
[3] 王传福、杨明洪：《湖北江陵武昌义地楚墓》，《文物》1989 年第 3 期。
[4] 广州市文物管理委员会、中国社会科学院考古研究所、广东省博物馆：《西汉南越王墓》，文物出版社，1991 年。
[5] 程林泉等：《西安东郊西汉窦氏墓（M3）发掘报告》，《文物》2004 年第 6 期。
[6] 耿建军等：《徐州韩山西汉墓》，《文物》1997 年第 2 期。
[7] 郑洪全、吴公勤、耿建军：《江苏徐州骆驼山西汉墓（M29）发掘简报》，《文物》2023 年第 4 期。
[8] 安徽省文物考古研究所：《天长三角圩墓地》，科学出版社，2013 年。
[9] 中国社会科学院考古研究所、河北省文物管理处：《满城汉墓发掘报告》，文物出版社，1980 年。
[10] 古方：《中国出土玉器全集 14 陕西》，科学出版社，2005 年，147 页。
[11] 徐州博物馆、南京大学历史学系考古专业：《徐州北洞山西汉楚王墓》，文物出版社，2003 年。
[12] 广州市文物管理委员会、中国社会科学院考古研究所、广东省博物馆：《西汉南越王墓》，彩版一二；古方：《中国出土玉器全集 11 广东、广西、福建、海南、香港、澳门、台湾》，科学出版社，2005 年，120 页。
[13] 刘海超、杨玉彬：《安徽涡阳稽山汉代崖墓》，《文物》2003 年第 9 期。
[14] 古方：《中国出土玉器全集 9 江西》，科学出版社，2005 年，68 页。

佩玉于腰间的佩绶制度，所佩之物从象征德行的瑞玉渐次加入有实用功能的印、刀、觿等饰件。

三、佩玉行为的感知体验

前文提到周代以玉比德中常有指向玉的声音特质的内容（表一），称赞玉声清扬、清越、舒扬，击之余音悠长、尾音干脆。《礼记·玉藻》中将人们佩玉行动时发出的声音与乐曲音律相联系。“右徵角，左宫羽” 是说佩玉备四声以养德，商音有杀伐之意，所以不用；“趋以采齐，行以肆夏”即在描述佩玉行走时的仪态节奏要和以《采齐》《肆夏》类礼乐。佩戴组佩产生的复合声音场显然不是佩戴单件玉饰所能形成，玉组佩的礼制化想来部分也源于人们对玉声的这种感知体验。

感官考古学（Sensory Archaeology）关注物质文化及其视觉表现和基于视觉分析之外的人类多感官感知、身体行为、情感联系和生存体验。感官考古学开创者之一的亚尼斯·哈米拉基斯（Yannis Hamilakis）在其著作《考古学与感官：人类体验、记忆与情感》中指出，感官考古学的提出并非为了将其宣扬为一个新的考古学分支，而旨在为考古学者提供一个新的思维框架和研究范式。[1] 在探讨古人佩玉行为时，感官考古学有助于理解人们对佩玉之声的自然感知和礼制化过程。

人类的体验都是天然多感官且带有情感成分的。传统考古学在研究古代玉器时，多取用基于视觉的表征主义（representationalism）描述和分析方法。新考古学开始关注玉器使用者和使用环境间的关系。后过程主义和阐释考古学则进一步强调了用玉行为背后的情境、结构、符号和象征意义。至本世纪，考古学在现象学（Phenomenology）语境影响下，才开始将注意力转向人的身体和体验。[2] 但总体上仍聚焦在身体表征，对人的感知经验，尤其是视觉之外感官体验的讨论尚不充分。感官研究（Sensory Studies）在本世纪的兴起和向多学科的辐射，启发了一些考古学者产生对古人的多感官体验如何塑造和影响多元文明和社会结构的思考。从洞穴壁画到墓葬装饰，从宗庙建筑到城市规划，从礼乐宴饮到出行仪仗，从傩舞燎祭到环佩之响，都反映出古人有意无意间基于具身感知和情感倾向的设计和选择。这些感知除视觉外，还涉及嗅觉、听觉、触觉、味觉、空间感等复合感知。正如感官考古学强调的，不管人的多感官具身体验是否被意识到都是必然存在的，这种必然存在也必定可以被破解和复原。从感官视角重新审视考古材料，有助于开拓探索与复原古代社会的新维度。

在哈米拉基斯的陈述中，物质世界里的人和事件都处于一种被强约束的身体行为之下，感知体验带来的情感输入被严格控制。不同人群出于特定动机，通过物质文化和利用或建造环境空间来规范和控制感知体验。例如在西方现代社会中，声音、气味等重塑了人的感知场域并暗示出人的身份与社群特征：经常步行、骑车或乘坐公共交通的人会产生对城市街道、公交车、地铁站等环境的惯性感知，必然不同于经常乘坐私家车、居住高档住宅、出入私人会所中的人感知到的常年恒温通风环境的松敞与安静感。也就是说，不同的感知体制（sensorial regimes）与社会等级、种族、性别、民族等因素密切相关。[3] 这放之于古代社会同样适用：被规范化的身体行为塑造了不同群体特有的感知和情感体验，同时反映出群体间的特性和等级差异。

不同的玉料在被观赏、盘玩、敲击时，人对其的感知体验都是有差别的，取决于各自的矿物组成、密度、硬度、韧度、颜色和内部纹理等。在玉料被加工成不同形状、厚度、加以镂空或装饰雕刻后，碰撞后的声音也会发生变化，即工艺水平也会影响玉饰的声音质感。如和田玉质地细腻、密度高、韧性强，音质就纯净清脆少杂音，敲之有回响；岫岩玉密度和硬度都较低，内部结构不如和田玉紧致，声音就相对沉闷低沉，回响短促微弱；南阳独山玉硬度高，结构相对粗糙，音色介于和田玉和岫岩玉之间，清脆但回音略干涩；蓝田玉密度低、硬度不高，矿物成分中杂质多，内部常带有不规则条状或云状纹理，声音就偏沉闷。礼书中对用玉等级的规定，如天子佩白玉、公侯佩山玄玉、大夫佩水苍玉、世子佩瑜玉、士佩瓀玟等，这种玉料带来的天然差异经长时间的感知经验积累后逐渐被划分等级，生成象征性感知并得以礼制化。

佩玉时，所佩戴玉饰组合的质量越优、数量越多、结构越繁，行

[1] Hamilakis, Y. 2013. Archaeology of the Senses: Human Experience, Memory, and Affect. New York: Cambridge University Press, p.8.

[2] Bruck, J. 2005. Experiencing the Past? The Development of a Phenomenological Approach in British Prehistory. Archaeological Dialogues, 12(1): 45-72 ; Fisher, G. and DePaolo Loren, D. 2003. Embodying Identity in Archaeology. Cambridge Archaeological Journal, 13(2): 225-230 ; Stutz, L.N. 2003. Embodied Rituals and Ritualised Bodies: Tracing Ritual Practices in Late Mesolithic Burials. Stockholm: Almqvist and Wiksell ; Boric, D. and Robb, J. (eds.) 2008. Past Bodies: Body—centered Research in Archaeology. Oxford: Oxbow Books.

[3] Archaeology of the Senses: Human Experience, Memory, and Affect. p.16-24.

动时产生的玉声就越清亮复合。但如果同时要求匹配一定的音律节奏，对佩戴者的身体姿态和行为举止的规范化约束力就越强；玉声一乱，说明佩戴者失了仪态节奏，就会有损其气度德行。孙机先生总结其即所谓“改步改玉”“改玉改行”。[1] 回看考古出土西周时期繁缛华丽的佩玉，彰显高等级身份的另一面实际也是对佩戴者极为严苛的道德礼仪约束。而自东周时起的简化，经汉代的继承和改造，逐渐趋于体现佩绶的装饰和实用价值，也不妨理解为古人感知体验的解放和自由精神的觉醒。

四、结语

周秦汉间佩玉制度的变化，从具体形制上看，是从繁缛组佩到简化佩绶的演变；从用玉文化上看，则是从强调道德价值的德玉向关注实用价值的事玉的转变。有学者曾指出，中国早期玉器经历巫玉、史玉、德玉三大传统。[2] 如果延至汉代，就可以再加一个事玉传统，即玉器的实用化。服务于丧葬、协瑞、辟邪、装饰等的实用性玉器逐渐替代礼制用玉成为玉器制造的重心，反映出两汉时人世界观、生死观和主流社会思想的转变。正如夏鼐先生总结，在中国玉器史上，汉代结束了殷周以来的传统，是承前启后的一环；变化不仅表现在数量、品种上，纹样也是由抽象变为写实，呈现简化趋势。[3] 汉代的这种过渡性质，概括来讲正是事玉传统的出现和扩张。“在汉代以后的各朝代，在中国玉器史上便成为一个新时代了。”[4]

---

[1] 孙机：《周代的玉组佩》，《文物》1998 年第 4 期，6—7 页。

[2] 孙庆伟：《礼以玉成：早期玉器与用玉制度研究》，北京大学出版社，2022 年，1—15 页。

[3] 夏鼐：《汉代的玉器——汉代玉器中传统的延续和变化》，《考古学报》1983 年第 2 期，129 页。

[4] 夏鼐：《汉代的玉器——汉代玉器中传统的延续和变化》，《考古学报》1983 年第 2 期，131 页。

"宜子孙"出廓璧
东汉
邗江县甘泉老虎墩墓出土
扬州博物馆藏

“长宜子孙”双龙璜形玉佩
东汉
寿县寿春镇计生服务站汉墓出土
安徽楚文化博物馆藏

“长宜子孙”连弧纹铜镜

东汉

徐州博物馆藏

白玉

青玉

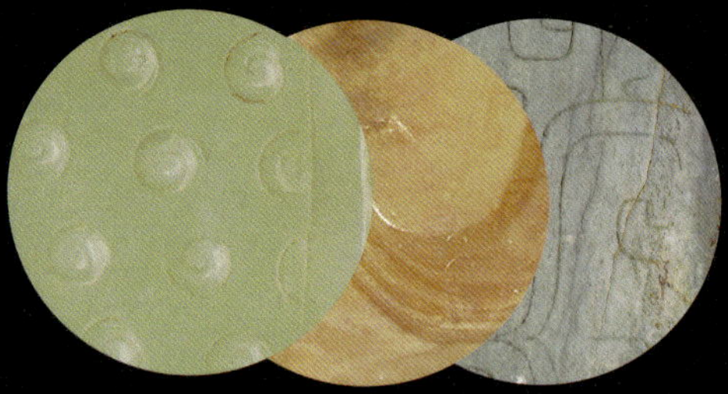

绿玉髓

红玉髓

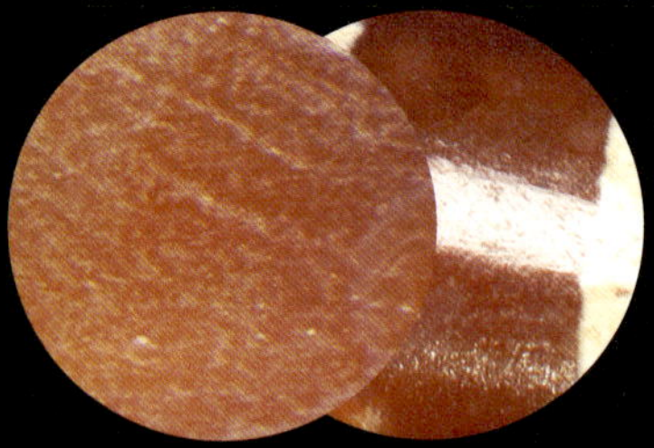

玛瑙

琥珀

绿松石

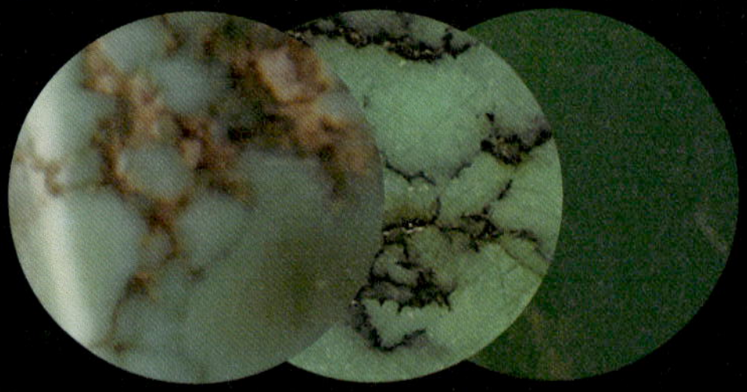

玉之材

材质

自西汉张骞出使西域，东汉班超经营西域，开通并保持了中原与西域之间政治、经济和文化交流的通道，新疆地区的优质玉料得以运往内地，并逐渐成为中国玉器用料的主流。

同时期海上丝绸之路的开辟，使蜜蜡、琥珀等有机宝石和蚀花玛瑙也开始融入中华用玉体系，丰富了中国玉文化的内容。

水晶

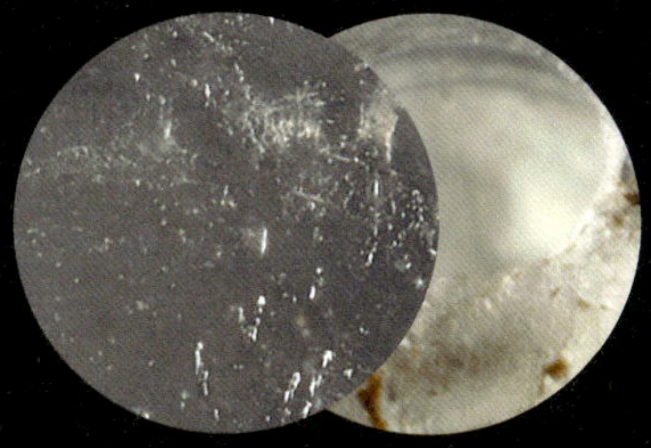

玻璃

玉人奔马
西汉
材质：白玉
汉元帝渭陵建筑遗址出土
咸阳博物院藏

玉辟邪
西汉
材质：白玉
汉元帝渭陵建筑遗址出土
咸阳博物院藏

玉鹰
西汉
材质：白玉
汉元帝渭陵建筑遗址出土
咸阳博物院藏

龙凤谷纹出廓璧
西汉
材质：青玉
徐州狮子山楚王墓出土
徐州博物馆藏

镶玉鎏金铜铺首
西汉
材质：青玉
中山靖王刘胜墓出土
河北博物院藏

S 形玉龙佩
西汉
材质：白玉
徐州狮子山楚王墓出土
南京博物院藏

S 形玉龙佩
西汉
材质：青玉
徐州狮子山楚王墓出土
徐州博物馆藏

绿玉髓
玛瑙
石榴石

水晶玛瑙红绿玉髓石榴石玻璃珠串
西汉
材质：水晶、玛瑙、石榴石、红玉髓、绿玉髓、玻璃
广州先烈路广州市委党校 M2 出土
广州市文物考古研究院（南汉二陵博物馆）藏

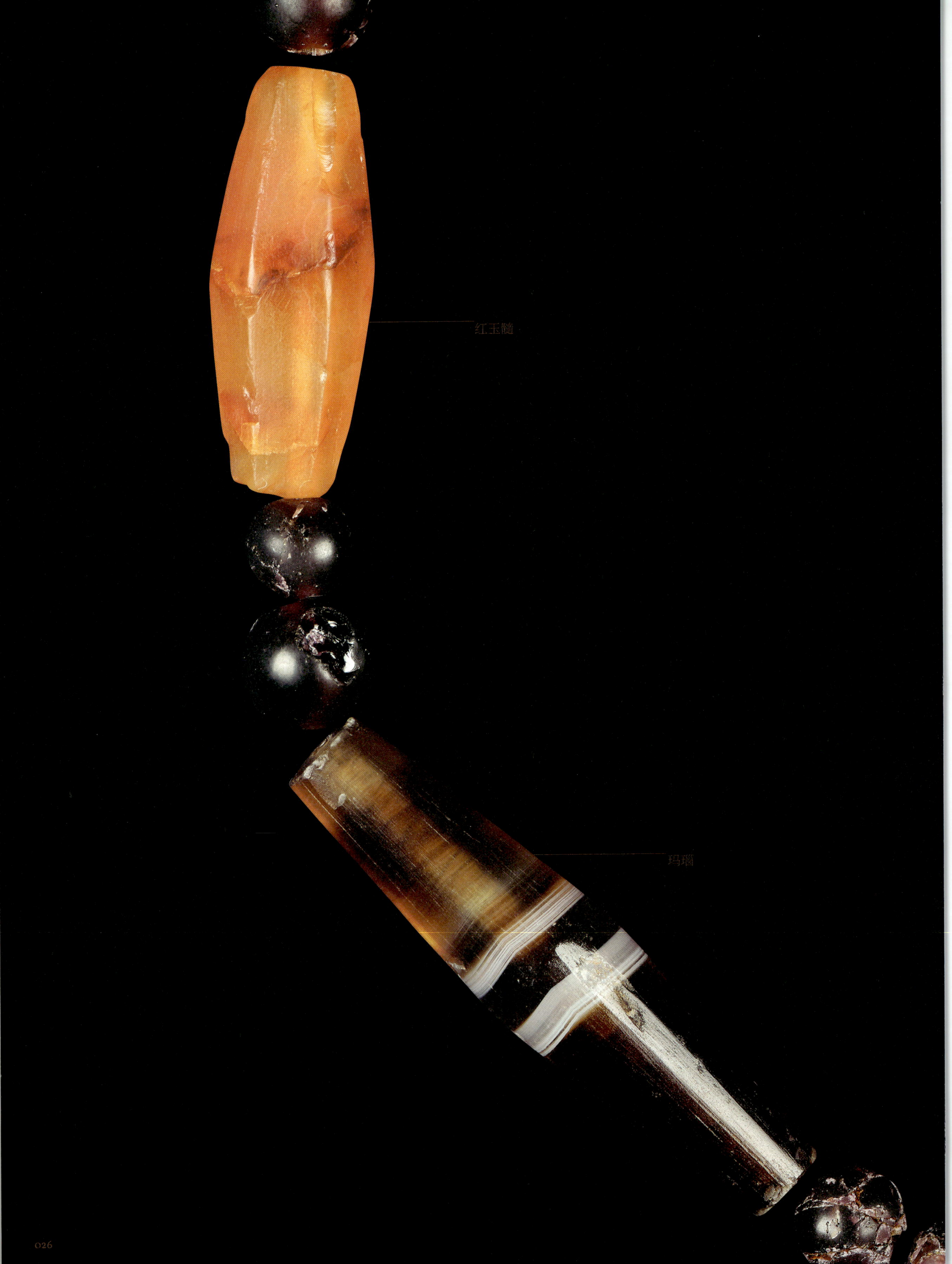
红玉髓
玛瑙

水晶绿柱石琥珀玻璃珠串
东汉
材质：水晶、绿柱石、琥珀、玻璃
广州番禺小谷围港尾岗 M8 出土
广州市文物考古研究院（南汉二陵博物馆）藏

玻璃
绿柱石
（海蓝宝）
琥珀
玻璃
玻璃
水晶

红玉髓玻璃珠串
东汉
材质：红玉髓、玻璃
广州官洲岛两座山 M1 出土
广州市文物考古研究院（南汉二陵博物馆）藏

琥珀玛瑙红玉髓玻璃金珠串
西汉
材质：金、琥珀、玛瑙、玻璃、红玉髓
广州恒福路银行疗养院工地 M46 出土
广州市文物考古研究院（南汉二陵博物馆）藏

玻璃珠串
东汉
材质：玻璃
广州永福路永福大厦工地 M4 出土
广州市文物考古研究院（南汉二陵博物馆）藏

玻璃珠串
东汉
材质：玻璃
广州恒福路银行疗养院工地 M38 出土
广州市文物考古研究院（南汉二陵博物馆）藏

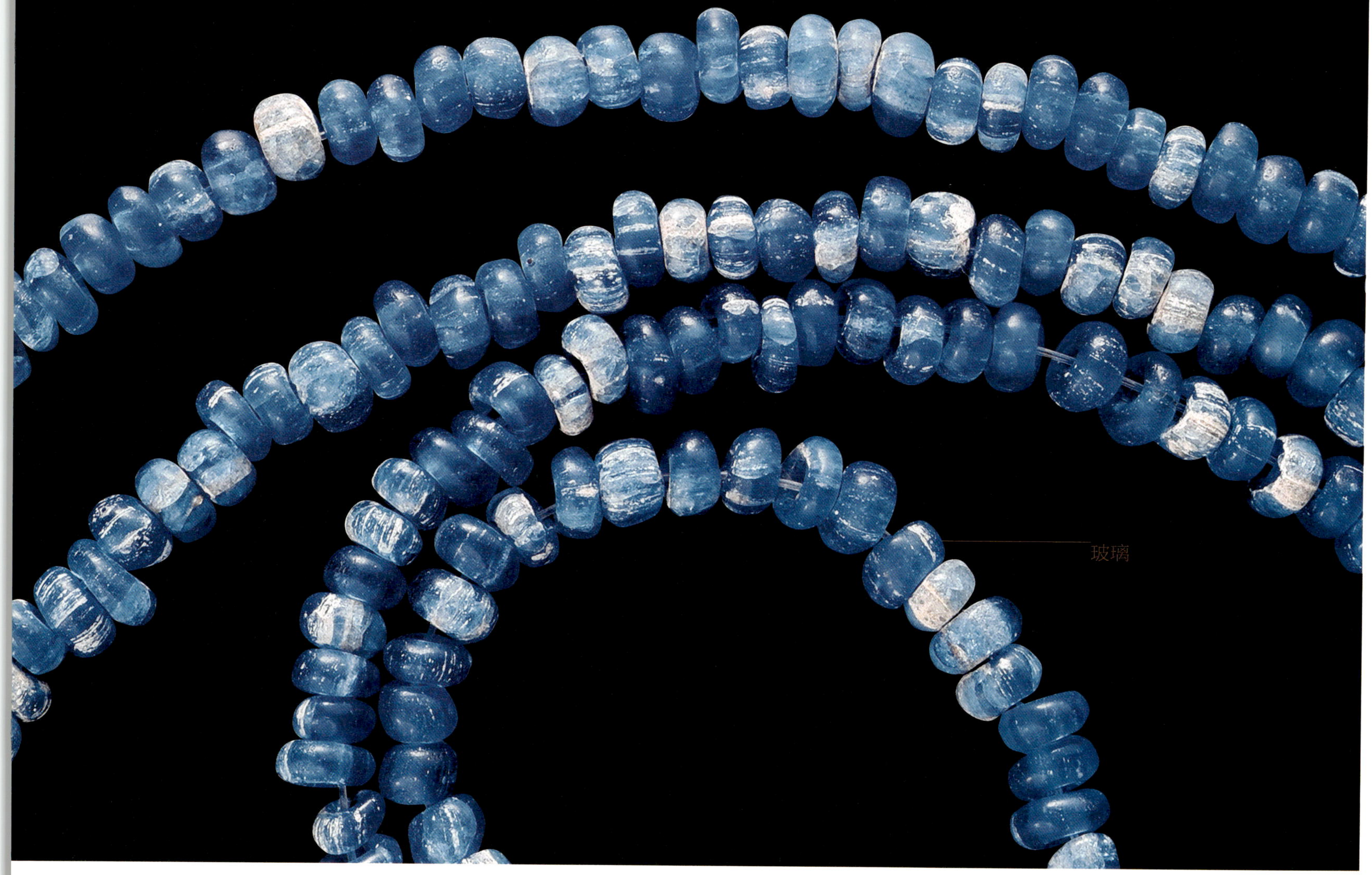

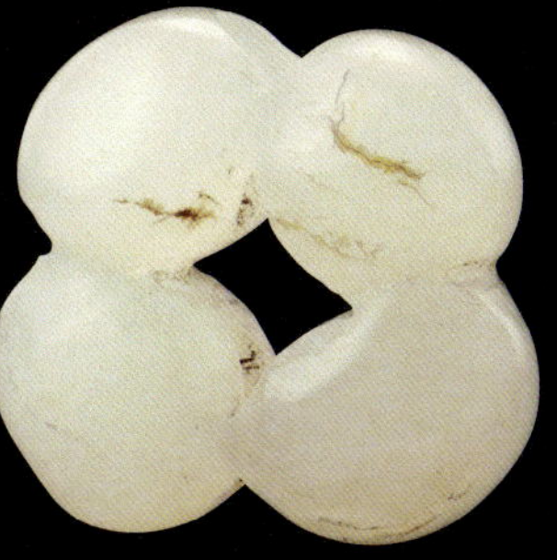

玉串饰
西汉
材质：白玉
徐州黑头山 M1 出土
徐州博物馆藏

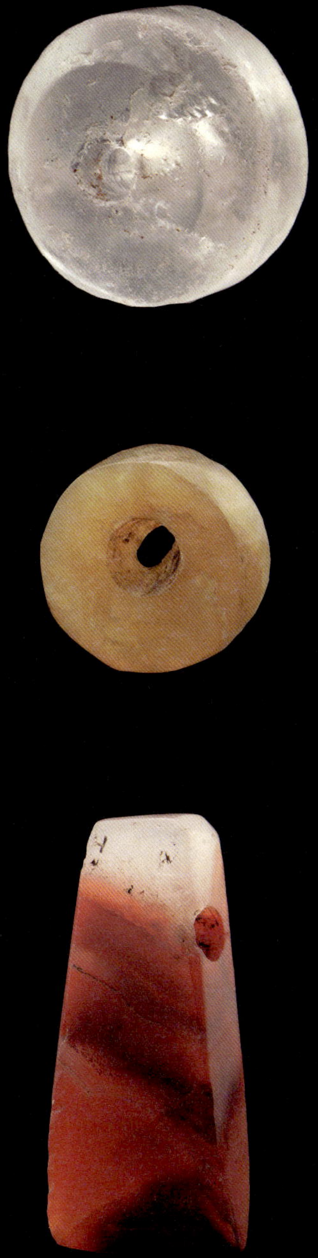

串饰件
西汉
材质：水晶、玉、玛瑙
徐州黑头山 M1 出土
徐州博物馆藏

玛瑙环
西汉
材质：玛瑙
徐州博物馆藏

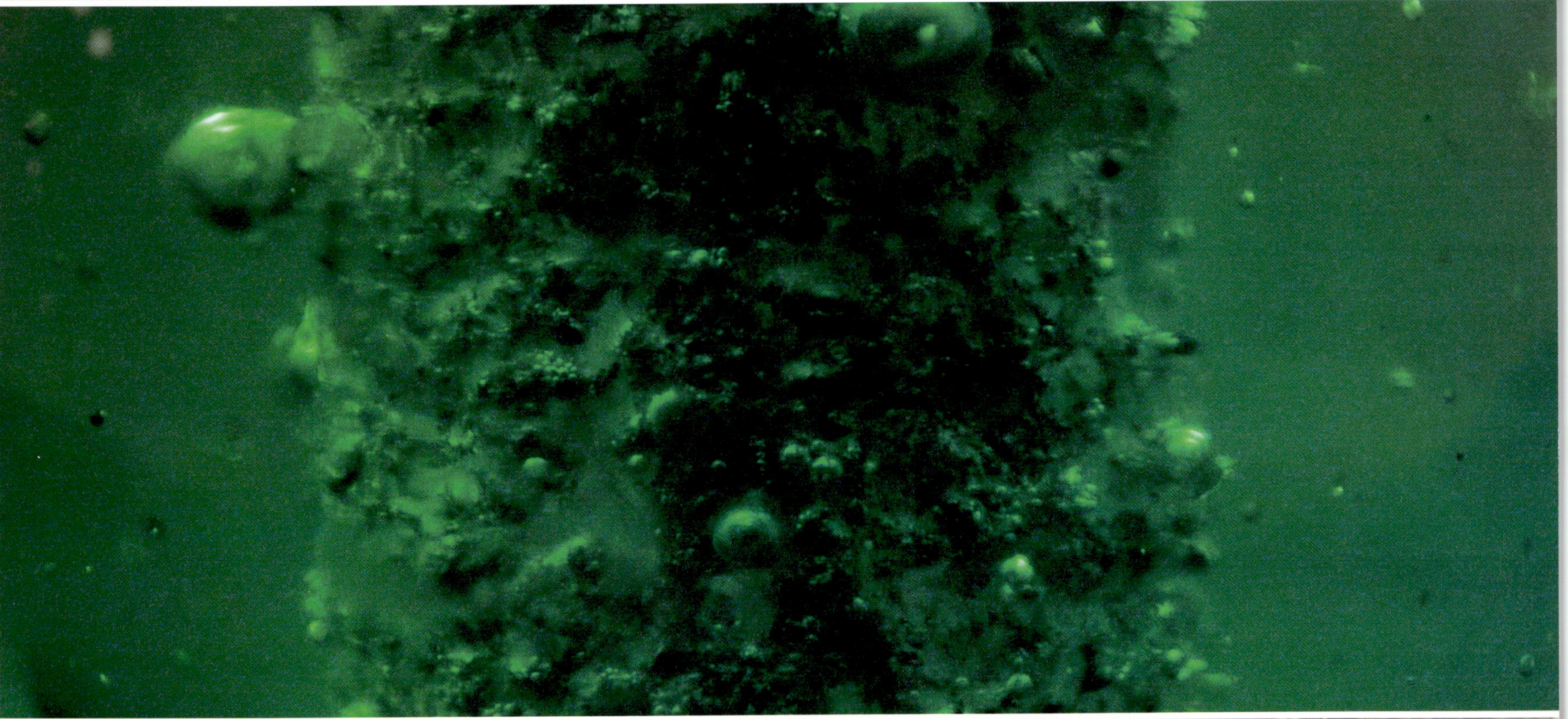

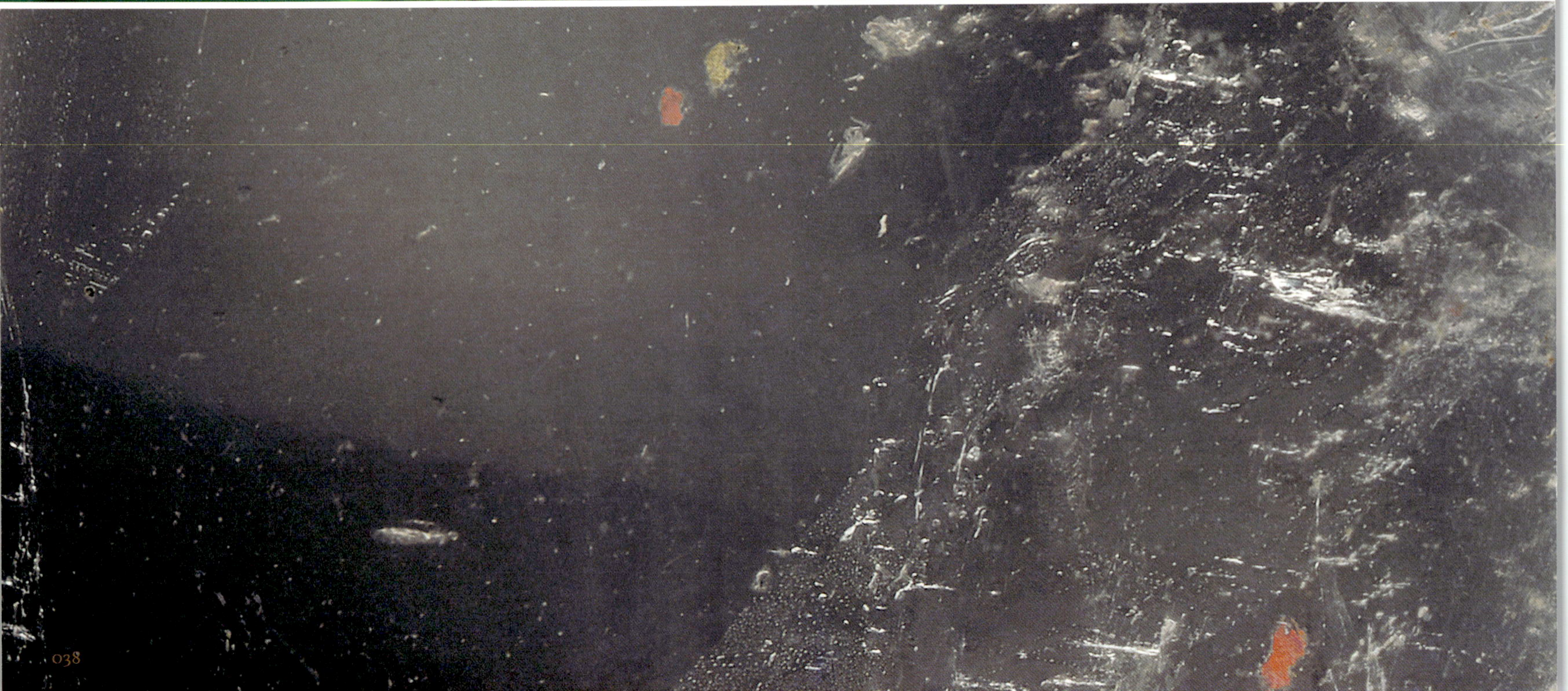

琉璃耳珰
西汉
材质：琉璃
徐州博物馆藏

绿玻璃珠
东汉
材质：玻璃
徐州拉犁山 M1 出土
徐州博物馆藏

圆水晶饰
东汉
材质：水晶
徐州博物馆藏

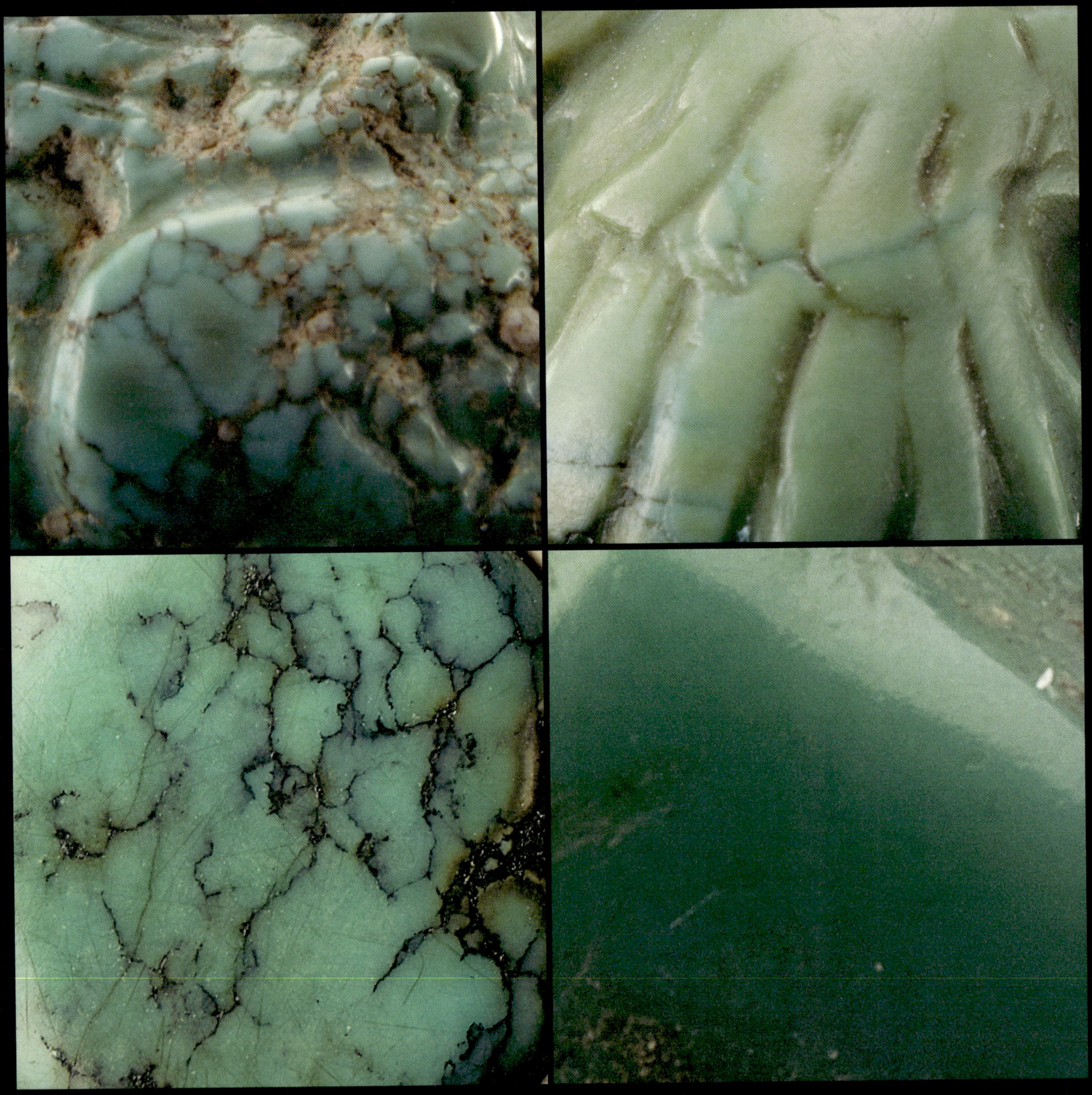

①

②

③

④

①绿松石子母有翼卧兽
东汉
材质：绿松石
徐州土山一号墓出土
南京博物院藏

②绿松石子母鸽
东汉
材质：绿松石
徐州土山一号墓出土
南京博物院藏

③动物纹玉嵌饰
西汉
材质：绿松石
长沙象鼻嘴一号墓出土
湖南博物院藏

④绿松石龟形佩
西汉
材质：绿松石
咸阳渭城龚家湾汉墓出土
咸阳博物院藏

镶嵌、活环

浮雕、活环、掏堂、线刻

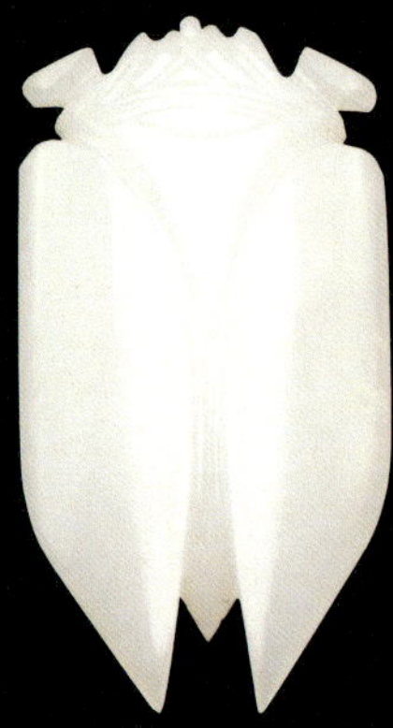

汉八刀

游丝毛雕

透雕

圆雕

活环

玉之工

工艺

西汉时期，政府在全国设铁官四十九处。铁器种类、数量明显增加，质量也有所提高。东汉时铁器在社会生产和生活中最终取代了青铜器。铁质工具的普遍使用对汉代的玉器工艺有着革命性的影响。尤其是锻铁渗碳成钢后，硬度增强，细长的钢铤，解决了较长的大、小孔眼的打眼和精致的镂空问题。汉代玉工取得的艺术成就，与铁工具的使用密不可分。

镶嵌

浮雕

线刻

嵌玉漆罐
西汉
工艺：镶嵌、活环
巢湖北山头一号墓出土
巢湖市博物馆藏

水晶环

玉质铺首环耳

水晶环

底部

口沿

料珠

玉质铺首环耳

桃形玉片饰

朱雀衔环卮
西汉
工艺：浮雕、活环、掏堂、线刻
巢湖北山头一号墓出土
巢湖市博物馆藏

错金银嵌宝石铜镇
西汉
工艺：镶嵌、错金银
盱眙县大云山汉墓（M2）出土
南京博物院藏

嵌玉马蹄金
西汉
工艺：镶嵌
定州八角廊汉墓出土
河北省文物考古研究院藏

龙形玉环
西汉
工艺：线刻
天长三角圩汉墓（M1）出土
天长市博物馆藏

玉辟邪
东汉
工艺：游丝毛雕
宝鸡市金河砖瓦厂汉墓出土
宝鸡青铜器博物院藏

玉蝉
东汉
工艺：汉八刀
定州北庄汉墓出土
河北博物院藏

玉剑珌
西汉
工艺：浮雕
广州象岗南越王墓出土
南越王博物院藏

玉剑珌
西汉
工艺：浮雕
长沙蓉园 13 号墓出土
湖南博物院藏

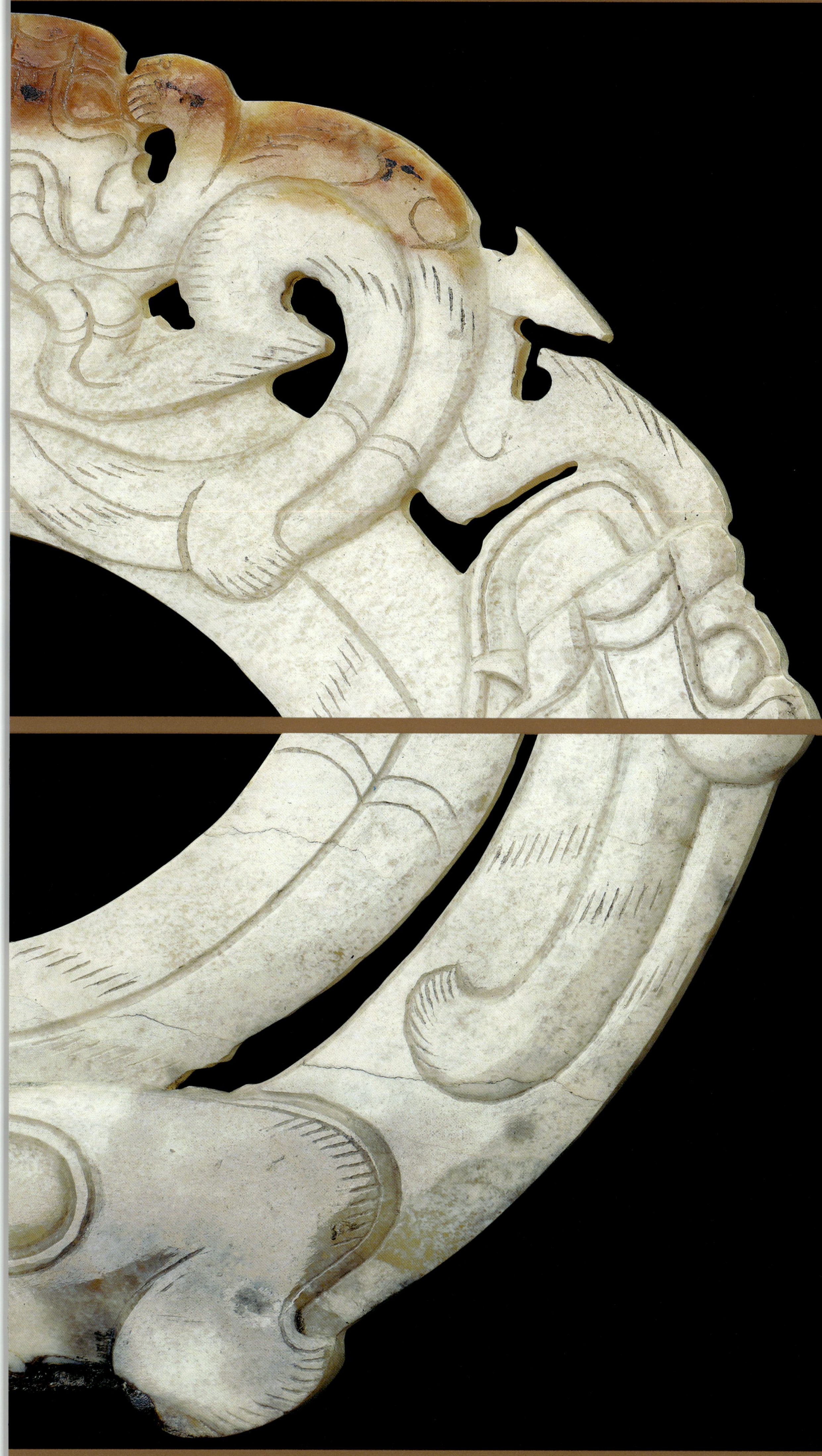

龙形玉环
东汉
工艺：透雕
邗江县甘泉老虎墩墓出土
扬州博物馆藏

动物纹玉嵌饰
西汉
工艺：透雕
长沙象鼻嘴一号墓出土
湖南博物院藏

玉羊
西汉
工艺：圆雕
西安大白杨汉墓出土
西安市文物交流中心藏

玉熊
西汉
工艺：圆雕
汉元帝渭陵建筑遗址出土
咸阳博物院藏

王兽首衔璧
西汉
工艺：活环
广州象岗南越王墓出土
南越王博物院藏

玉铺首
西汉
工艺：活环
徐州火山刘和墓出土
徐州博物馆藏

改制·龙形玉饰
西汉
工艺：改制
南昌海昏侯刘贺墓出土
南昌汉代海昏侯国遗址博物馆藏

玉之用

符信

汉代的『玺』（帝、王专用）与『印』（官、私均用）是一种权力和信用的凭证。国家、官吏与贵族在政治社会生活中皆须以印记为凭证。印有官、私之分。对官印的材质与形制依等级的不同有明确规定；而私印的材质和印文，则大致可根据自身喜好制作。

玺印多有钮，用以系绶。印钮的形式大体有：覆斗钮、桥型钮、龟钮、螭虎钮等，印文分阳文和阴文两种。

“刘慎” 螭虎钮玉印
西汉
徐州黑头山 M1 出土
徐州博物馆藏

A

B

“刘慎”双面玉印
西汉
徐州黑头山 M1 出土
徐州博物馆藏

"刘犯"鸟虫书玛瑙印
西汉
徐州天齐汉墓出土
徐州博物馆藏

螭虎钮方玉印
西汉
中山靖王刘胜墓出土
河北博物院藏

螭虎钮“帝印”玉印
西汉
广州象岗南越王墓出土
南越王博物院藏

羊钮玉印
西汉
盱眙东阳3号墓出土
南京博物院藏

"楚都尉印"龟钮银印
西汉
徐州狮子山楚王墓出土
徐州博物馆藏

“宛朐侯埶”龟钮金印
西汉
徐州簸箕山 M3 出土
徐州博物馆藏

"彭城丞印"封泥
西汉
徐州狮子山楚王墓出土
徐州博物馆藏

铜封泥筩
西汉
中山靖王刘胜墓出土
河北博物院藏

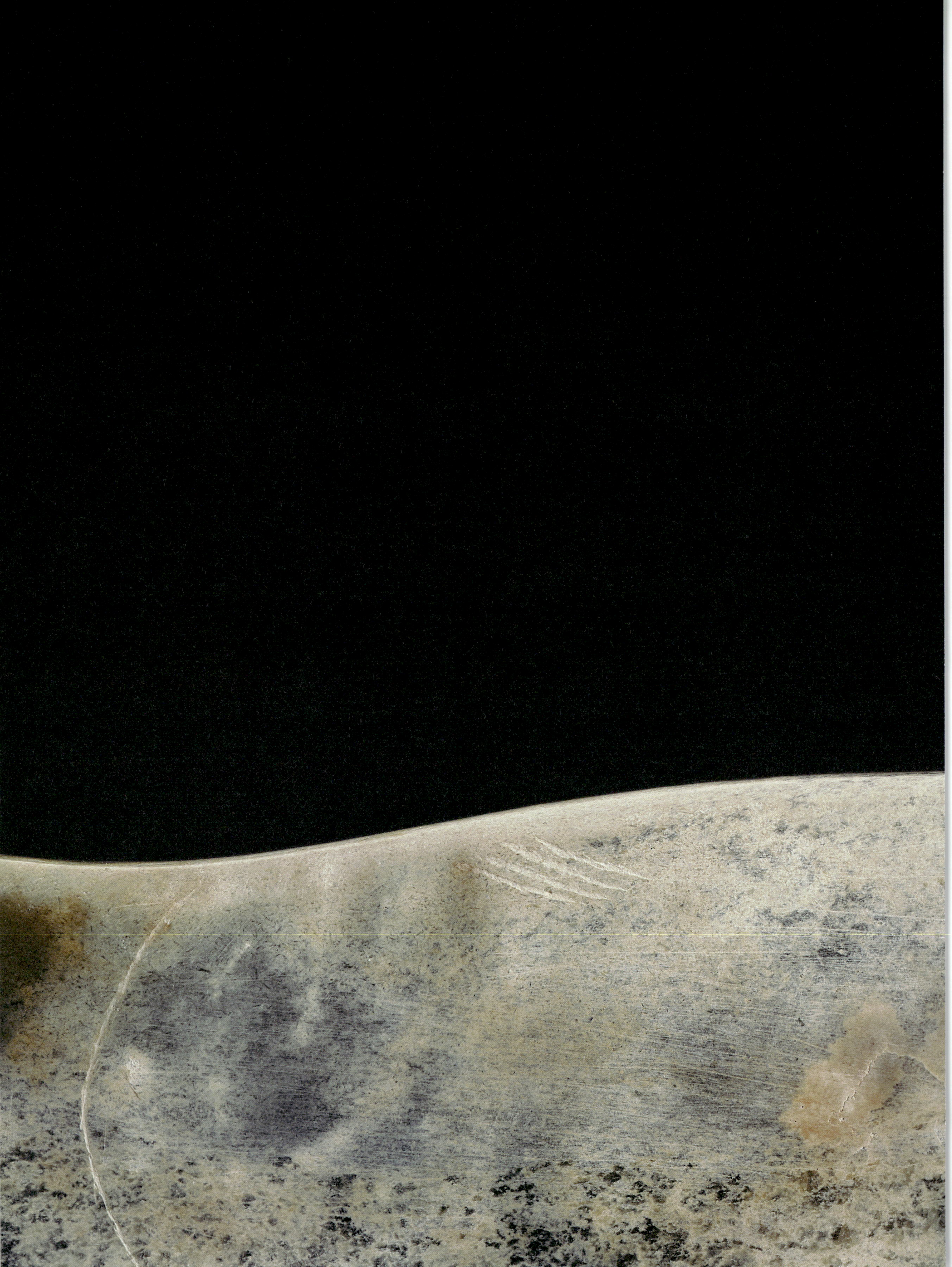

玉之用

千秋

汉代升仙观念和厚葬之风盛行，使得丧葬玉器极致繁荣发展并达到顶峰。死后以玉为塞、以玉为衣、以玉为敛，祈求身体不腐、七魄留体，以葆灵魂升天、天门成仙，永达千秋万岁。

漆木芯镶玉枕
西汉
徐州狮子山楚王墓出土
徐州博物馆藏

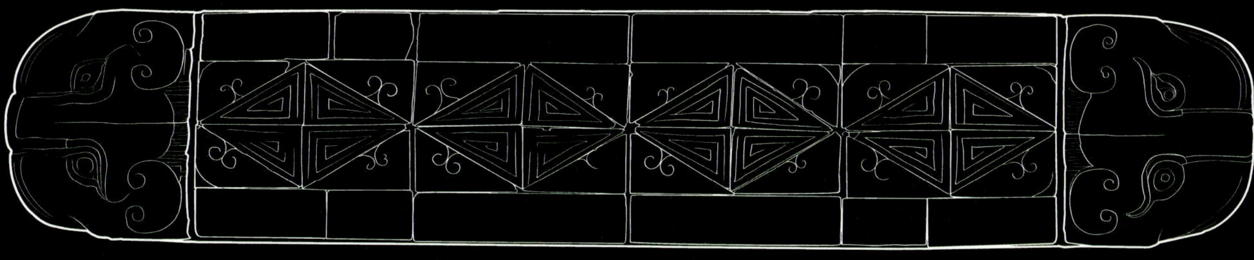

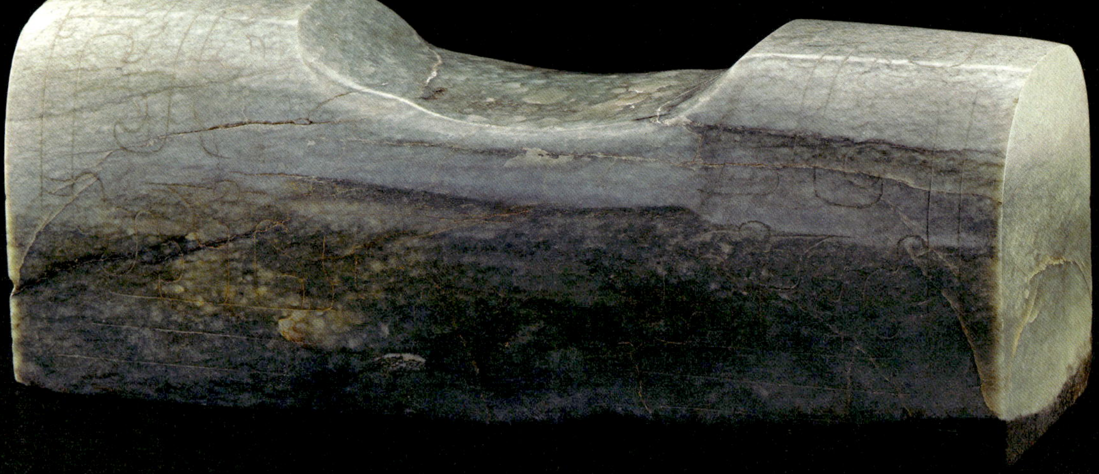

青玉云纹枕
东汉
定州北庄汉墓出土
河北博物院藏

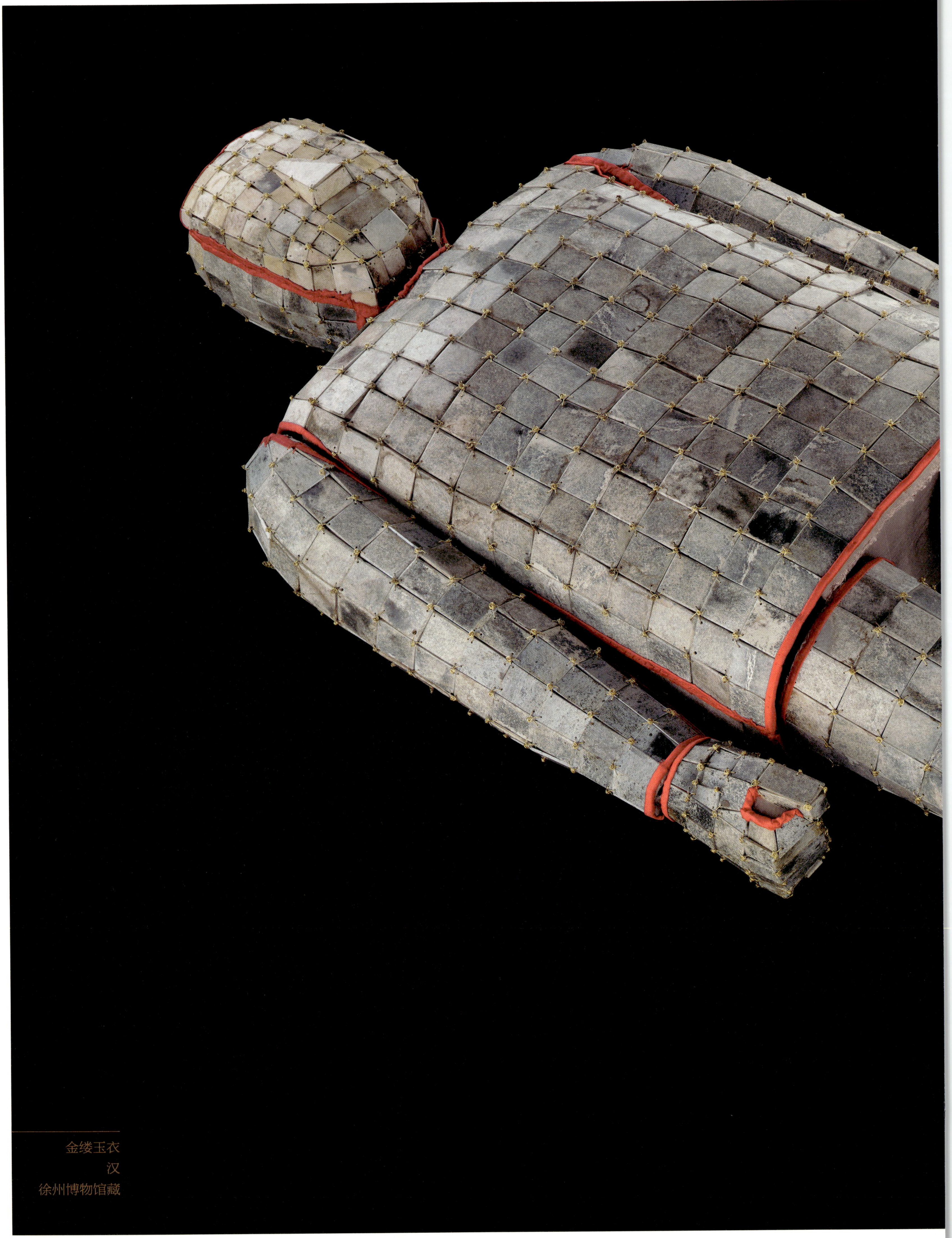

金缕玉衣
汉
徐州博物馆藏

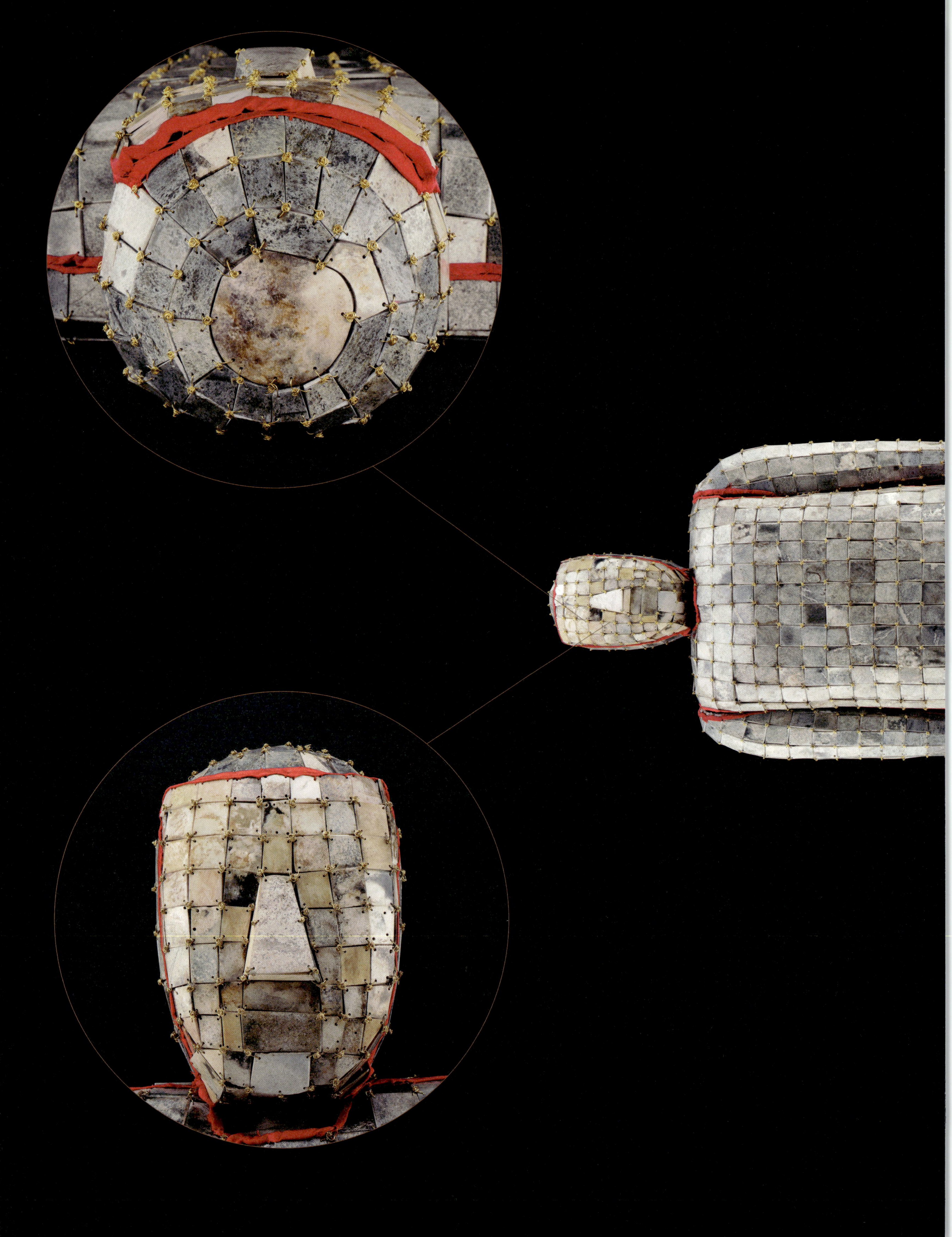

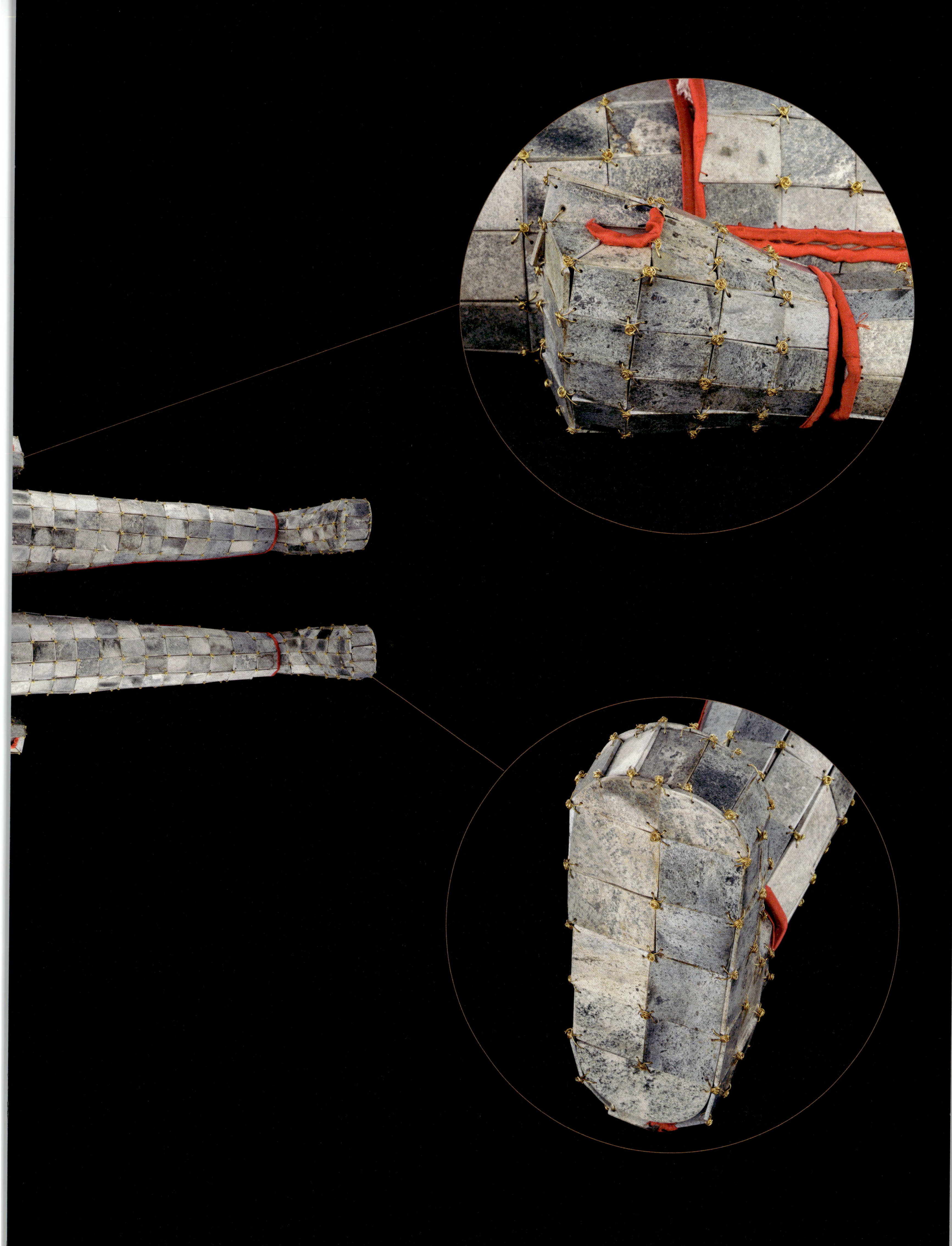

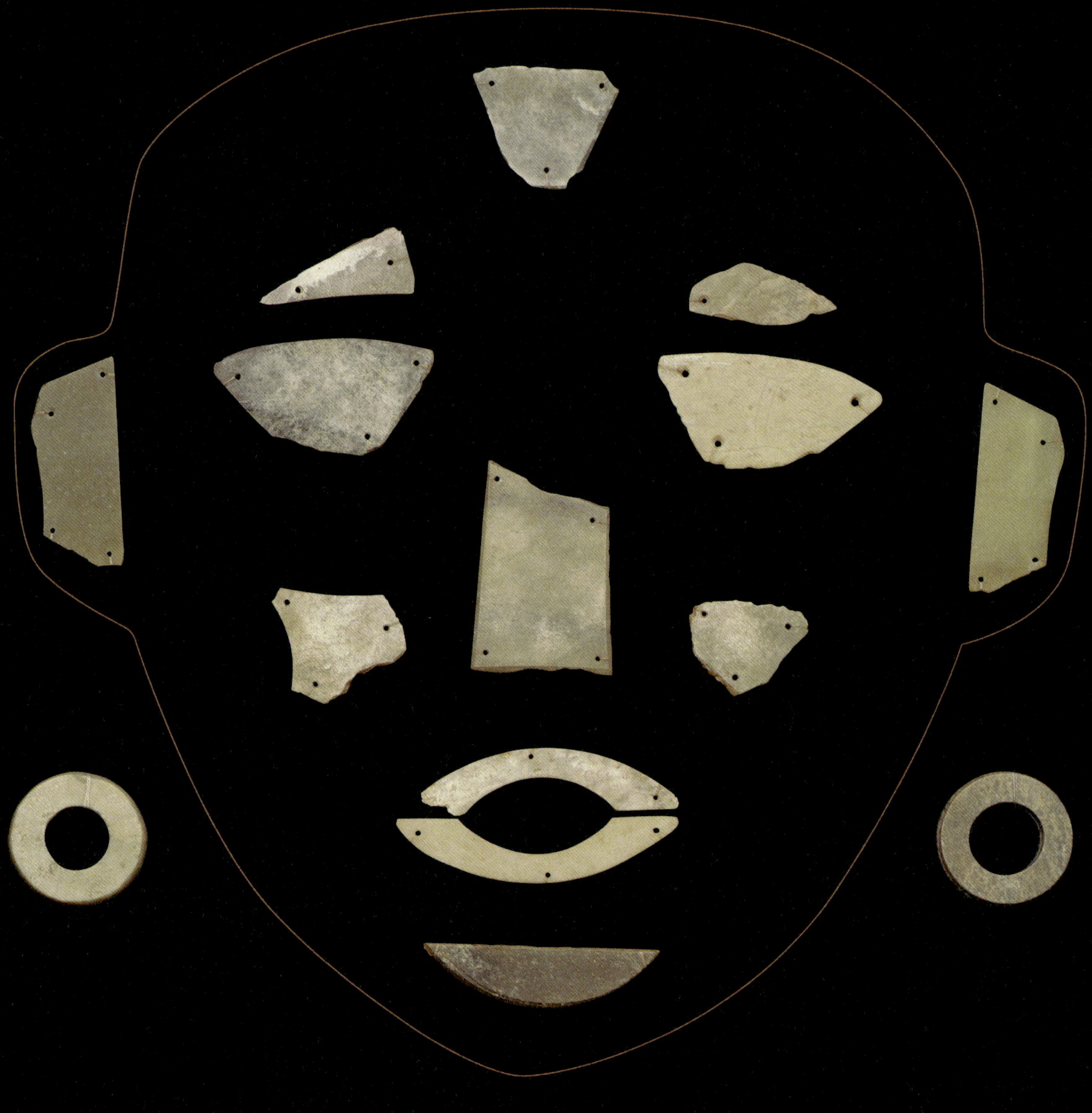

玉覆面
西汉
徐州药检所建筑工地汉墓出土
徐州博物馆藏

玉眼盖
西汉
徐州奎山 M11 出土
徐州博物馆藏

玉耳塞
西汉
徐州奎山 M11 出土
徐州博物馆藏

玉鼻塞
西汉
徐州小长山汉墓（M4）出土
徐州博物馆藏

玉肛塞
西汉
徐州博物馆藏

蝉形玉佩
西汉
徐州狮子山楚王墓出土
徐州博物馆藏

玉蝉
西汉
徐州奎山 M11 出土
徐州博物馆藏

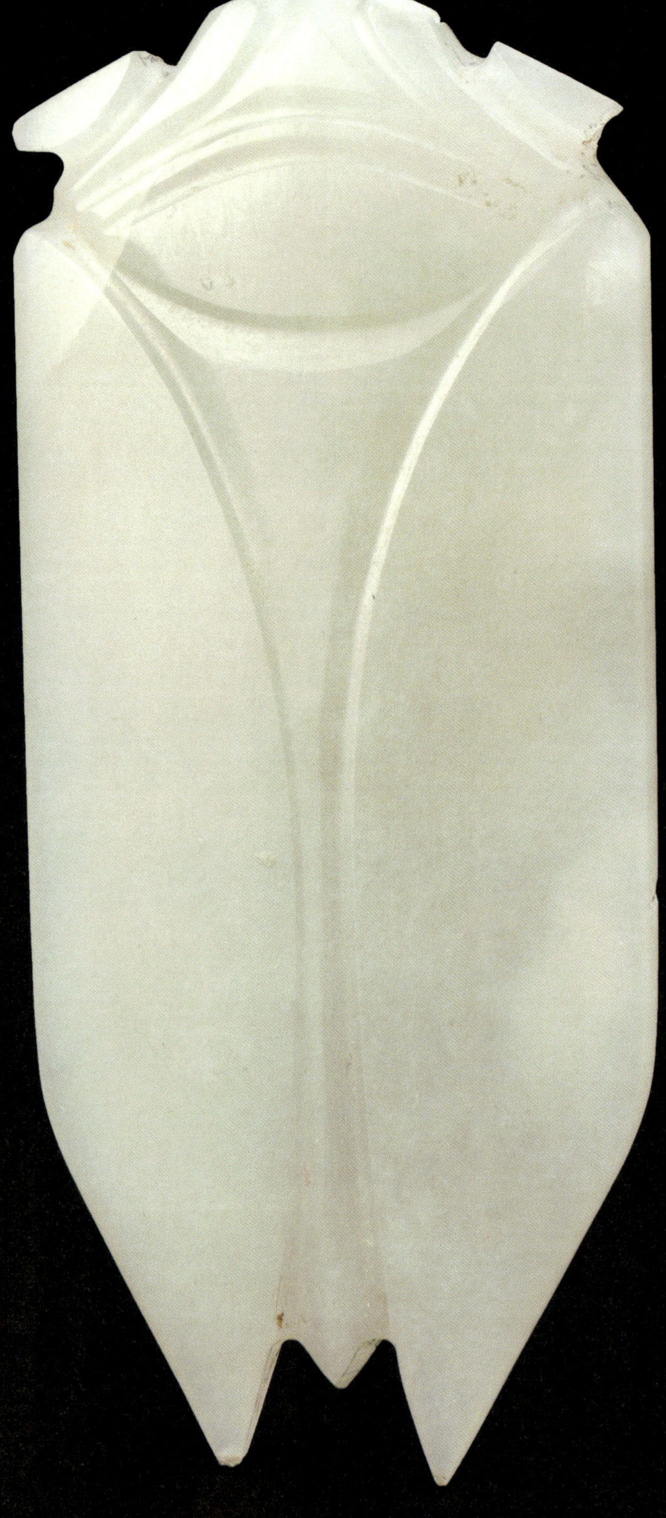

玉蝉
汉
西安博物院藏

A

B

玉蝉
东汉
定州北庄汉墓出土
河北博物院藏

玉猪
东汉
西安市北郊红旗机械厂
基建工地汉墓出土
西安博物院藏

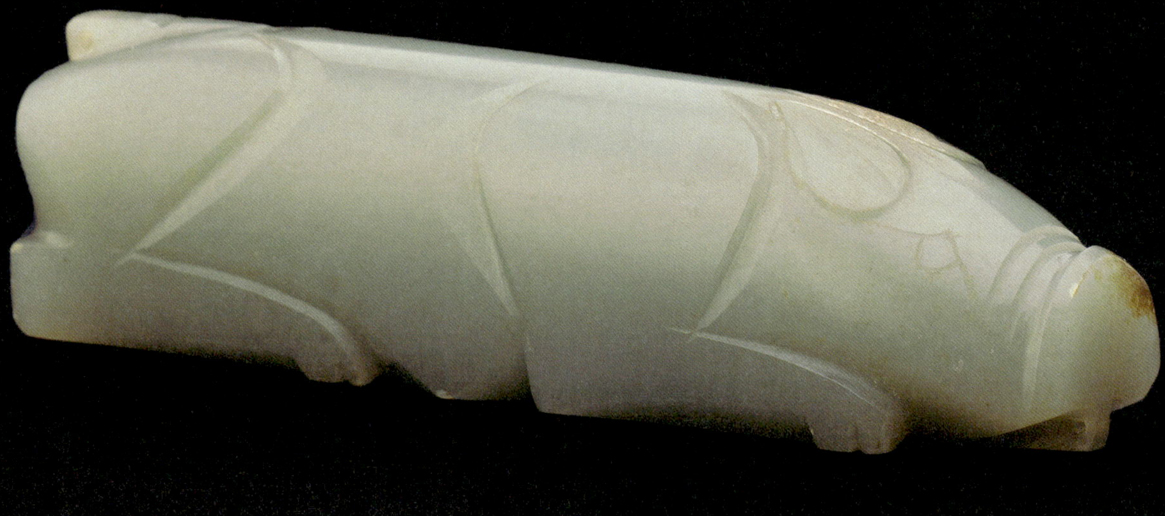

玉猪
汉
西安博物院藏

玉猪
东汉
定州北庄汉墓出土
河北博物院藏

玉猪
西汉
徐州火山刘和墓出土
徐州博物馆藏

汉白玉猪
西汉
兴平大阜村南汉墓出土
茂陵博物馆藏

A

B

玉鱼握
西汉
西安井上村汉墓（M24）出土
陕西省考古研究院藏

A

B

玉冥钱
西汉晚期
西安北郊明珠花园工地出土
陕西省考古研究院藏

玉之用

受福

玉为『物精』的思想观念从先秦时期一直绵延至汉代，因而以玉祭祀，或用于某种丧葬仪式，于国、于家、于个人永受嘉福。同时，在现实生活中也通过玉璧及其吉语的美好象征，长宜子孙。

玉圭
西汉
汉成帝延陵陵园南阙门遗址出土
咸阳博物院藏

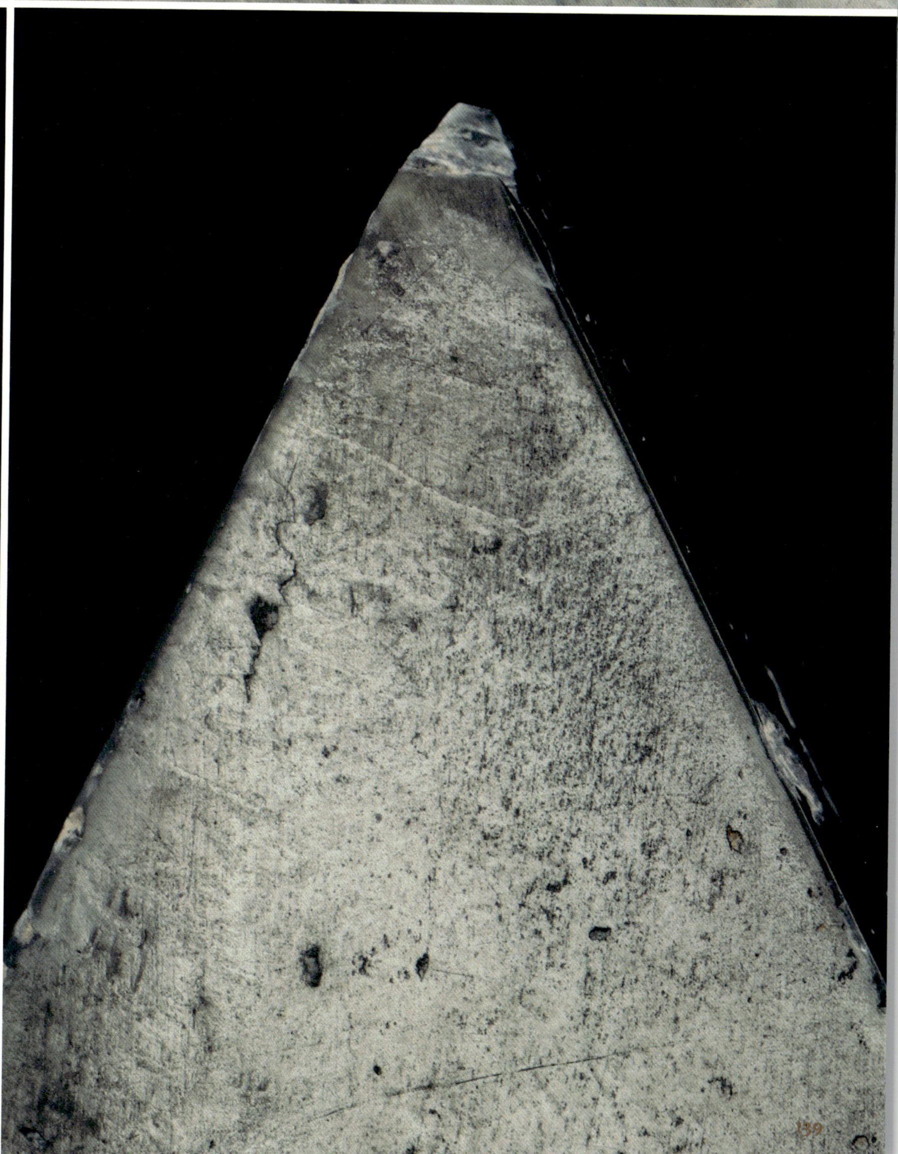

A

B

双螭乳丁纹出廓璧
东汉
定州北庄汉墓出土
河北博物院藏

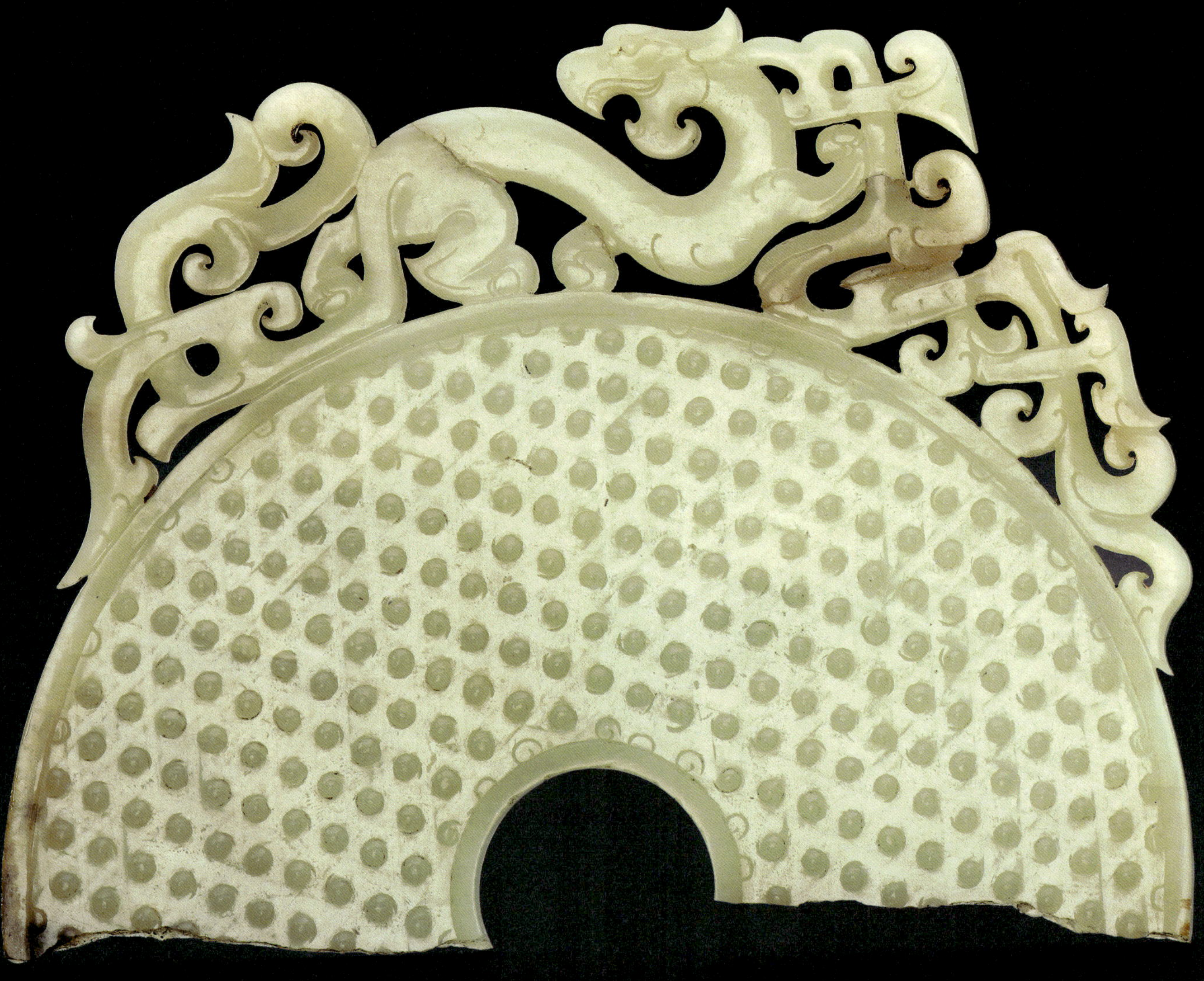

龙凤谷纹出廓璧
西汉
徐州狮子山楚王墓出土
徐州博物馆藏

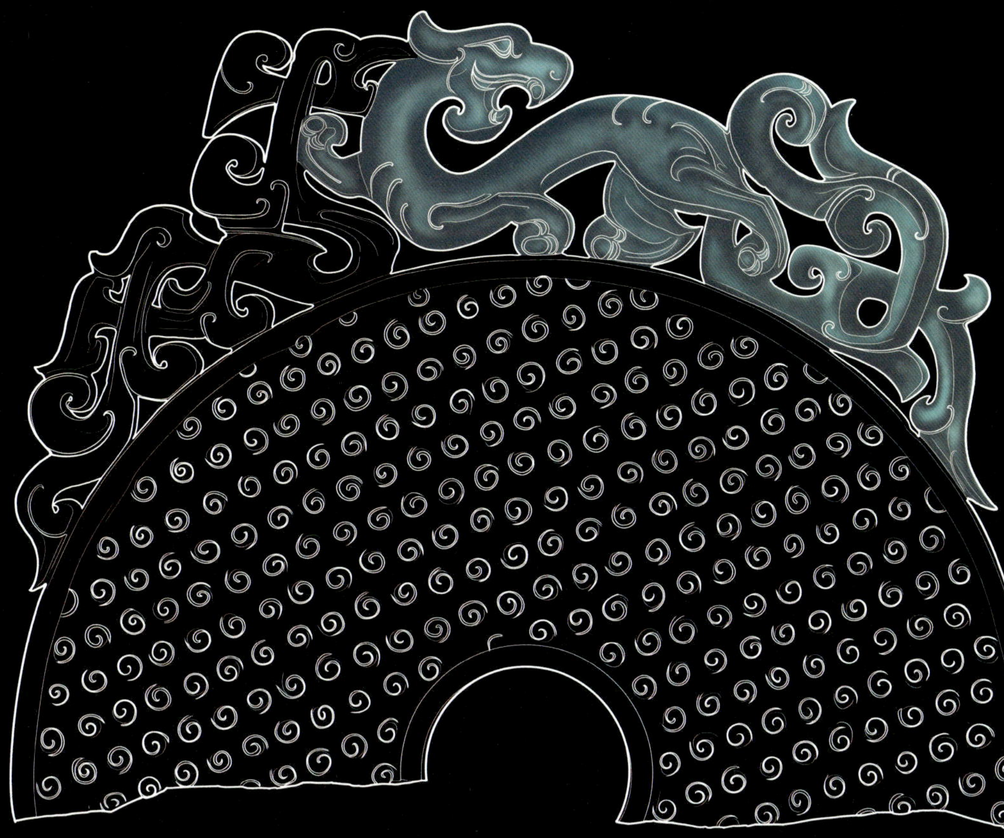

玉璧

玉璧

滑石璧

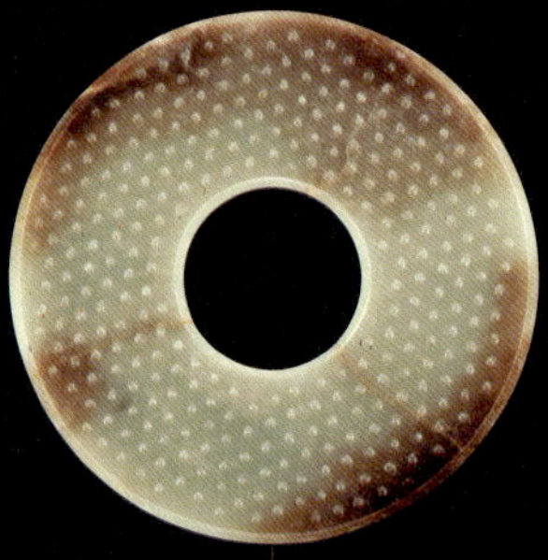

玉璧

琉璃璧

0 3毫米

玉璧

玉璧

璧形铜饰

陶璧

滑石璧

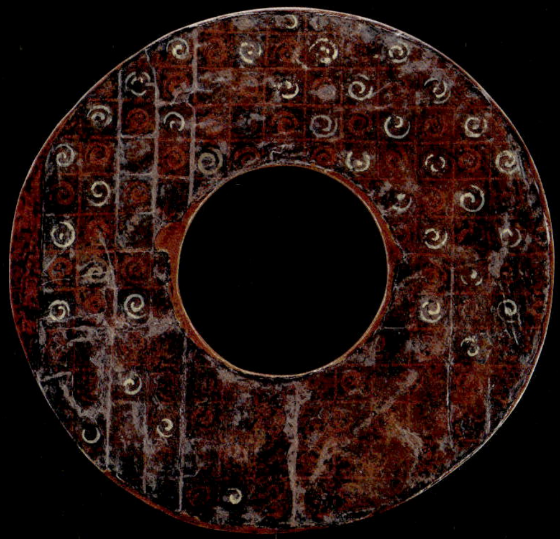

漆璧

A

B

龙纹玉璧

西汉

西安北郊枣园南岭汉墓（M1）出土

陕西省考古研究院藏

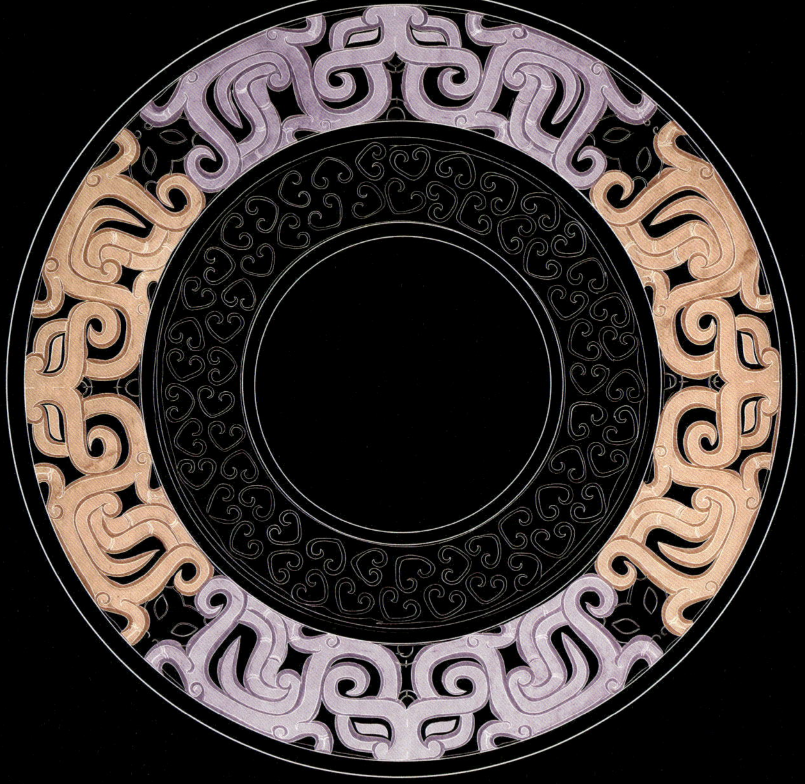

龙纹玉璧
西汉
西安北郊枣园南岭汉墓（M1）出土
陕西省考古研究院藏

龙纹玉璧
西汉
广州象岗南越王墓出土
南越王博物院藏

龙纹玉璧
西汉
徐州狮子山楚王墓出土
徐州博物馆藏

鎏金璧形铜饰
西汉
徐州北洞山楚王墓出土
徐州博物馆藏

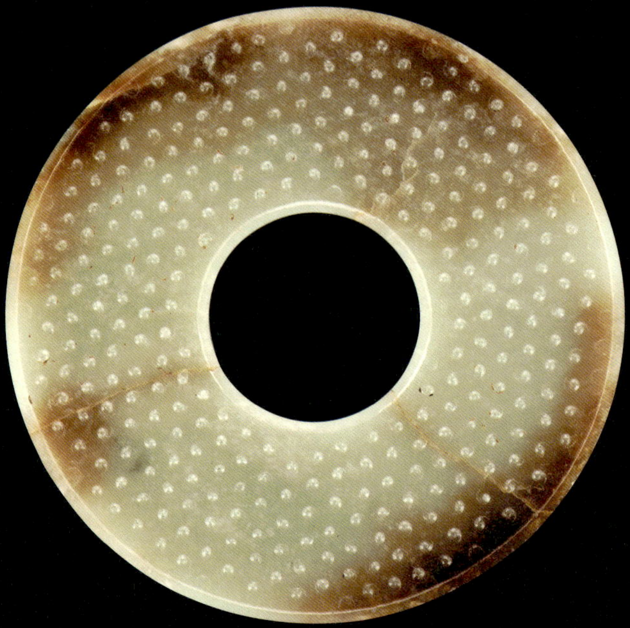

谷纹玉璧
西汉
徐州狮子山楚王墓出土
徐州博物馆藏

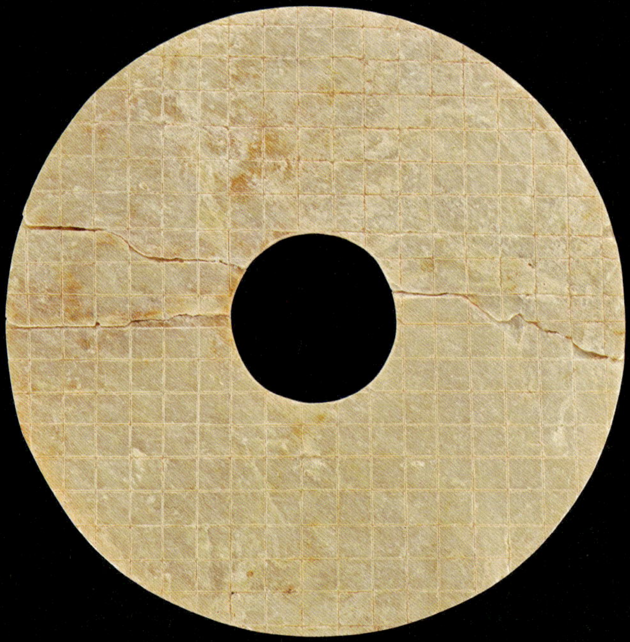

滑石璧
西汉
广州淘金家园一期工地 M24 出土
广州市文物考古研究院
（南汉二陵博物馆）藏

滑石璧
西汉
广州横枝岗路 62 号广州胸科医院
二期综合楼工地 M34 出土
广州市文物考古研究院
（南汉二陵博物馆）藏

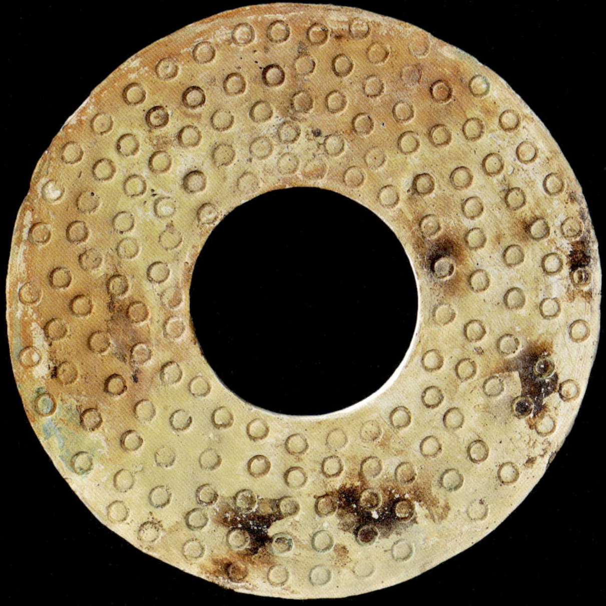

陶璧
西汉
广州象岗南越王墓出土
南越王博物院藏

琉璃璧
西汉
广州象岗南越王墓出土
南越王博物院藏

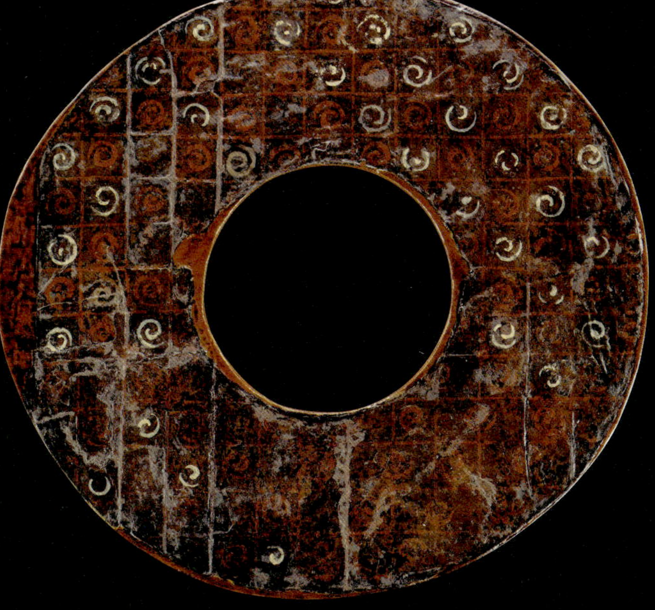

漆璧
西汉
广州农林上路四横路 M11 出土
广州市文物考古研究院
（南汉二陵博物馆）藏

玉之用 长乐

『君子贵玉』，因而『无故玉不去身』。这一思想随着『独尊儒术』进一步得到加强，锵锵美玉，标榜着身份与等级，彰显着品德与美质，承载着大乐与富贵。

彩绘执兵俑
西汉
徐州北洞山楚王墓出土
徐州博物馆藏

玉剑首
汉
徐州博物馆藏

玉剑格
西汉
徐州狮子山楚王墓出土
徐州博物馆藏

玉剑璏
西汉
徐州北洞山楚王墓出土
徐州博物馆藏

玉剑珌
西汉
徐州狮子山楚王墓出土
徐州博物馆藏

玉剑首
西汉
长沙蓉园 13 号墓出土
湖南博物院藏

A

B

玉剑格
西汉
长沙蓉园 13 号墓出土
湖南博物院藏

玉剑璏
西汉
长沙蓉园 13 号墓出土
湖南博物院藏

A

玉剑珌
西汉
长沙蓉园 13 号墓出土
湖南博物院藏

B

玉剑饰
西汉
广州象岗南越王墓出土
南越王博物院藏

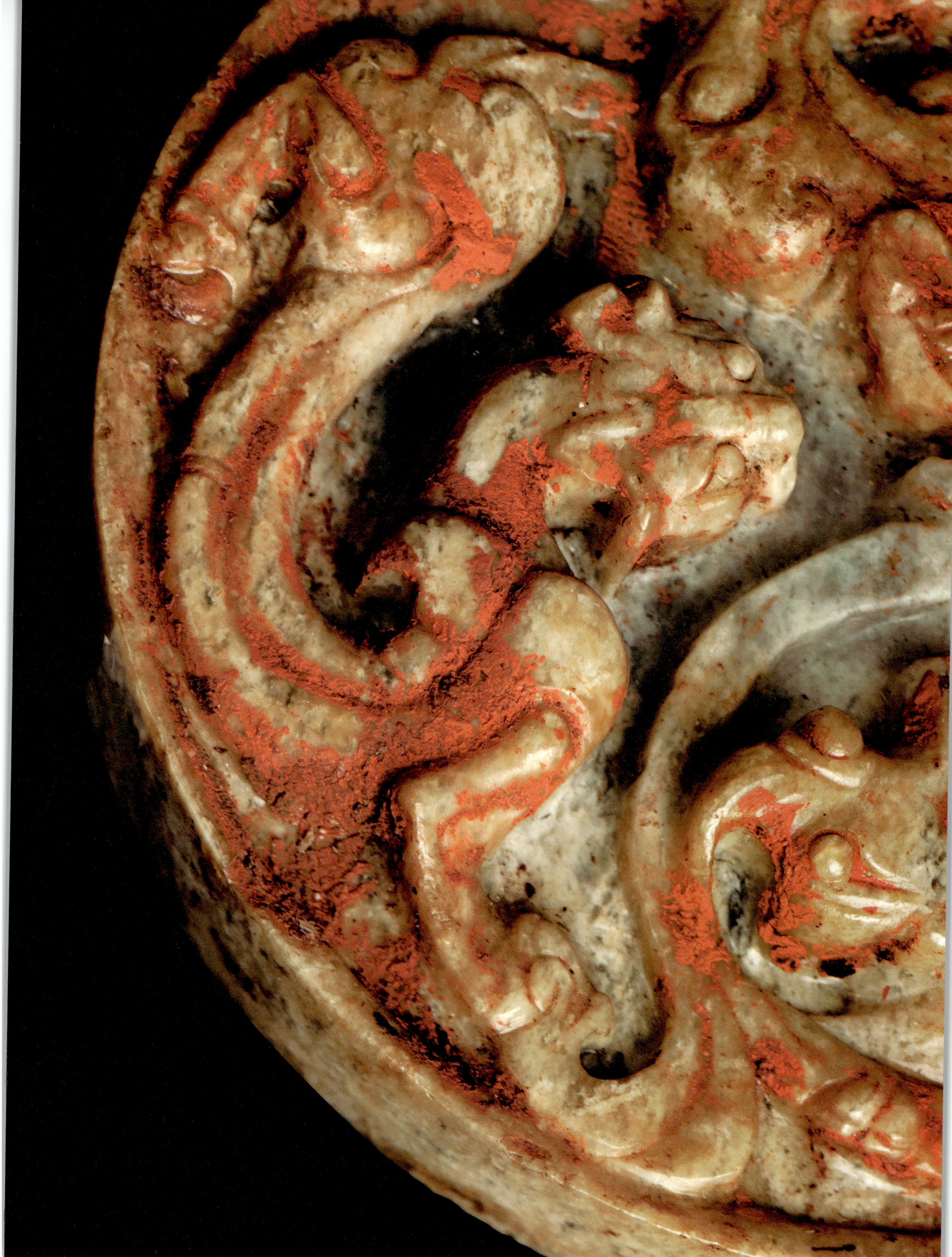

A

B

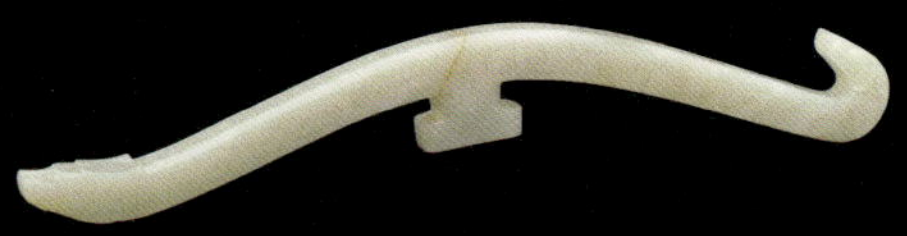

玉带钩
东汉
定州北庄汉墓出土
河北博物院藏

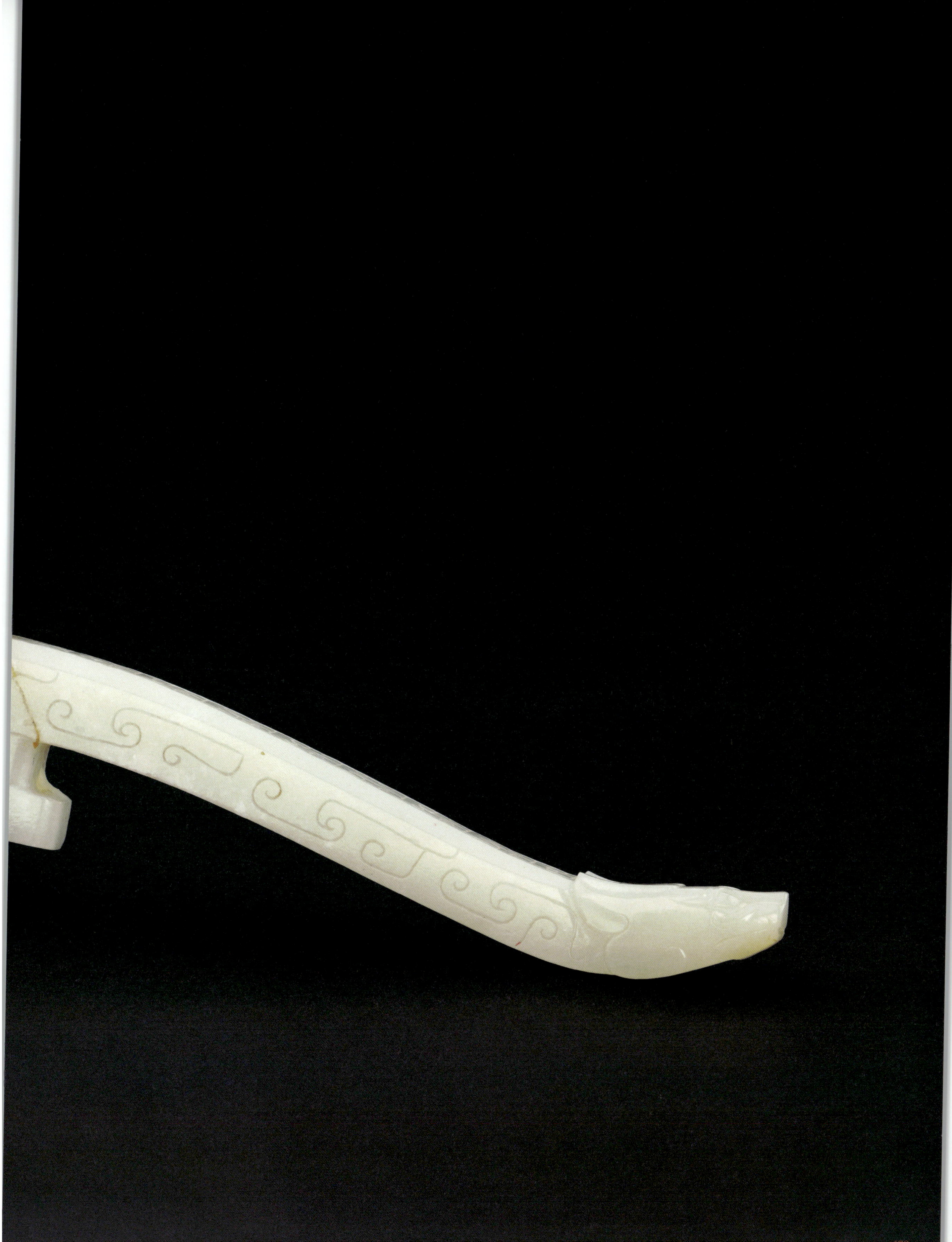

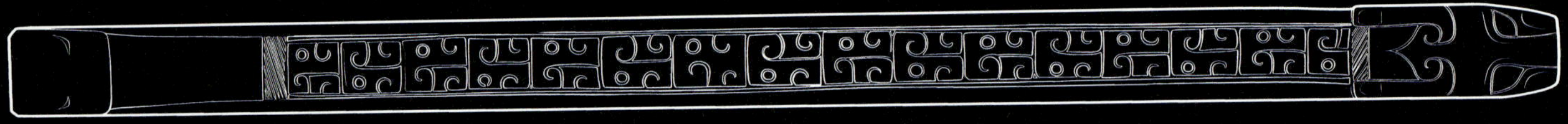

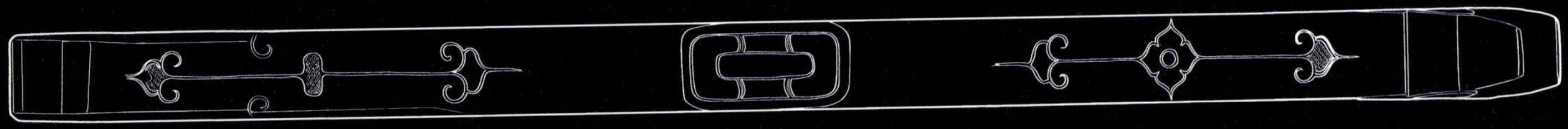

鹅形金带钩
西汉
徐州北洞山楚王墓出土
徐州博物馆藏

玉带钩
西汉
徐州大孤山 M2 出土
徐州博物馆藏

玉带钩
西汉
巢湖北山头一号墓出土
巢湖市博物馆藏

龙虎形玉带钩
西汉
广州象岗南越王墓出土
南越王博物院藏

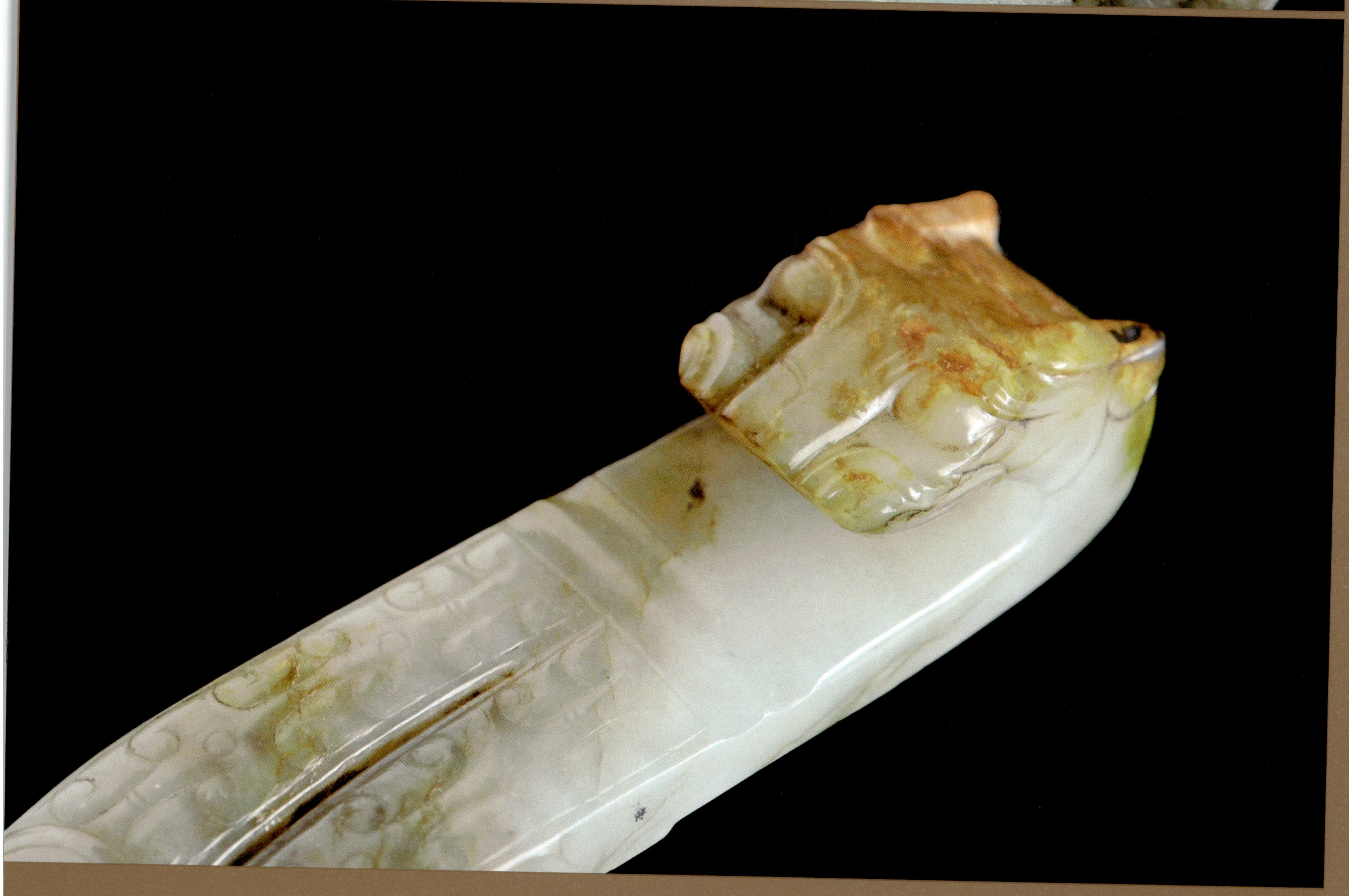

蟠首弦纹玉带钩
西汉
西安六村堡建章宫遗址出土
西安博物院藏

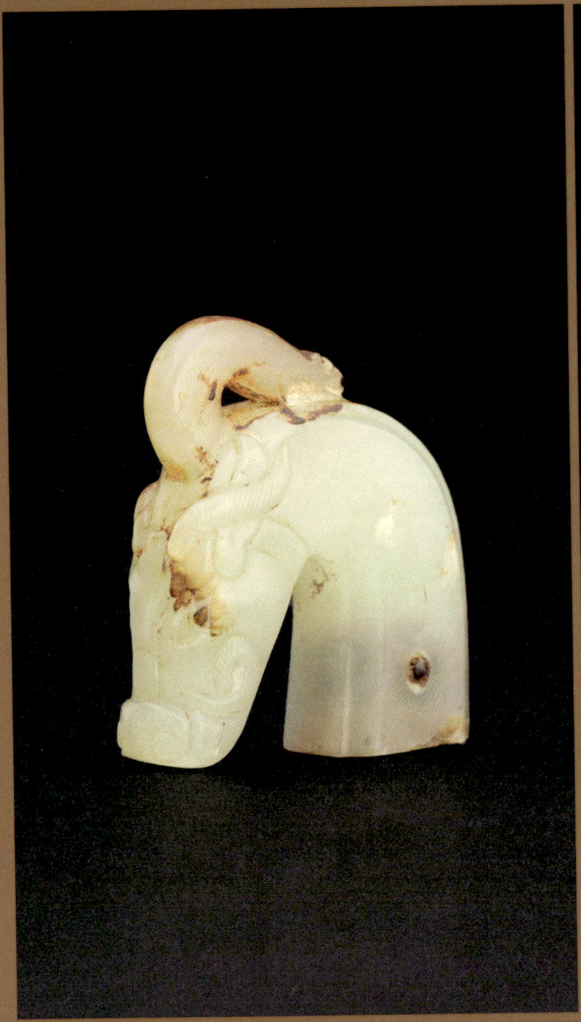

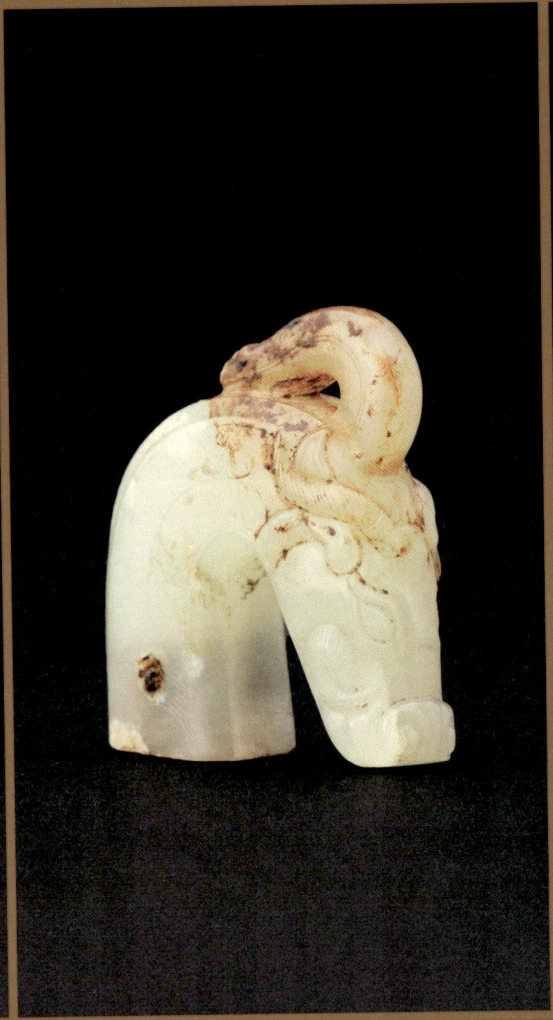

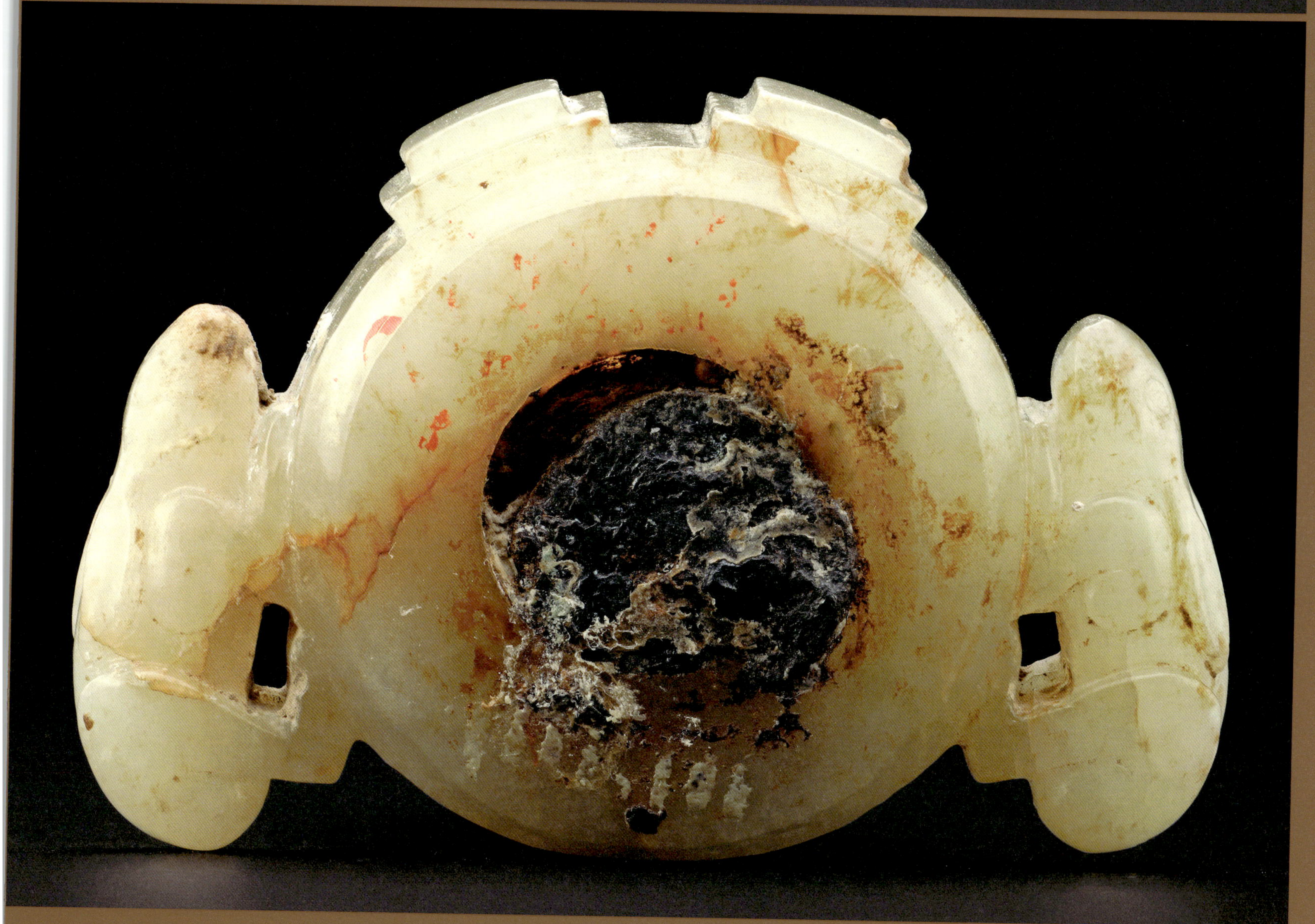

嵌玉鎏金铜带头·玛瑙贝带
西汉
盱眙大云山江都王陵一号墓出土
南京博物院藏

嵌玉鎏金铜带头
西汉
邗江甘泉“妾莫书”墓出土
扬州博物馆藏

镶石圆形牛边铜扣饰
西汉
晋宁区石寨山古墓群 M13 出土
云南省博物馆藏

镶石圆形铜扣饰
西汉
晋宁区石寨山古墓群 M16 出土
云南省博物馆藏

透雕三龙纹玉环
西汉
广州象岗南越王墓出土
南越王博物院藏

透雕龙螭纹玉环
西汉
广州象岗南越王墓出土
南越王博物院藏

涡纹青玉璜
西汉
广州象岗南越王墓出土
南越王博物院藏

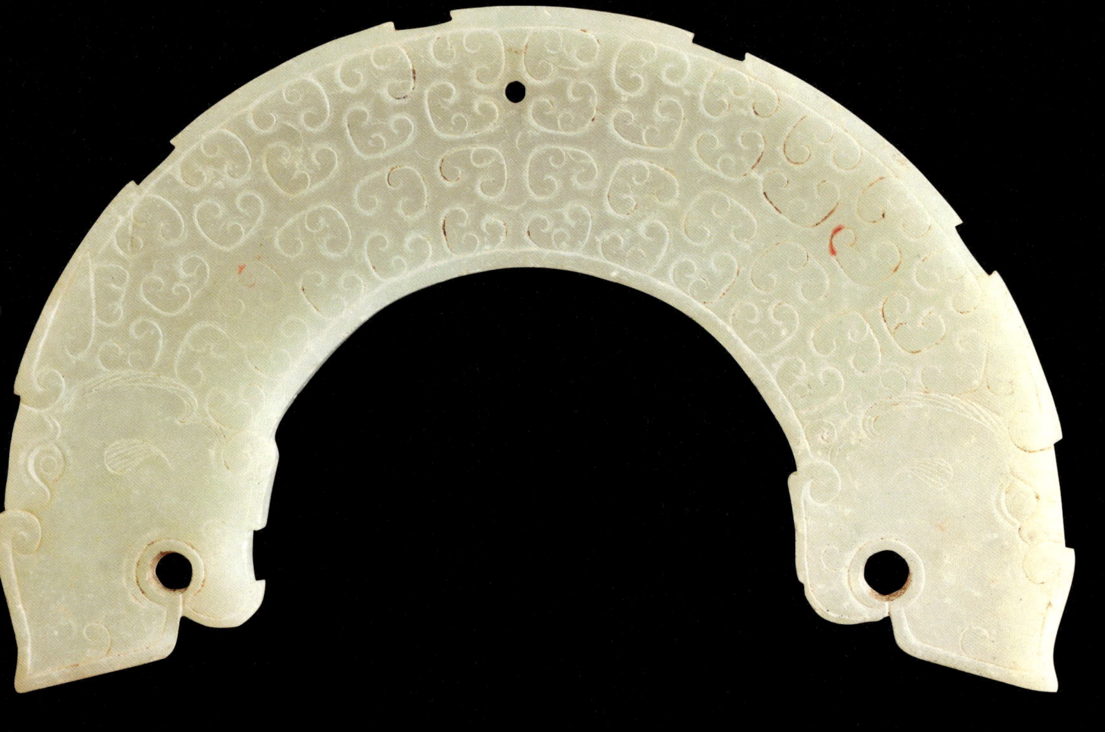

双龙首卷云纹青玉璜
西汉
广州象岗南越王墓出土
南越王博物院藏

A

B

玉舞人
西汉
广州象岗南越王墓出土
南越王博物院藏

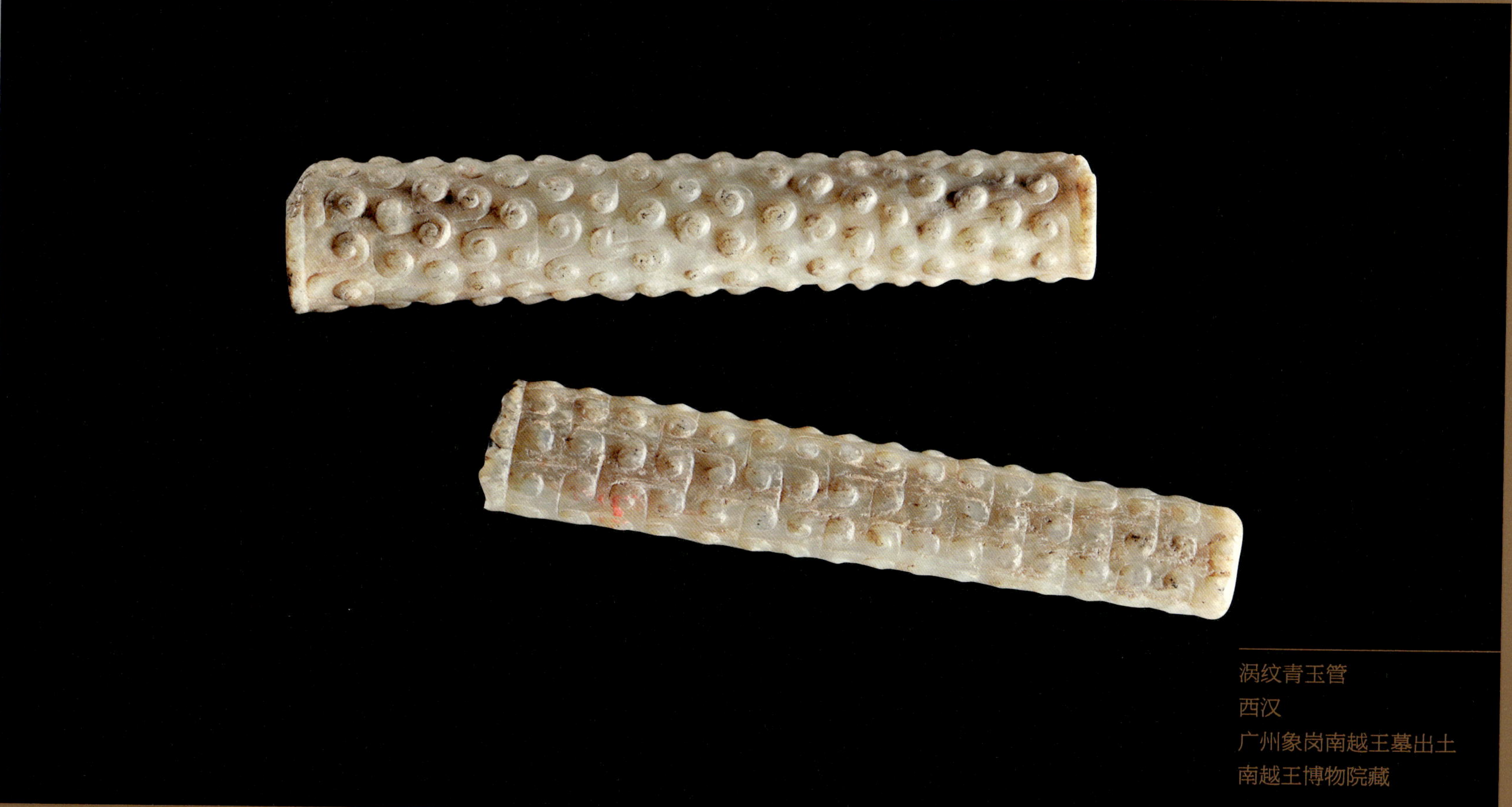

涡纹青玉管
西汉
广州象岗南越王墓出土
南越王博物院藏

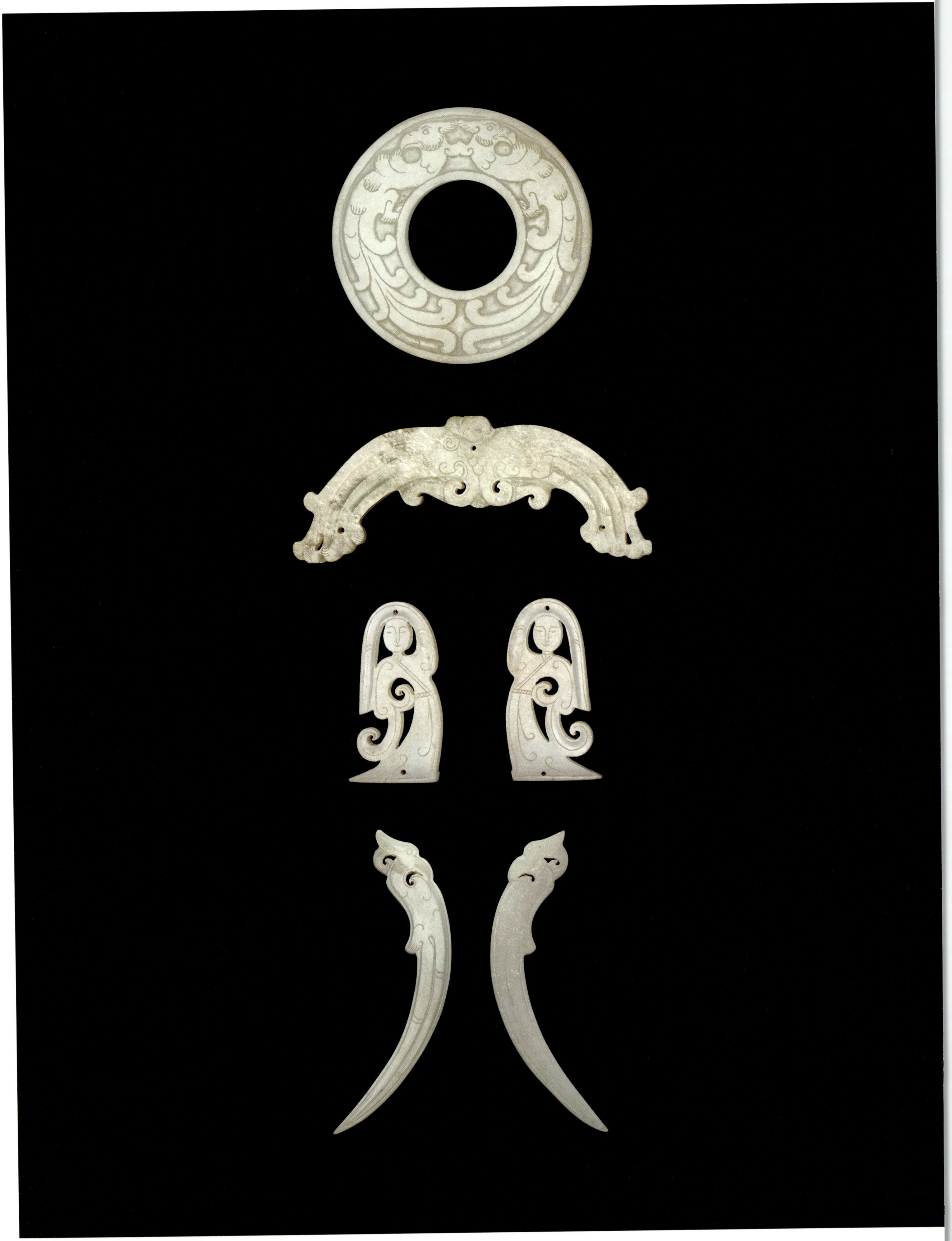

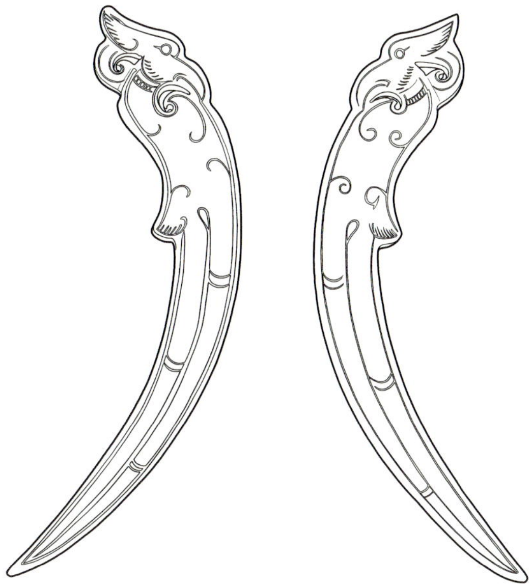

A

B

双凤纹玉璧
西汉
西安大白杨汉墓出土
西安市文物交流中心藏

A

B

鹰形玉珩
西汉
西安大白杨汉墓出土
西安市文物交流中心藏

玉舞人

西汉

西安大白杨汉墓出土

西安市文物交流中心藏

A

B

凤鸟纹玉觿

西汉

西安大白杨汉墓出土

西安市文物交流中心藏

组玉佩
西汉
西安市东郊窦氏墓（M3）出土
西安博物院藏

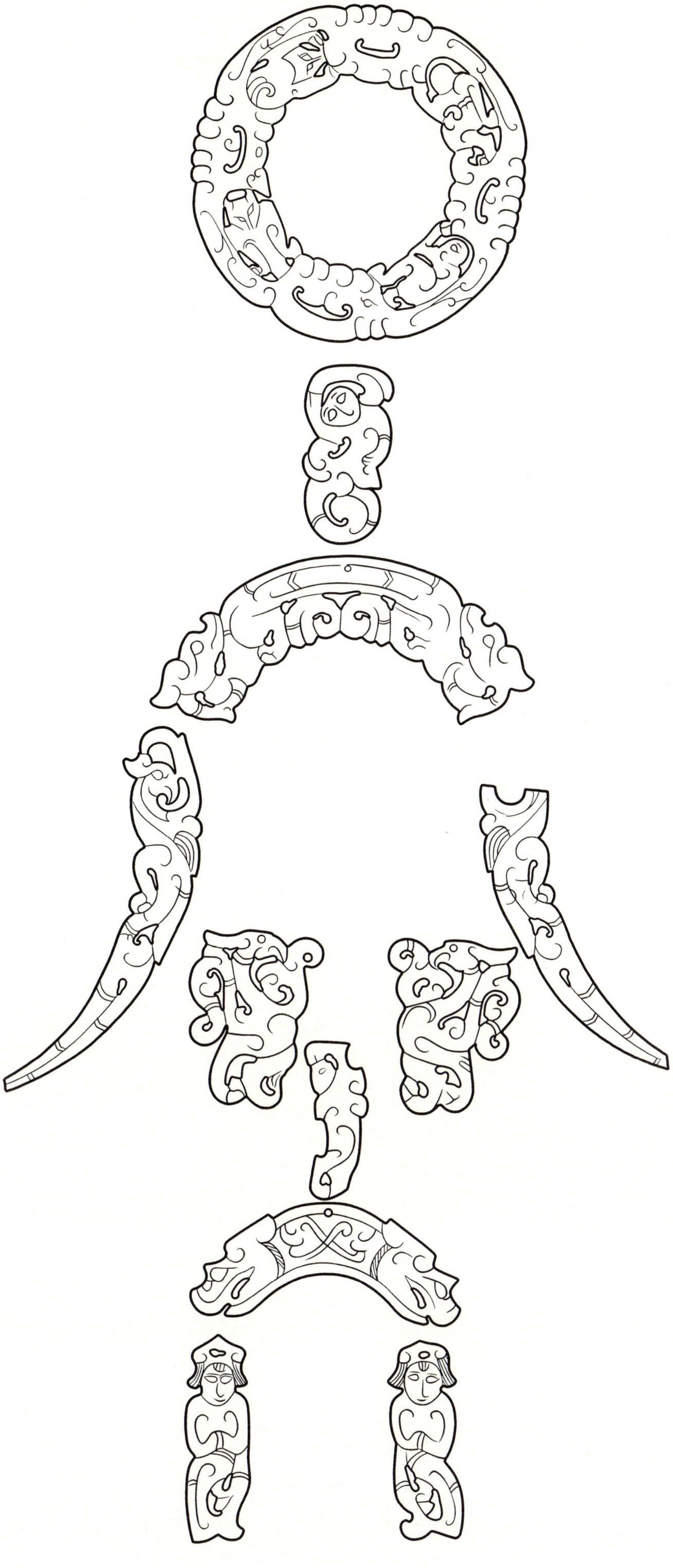

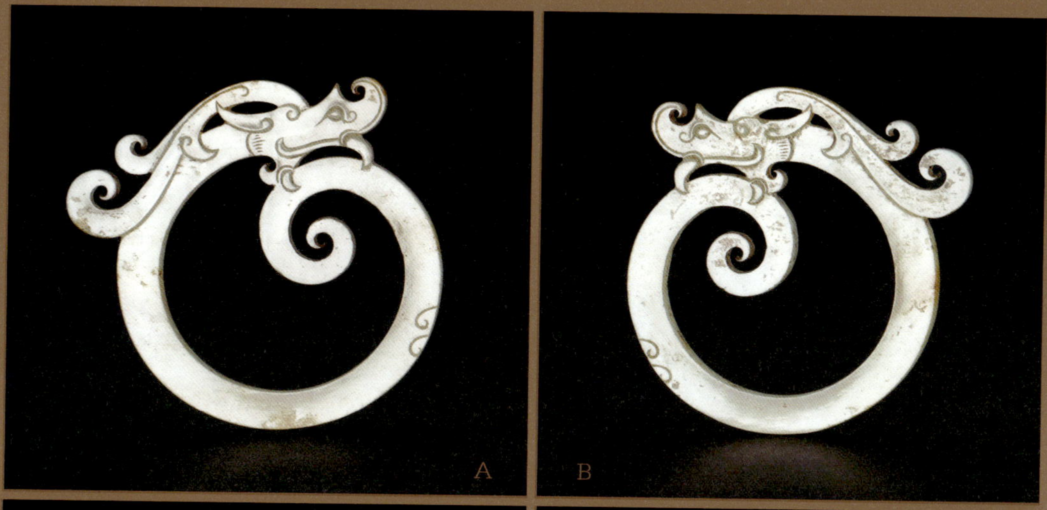

龙形玉环
西汉
天长三角圩汉墓（M1）出土
天长市博物馆藏

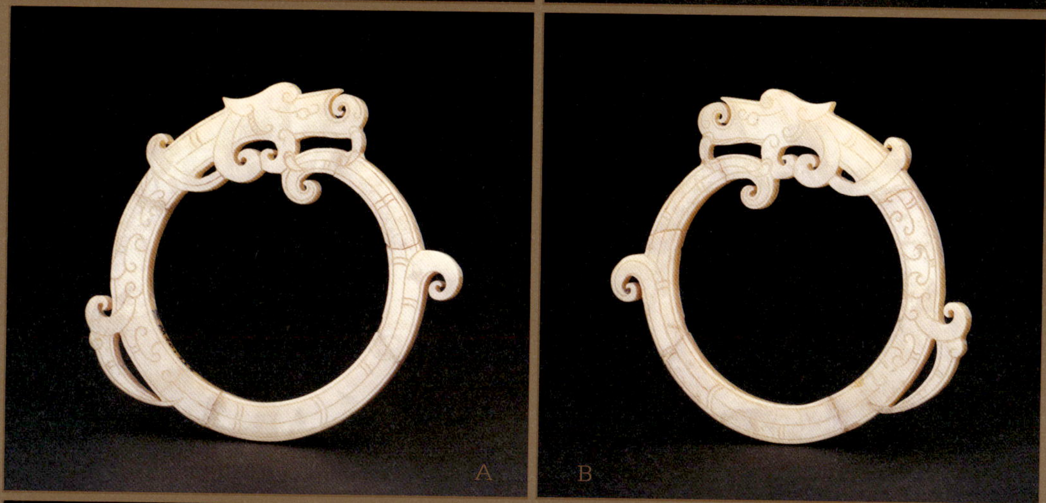

龙形玉环
西汉
定州八角廊汉墓出土
河北省文物考古研究院藏

龙形玉环
西汉
定州八角廊汉墓出土
河北省文物考古研究院藏

龙形玉环
西汉
定州八角廊汉墓出土
河北省文物考古研究院藏

A

B

龙纹玉环
东汉
邗江县甘泉老虎墩墓出土
扬州博物馆藏

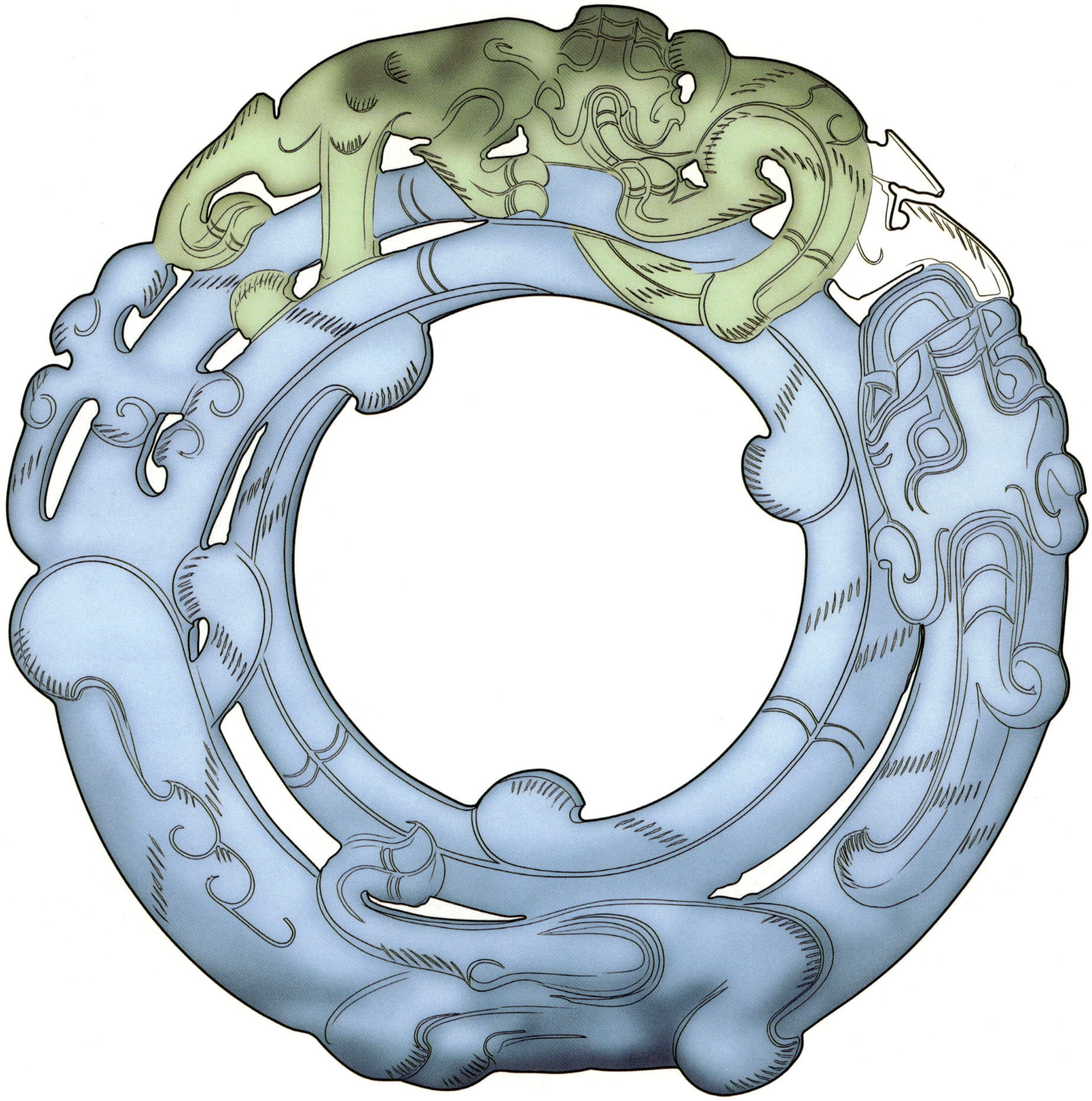

A

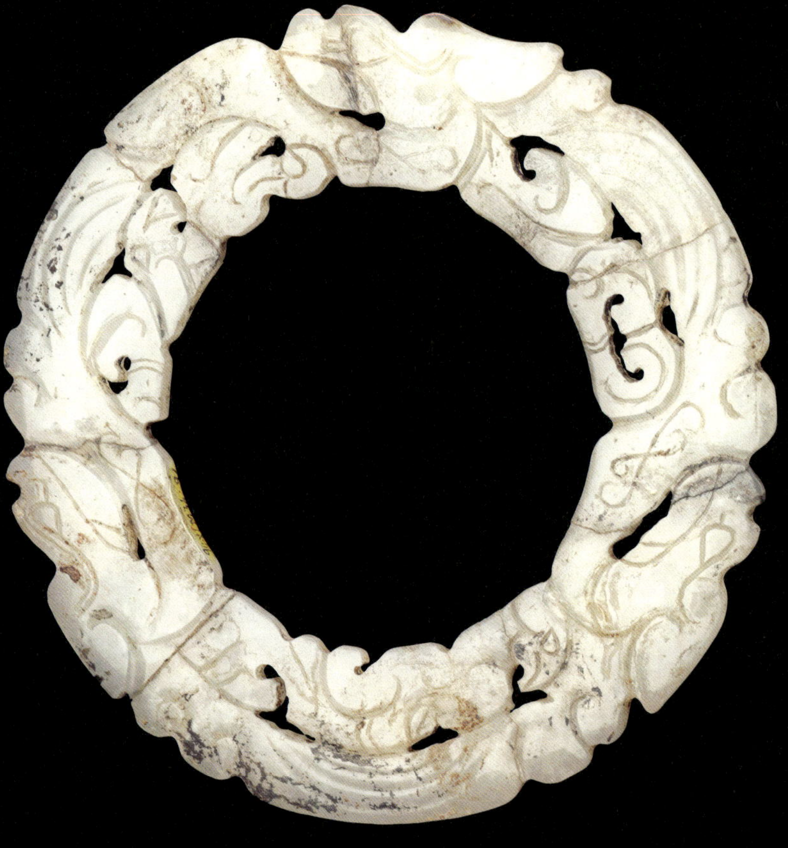

B

三龙纹玉环
西汉
献县陵上寺汉墓出土
河北省文物考古研究院藏

雷纹玉环
西汉
徐州狮子山楚王墓出土
徐州博物馆藏

A

B

龙形玉佩
西汉
天长三角圩汉墓（M1）出土
天长市博物馆藏

A

B

龙形玉佩
西汉
巢湖放王岗一号墓出土
巢湖市博物馆藏

龙形玉佩
西汉
徐州天齐汉墓出土
徐州博物馆藏

龙形玉佩
西汉
盱眙东阳 4 号墓出土
南京博物院藏

A B

S 形玉龙佩
西汉
徐州狮子山楚王墓出土
徐州博物馆藏

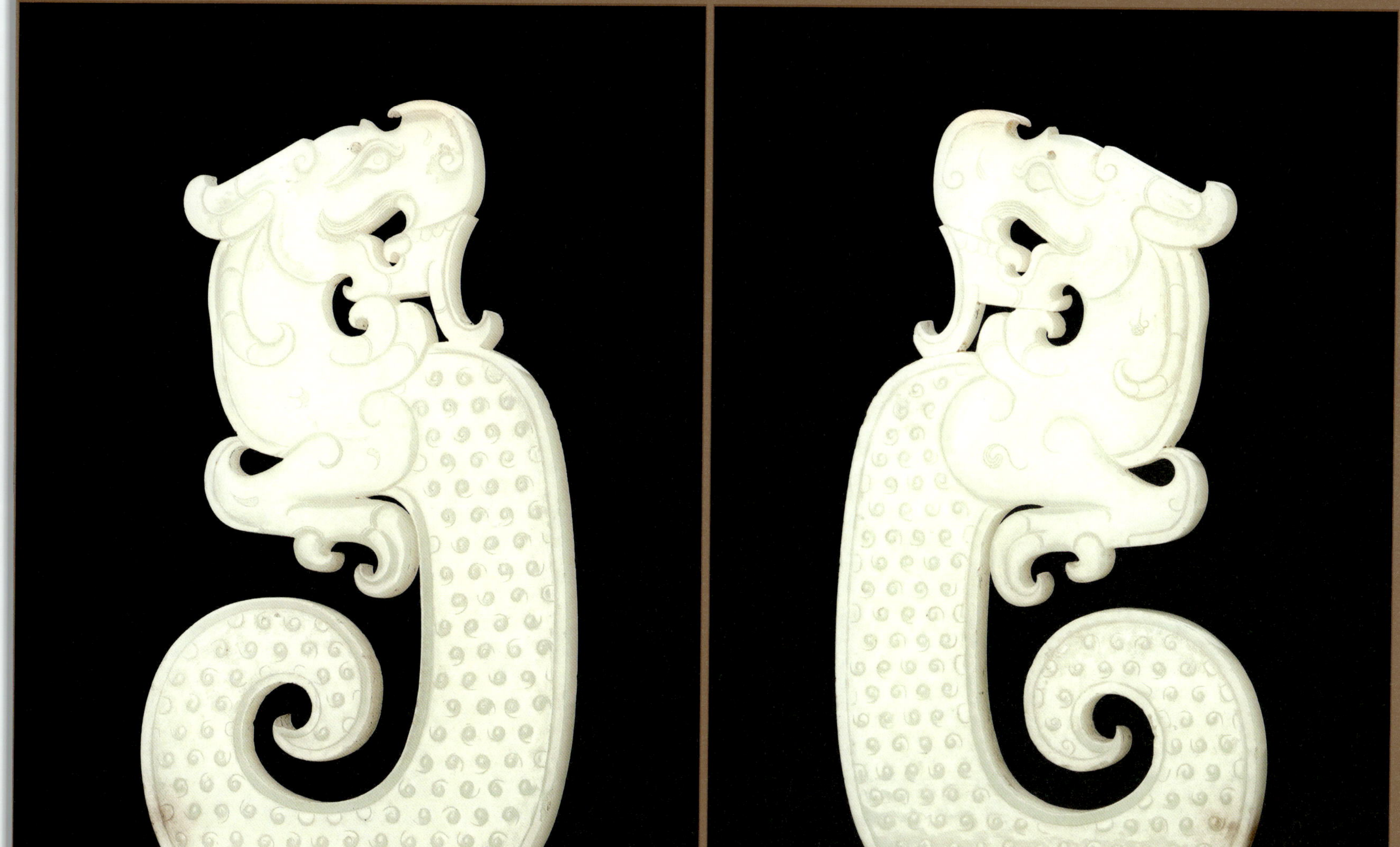

S 形玉龙佩
西汉
徐州狮子山楚王墓出土
南京博物院藏

S 形玉龙佩
西汉
徐州狮子山楚王墓出土
徐州博物馆藏

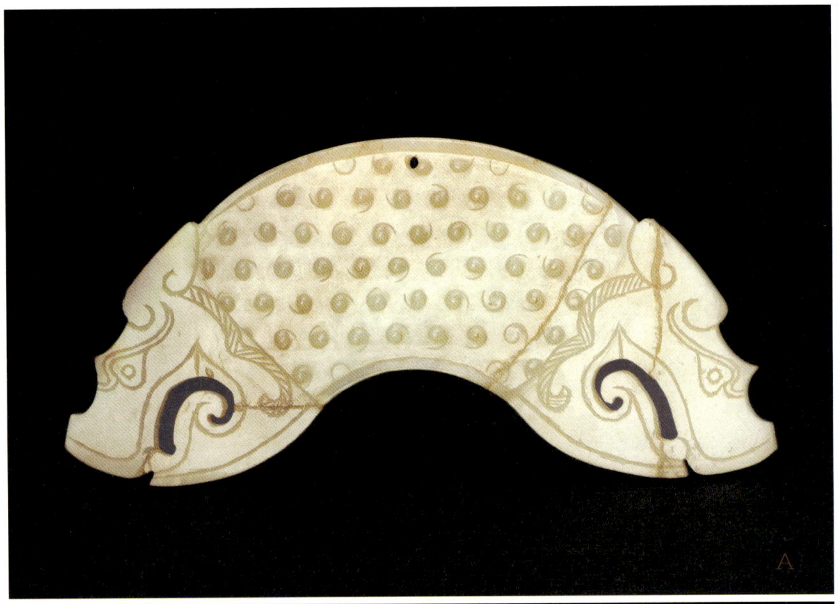

龙首玉珩
西汉
定州八角廊汉墓出土
河北省文物考古研究院藏

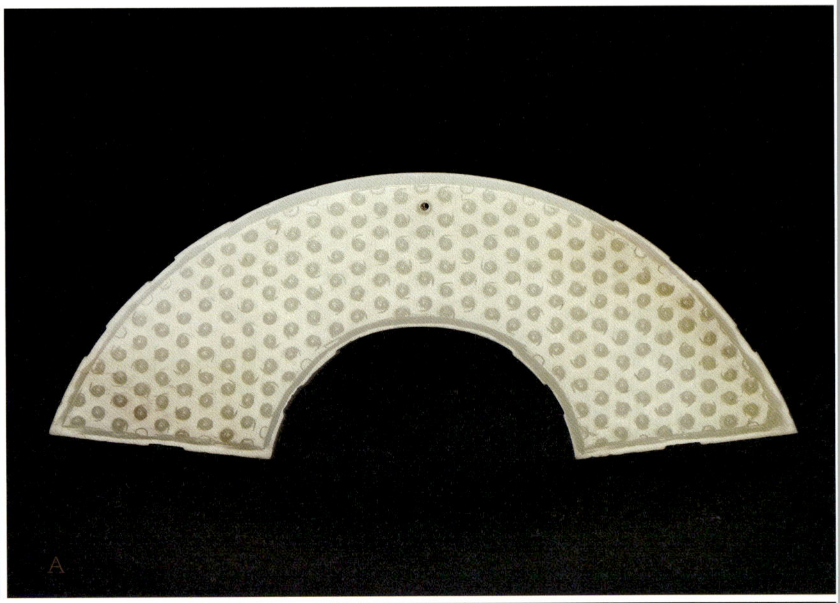

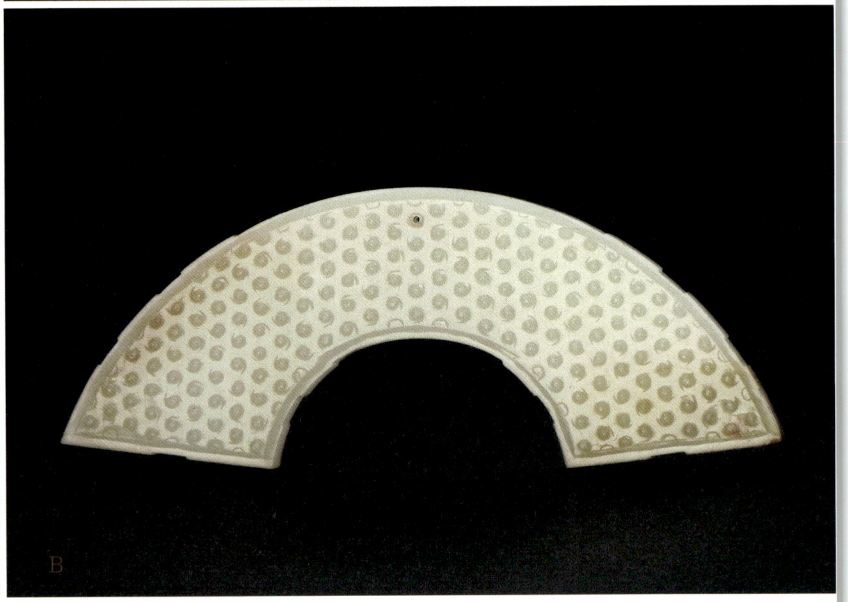

谷纹玉珩
西汉
徐州狮子山楚王墓出土
徐州博物馆藏

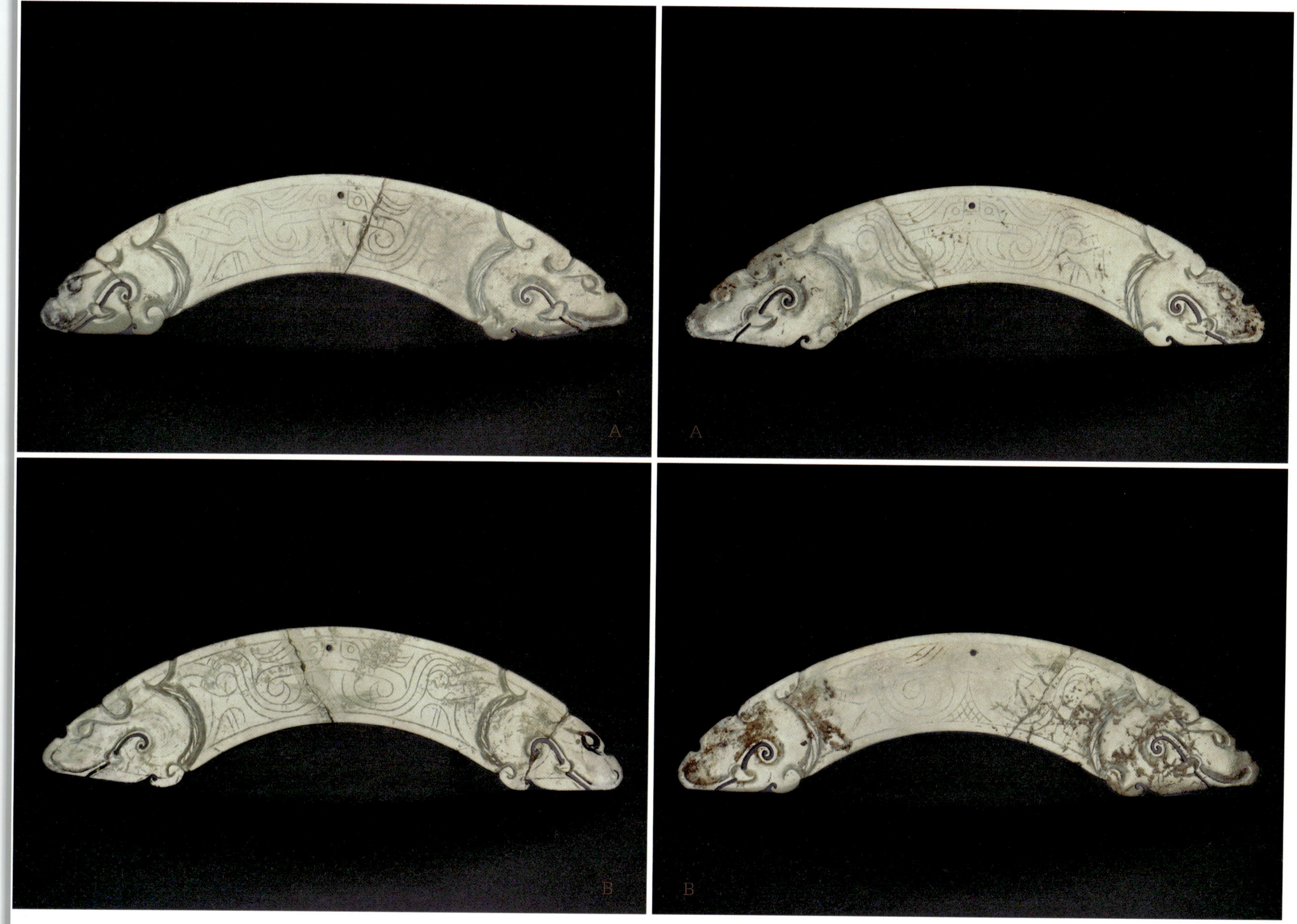

龙首玉珩
西汉
徐州天齐汉墓出土
徐州博物馆藏

A

B

出廓龙首玉珩
西汉
徐州陶家山汉墓出土
徐州博物馆藏

A

B

出廓龙首玉珩
西汉
定州八角廊汉墓出土
河北省文物考古研究院藏

A

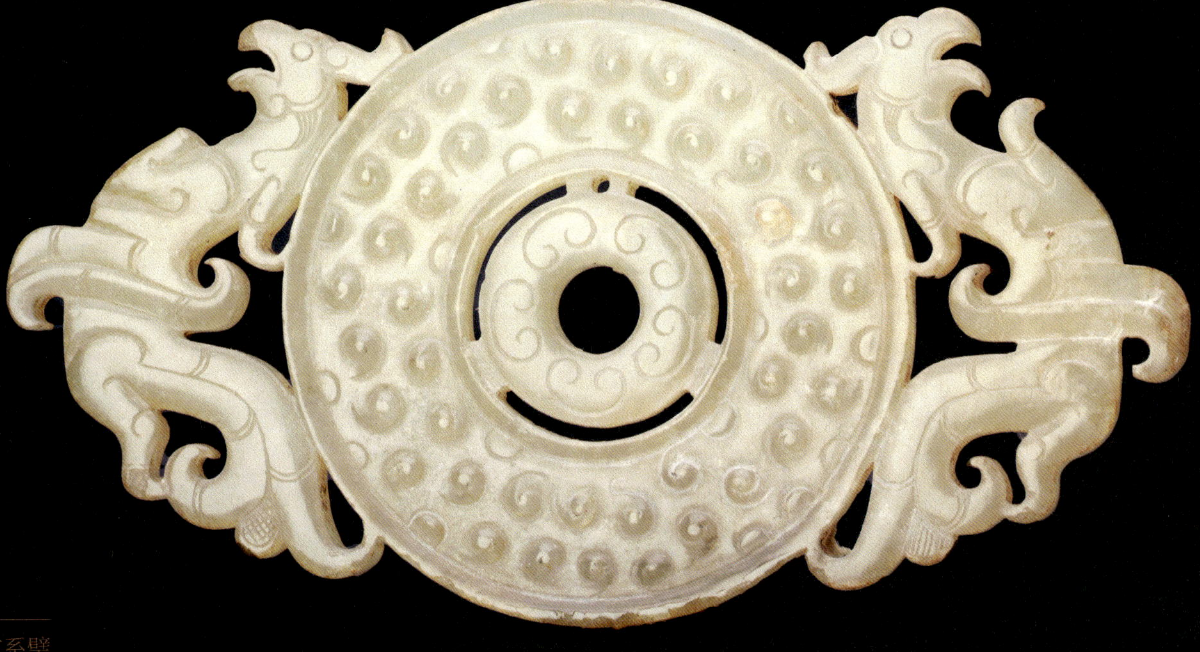

B

凤纹系璧
西汉
定州八角廊汉墓出土
河北省文物考古研究院藏

A

B

凤鸟形玉佩
西汉
巢湖北山头一号墓出土
巢湖市博物馆藏

A

B

凤形玉佩
西汉
巢湖北山头一号墓出土
巢湖市博物馆藏

A

B

龙凤形玉佩
西汉
巢湖北山头一号墓出土
巢湖市博物馆藏

A

B

龙纹玉觿
西汉
巢湖北山头一号墓出土
巢湖市博物馆藏

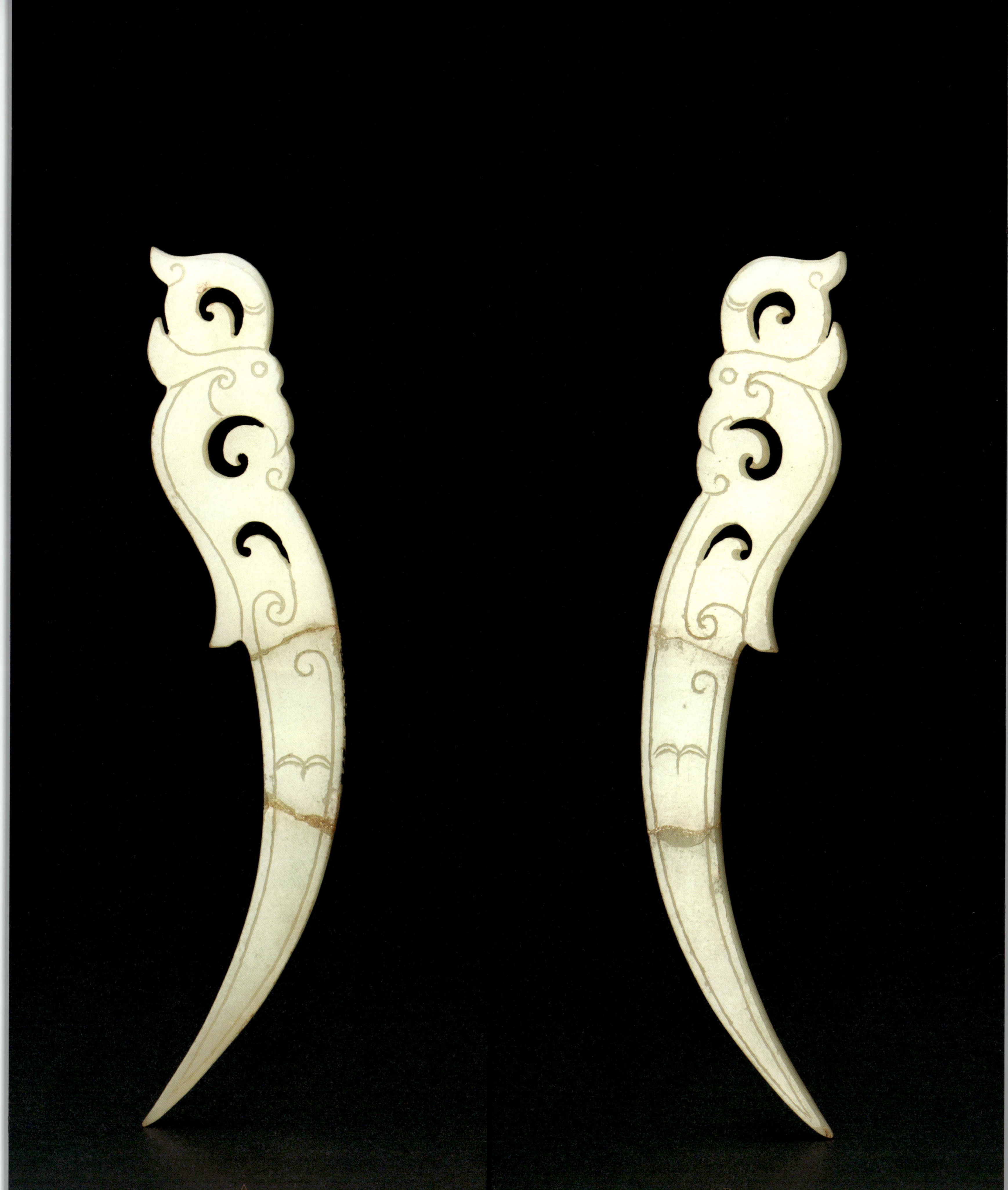

A　　B

凤纹玉觿
西汉
定州八角廊汉墓出土
河北省文物考古研究院藏

韘形佩
西汉
定州八角廊汉墓出土
河北省文物考古研究院藏

A

B

A

B

韘形佩
西汉
西安北郊陈请士墓出土
西安博物院藏

陶绕襟衣女舞俑
西汉
徐州驮篮山楚王墓出土
徐州博物馆藏

A

B

玉舞人
西汉
西安井上村汉墓（M24）出土
陕西省考古研究院藏

A

B

玉舞人
西汉
献县陵上寺汉墓出土
河北省文物考古研究院藏

玉舞人
西汉
广州西村凤凰岗 M1 出土
广州市文物考古研究院
（南汉二陵博物馆）藏

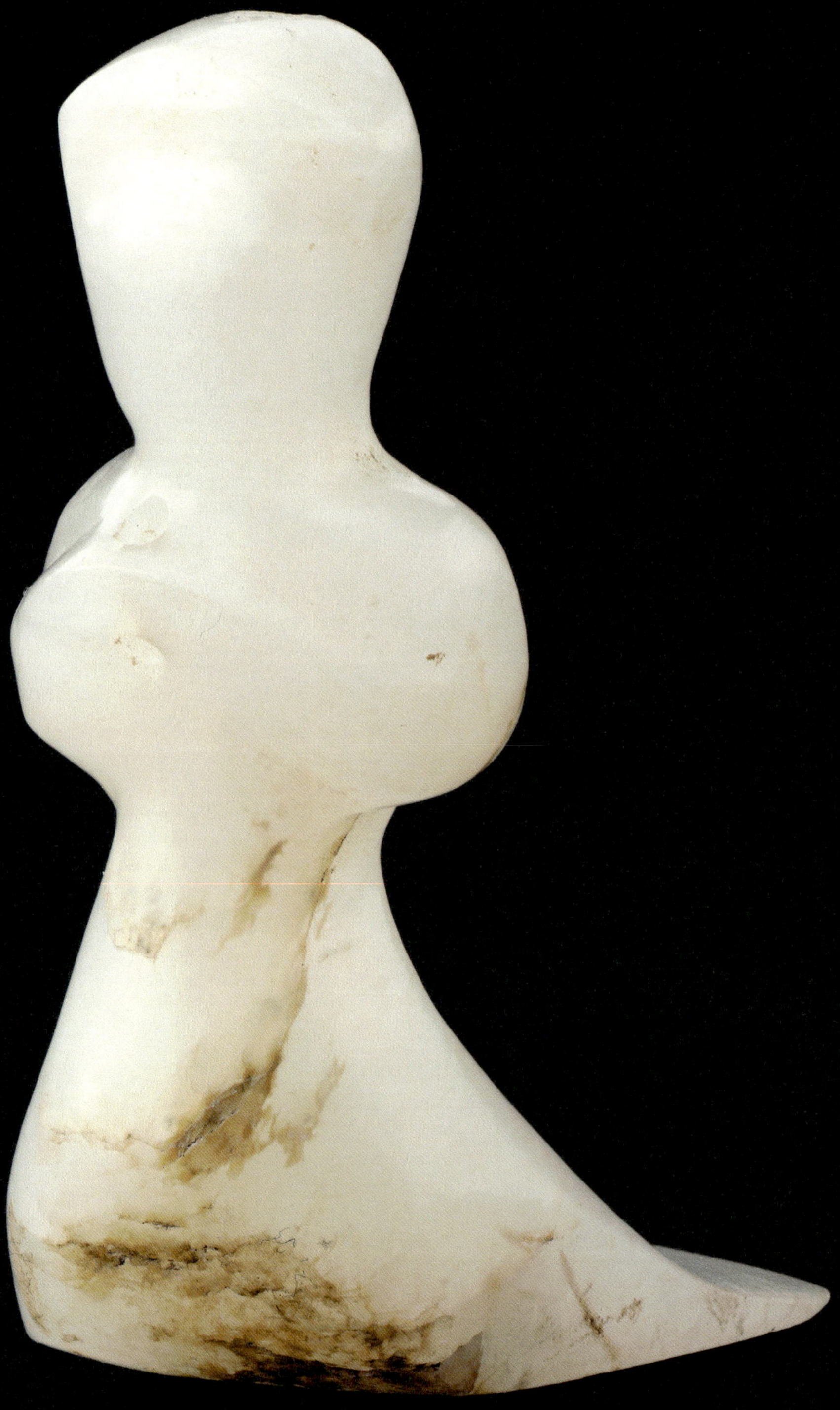

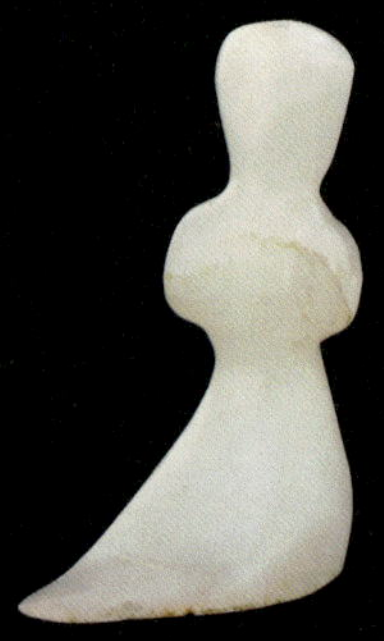

穿长裙玉人佩
西汉
咸阳渭城龚家湾地区机砖厂汉墓出土
咸阳博物院藏

突沿玉镯
西汉
晋宁区石寨山古墓群 M11 出土
云南省博物馆藏

玉耳玦
西汉
晋宁区石寨山古墓群出土
云南省博物馆藏

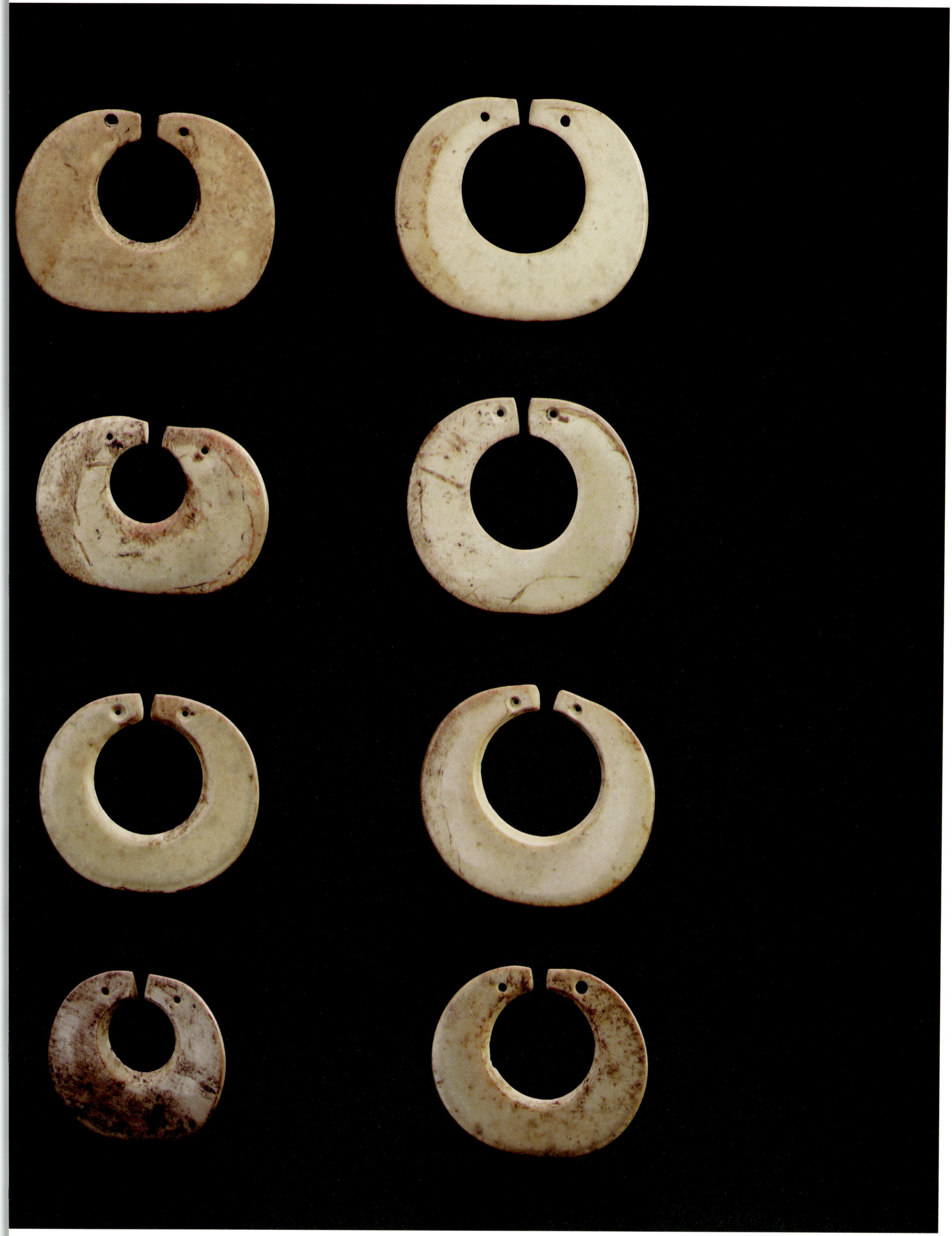

玉之用

延年

汉代帝王尊奉黄老之学，在升仙与长生思想观念的影响下，生前，修方术、食玉屑、饮甘露、喜辟邪、戴厌胜之器，追求长生，欲以求仙。因而，汉代玉器在继承前代玉器工艺、造型与艺术风格的基础上，焕发出一种崭新的面貌。

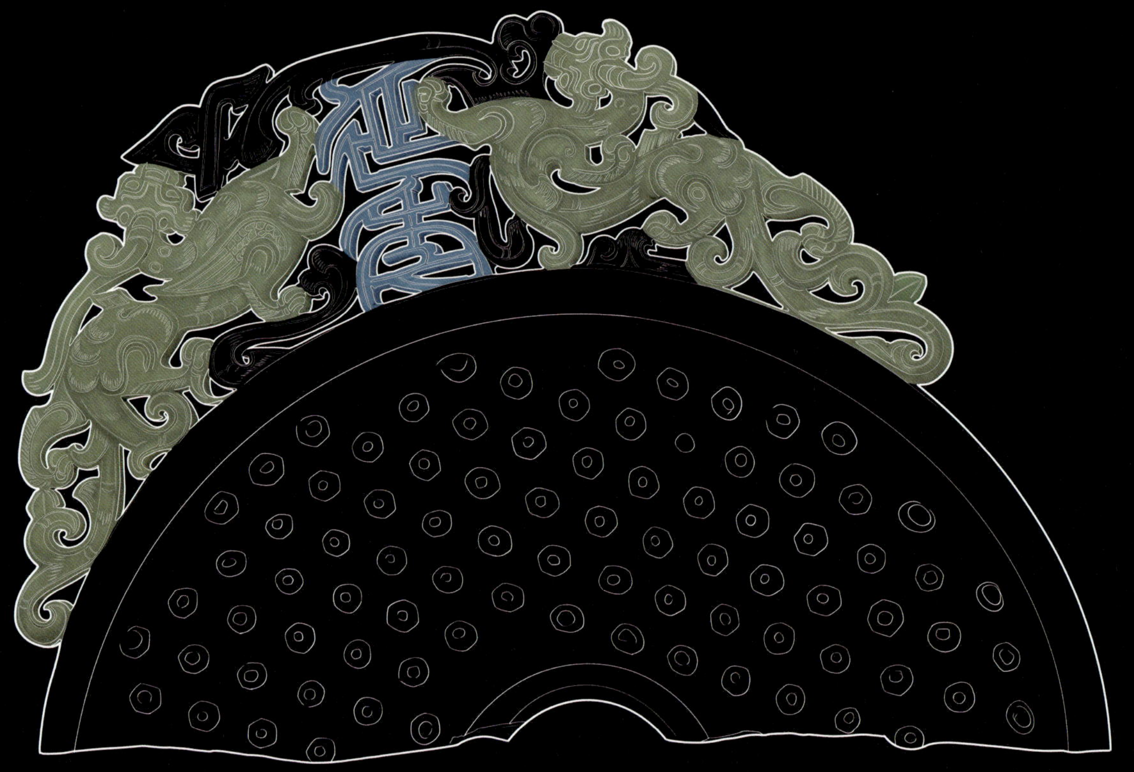

“延年”出廓玉璧
东汉
咸阳周陵乡新庄村出土
咸阳博物院藏

宝石微雕串饰
东汉
徐州土山 1 号墓出土
南京博物院藏

连胜佩
东汉
扬州甘泉三墩出土
南京博物院藏

玉翁仲
东汉
扬州邗江甘泉 2 号墓出土
南京博物院藏

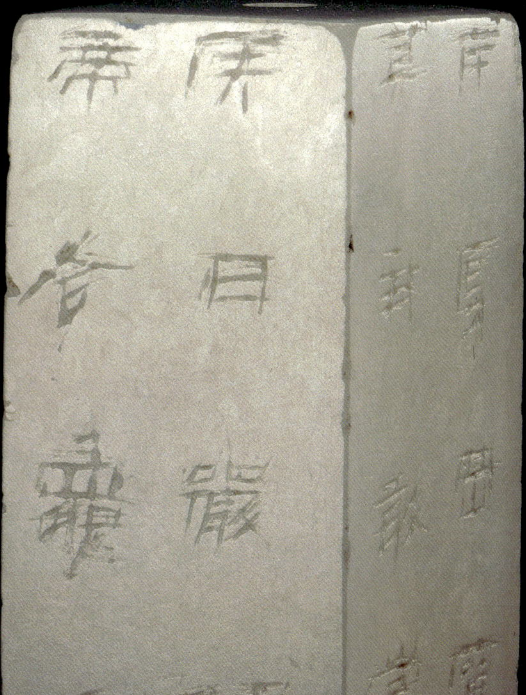

玉严卯
东汉
扬州甘泉三墩出土
南京博物院藏

玉人奔马
西汉
汉元帝渭陵建筑遗址出土
咸阳博物院藏

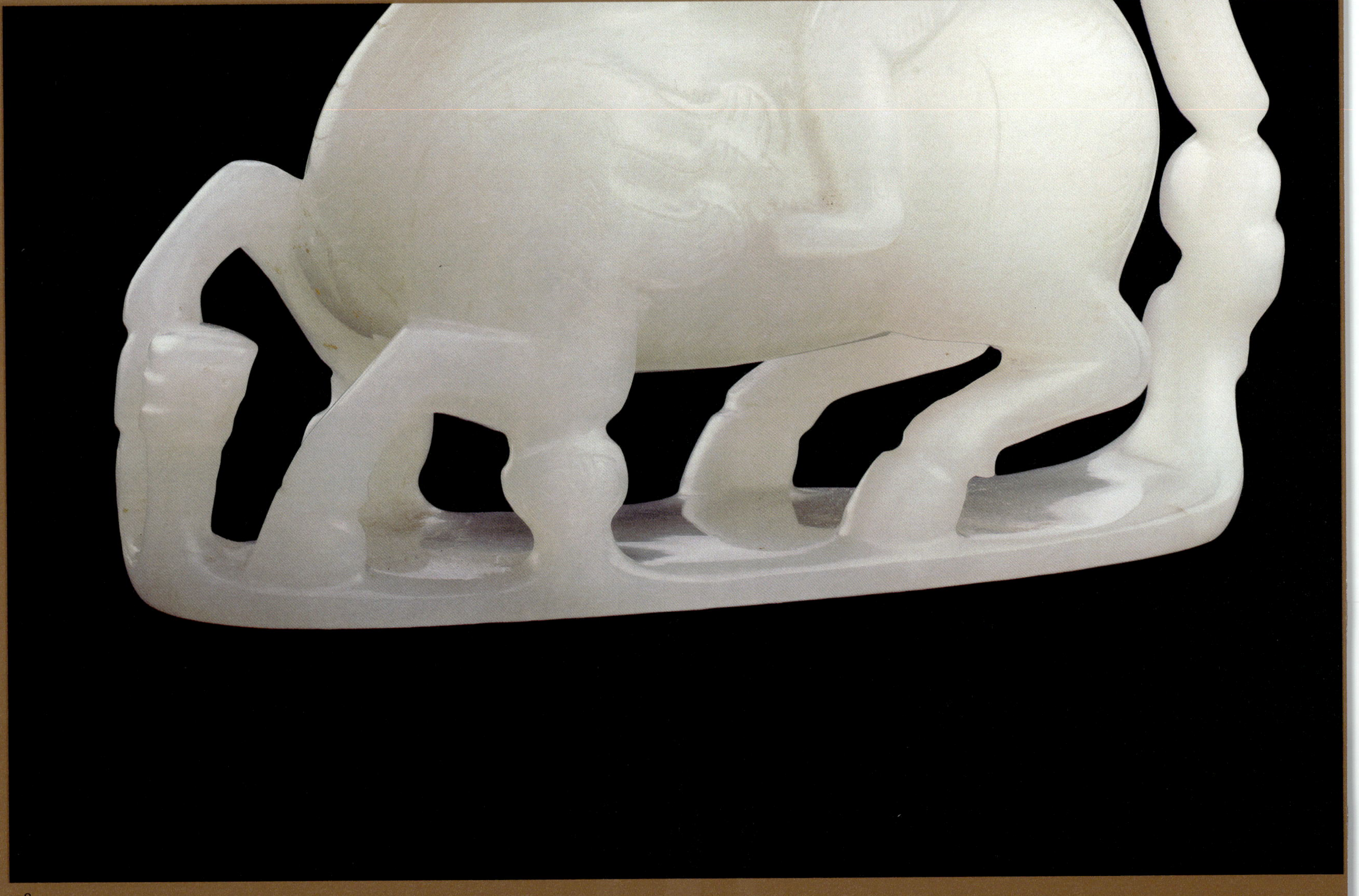

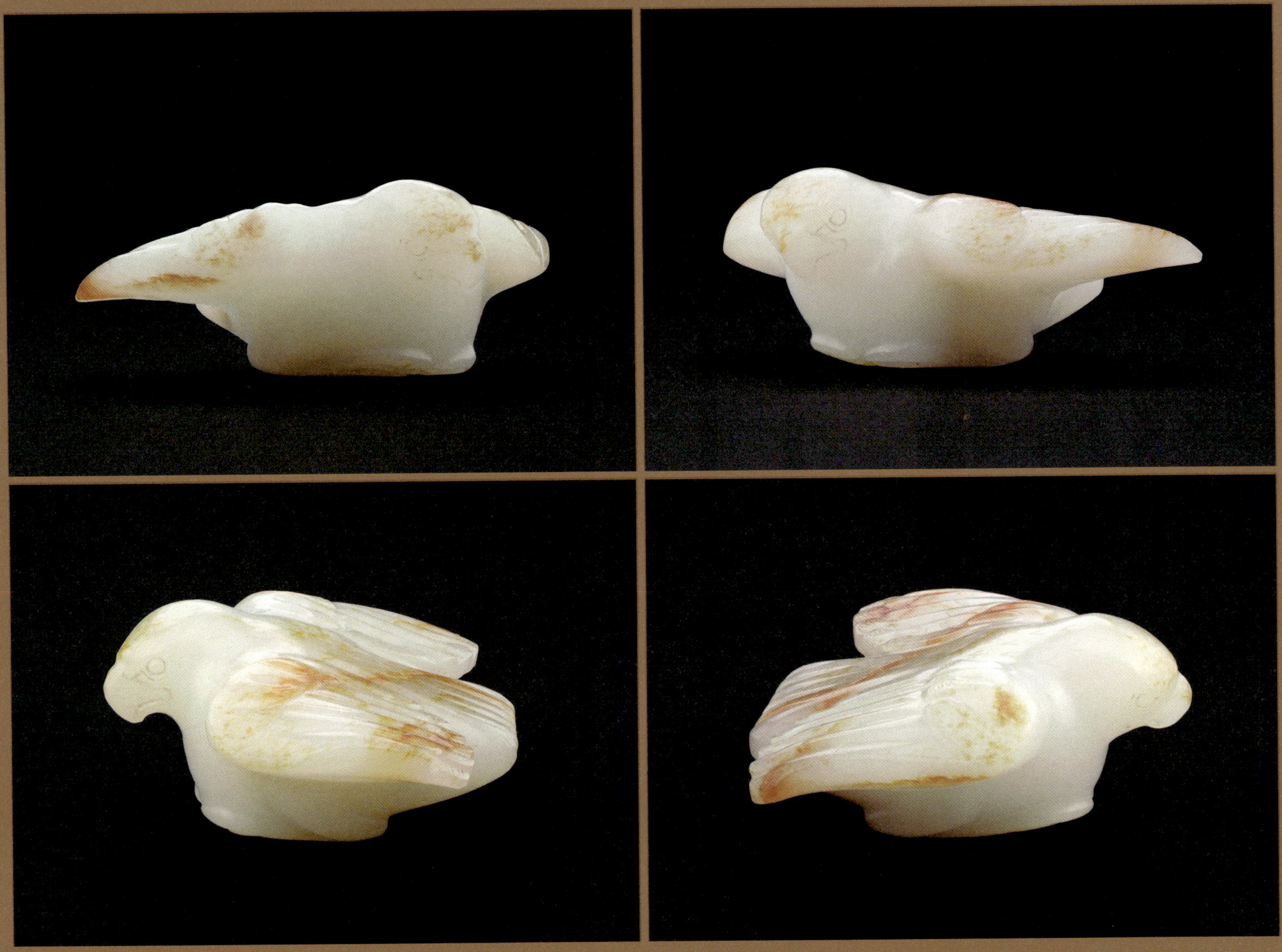

玉鹰
西汉
汉元帝渭陵建筑遗址出土
咸阳博物院藏

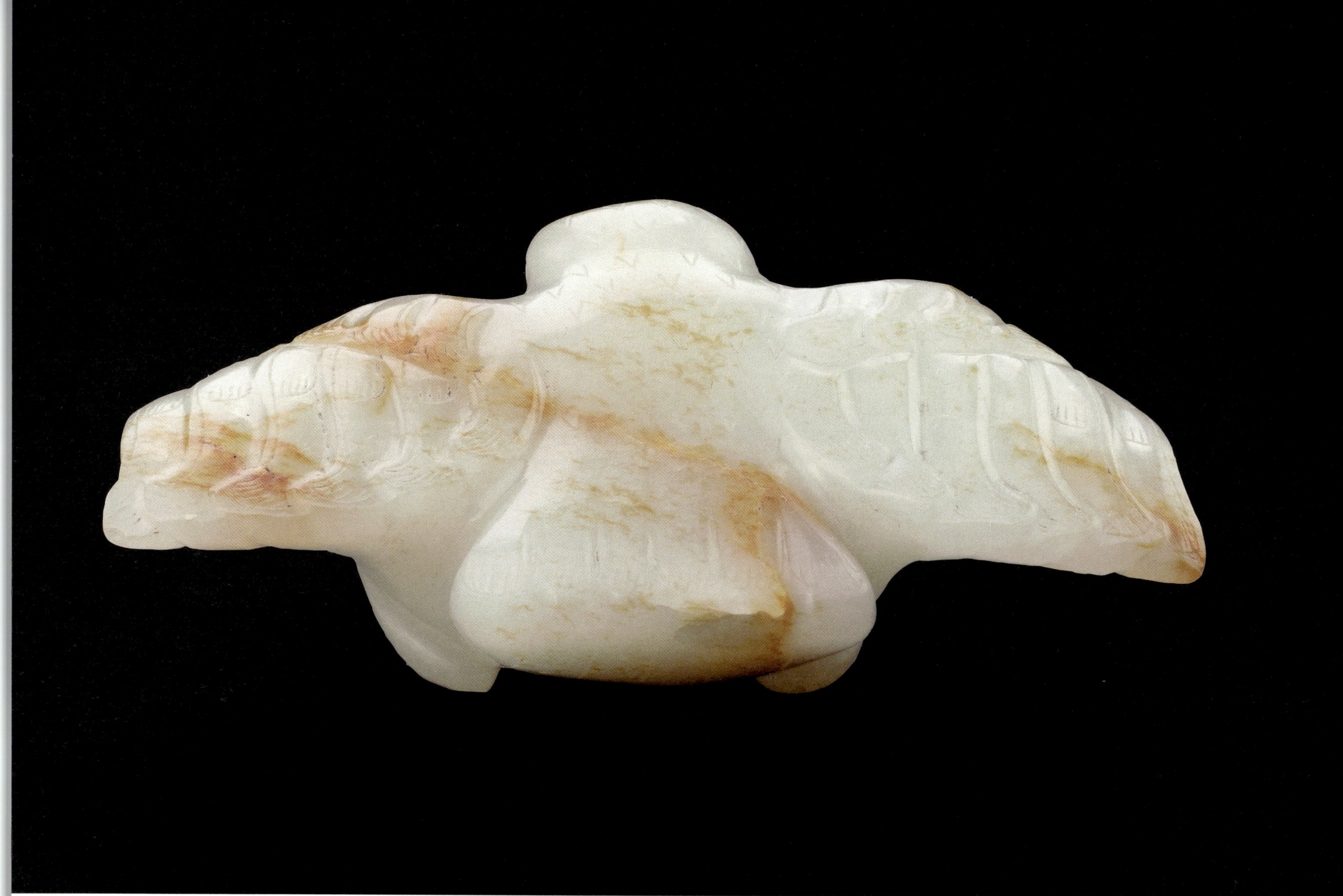

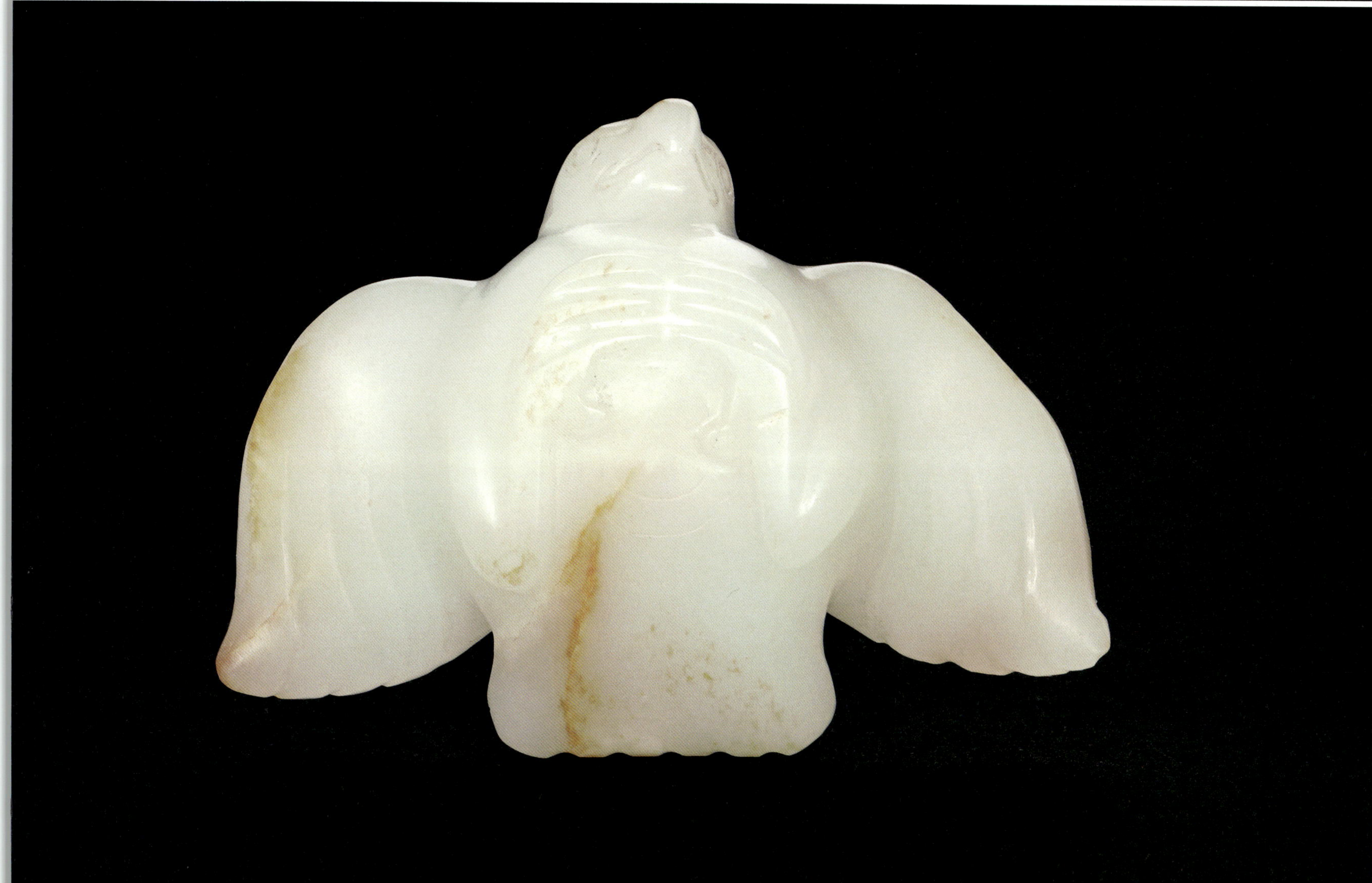

玉熊
西汉
汉元帝渭陵建筑遗址出土
咸阳博物院藏

玉辟邪
西汉
汉元帝渭陵建筑遗址出土
咸阳博物院藏

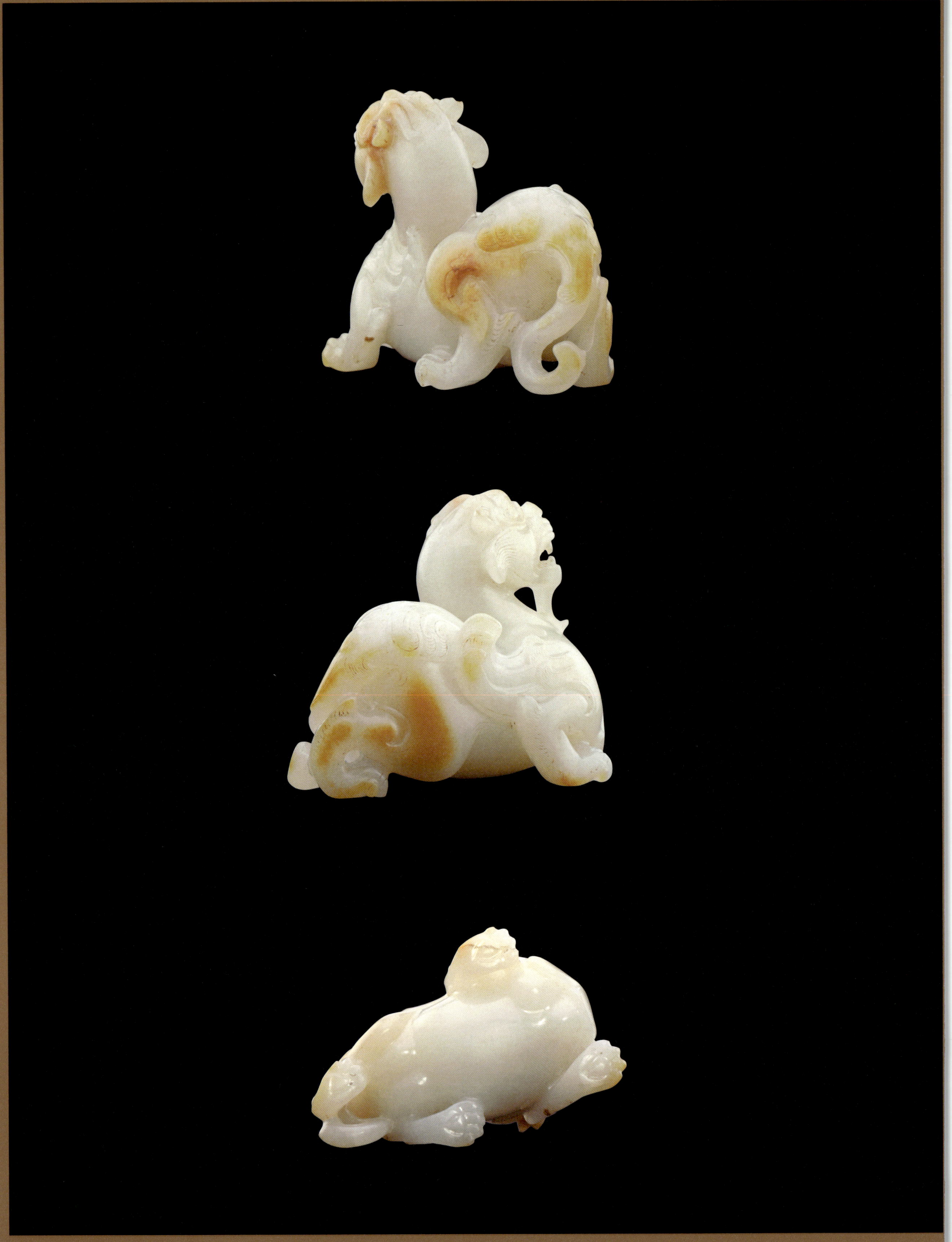

玉辟邪
西汉
汉元帝渭陵建筑遗址出土
咸阳博物院藏

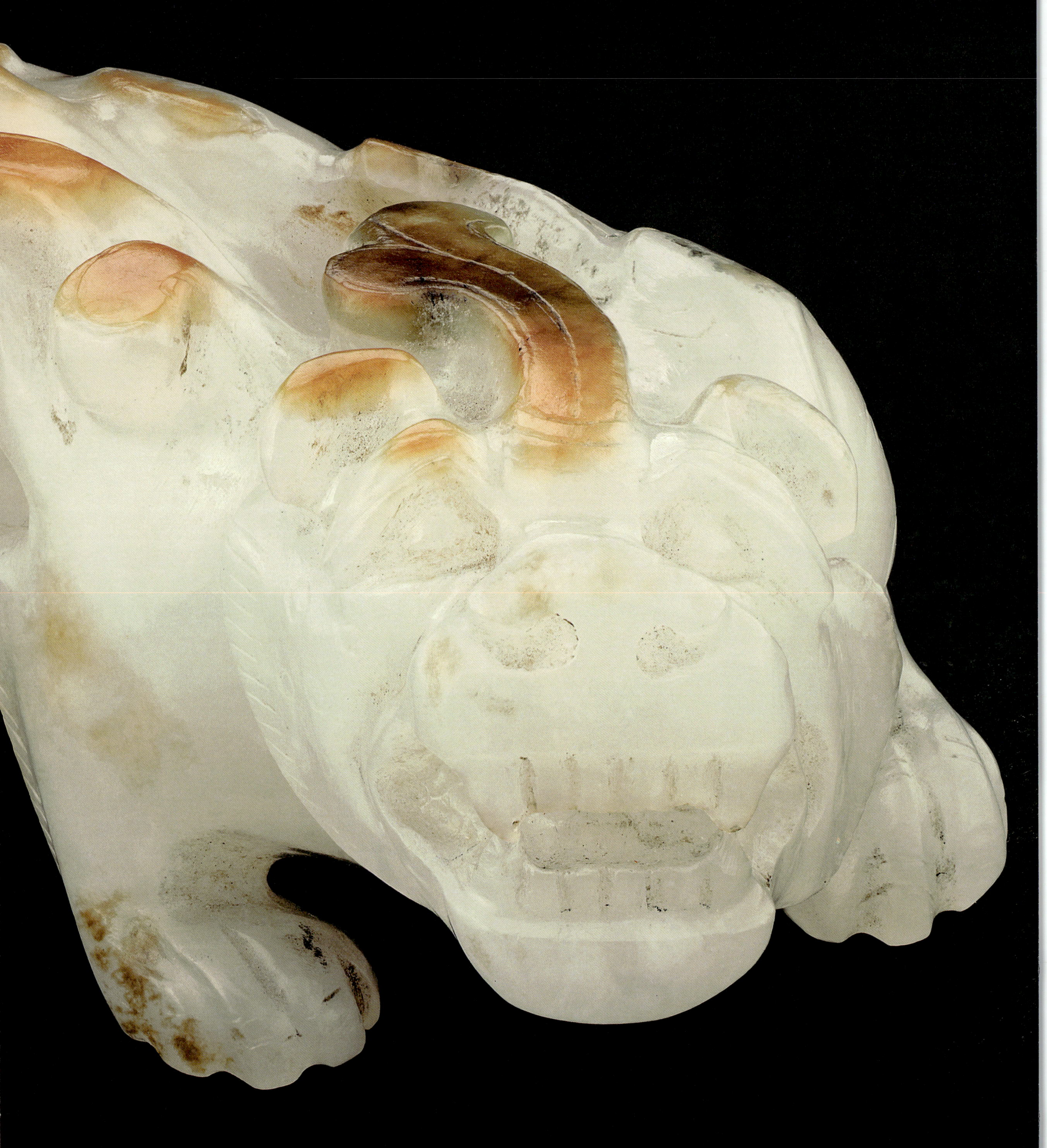

鎏金瑞兽云气纹鼎
西汉
汉元帝渭陵建筑遗址出土
咸阳博物院藏

鎏金编钟
西汉
汉元帝渭陵建筑遗址出土
咸阳博物院藏

鎏金纽钟
西汉
汉元帝渭陵建筑遗址出土
咸阳博物院藏

辟邪形玉壶
东汉
邗江县甘泉老虎墩墓出土
扬州博物馆藏

玉辟邪
东汉
宝鸡市金河砖瓦厂汉墓出土
宝鸡青铜器博物院藏

豹形铜镇
西汉
徐州狮子山楚王墓出土
徐州博物馆藏

玉豹
西汉
徐州狮子山楚王墓出土
徐州博物馆藏

玉耳杯
西汉
徐州狮子山楚王墓出土
徐州博物馆藏

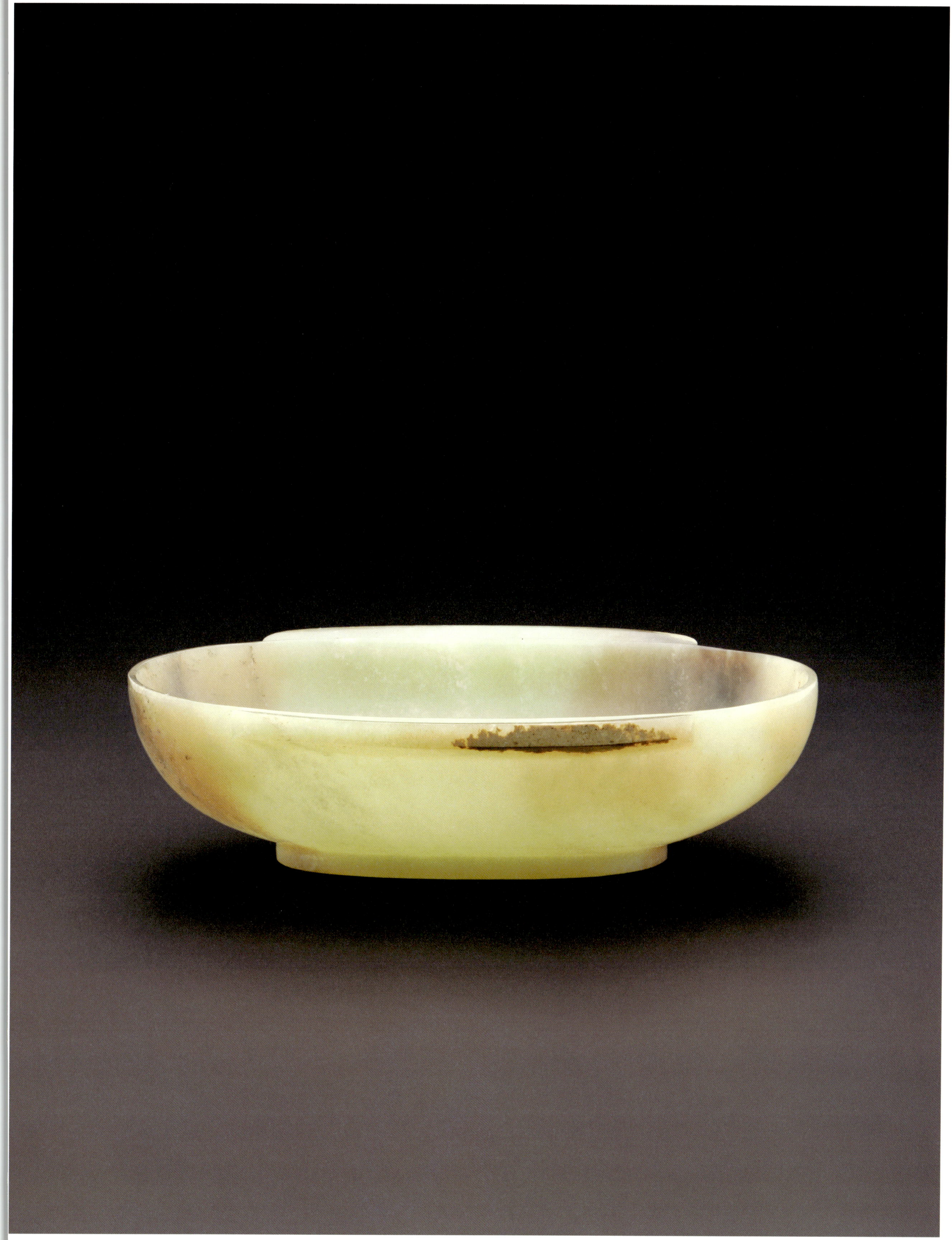

金扣青白玉高足杯
西汉
西安汉宣帝杜陵陵区出土
西安博物院藏

高足玉杯
西汉
徐州狮子山楚王墓出土
南京博物院藏

神兽纹玉樽
西晋
安乡县黄山镇刘弘墓出土
湖南博物院藏

胡传温酒樽
西汉
右玉县大川村出土
山西博物院藏

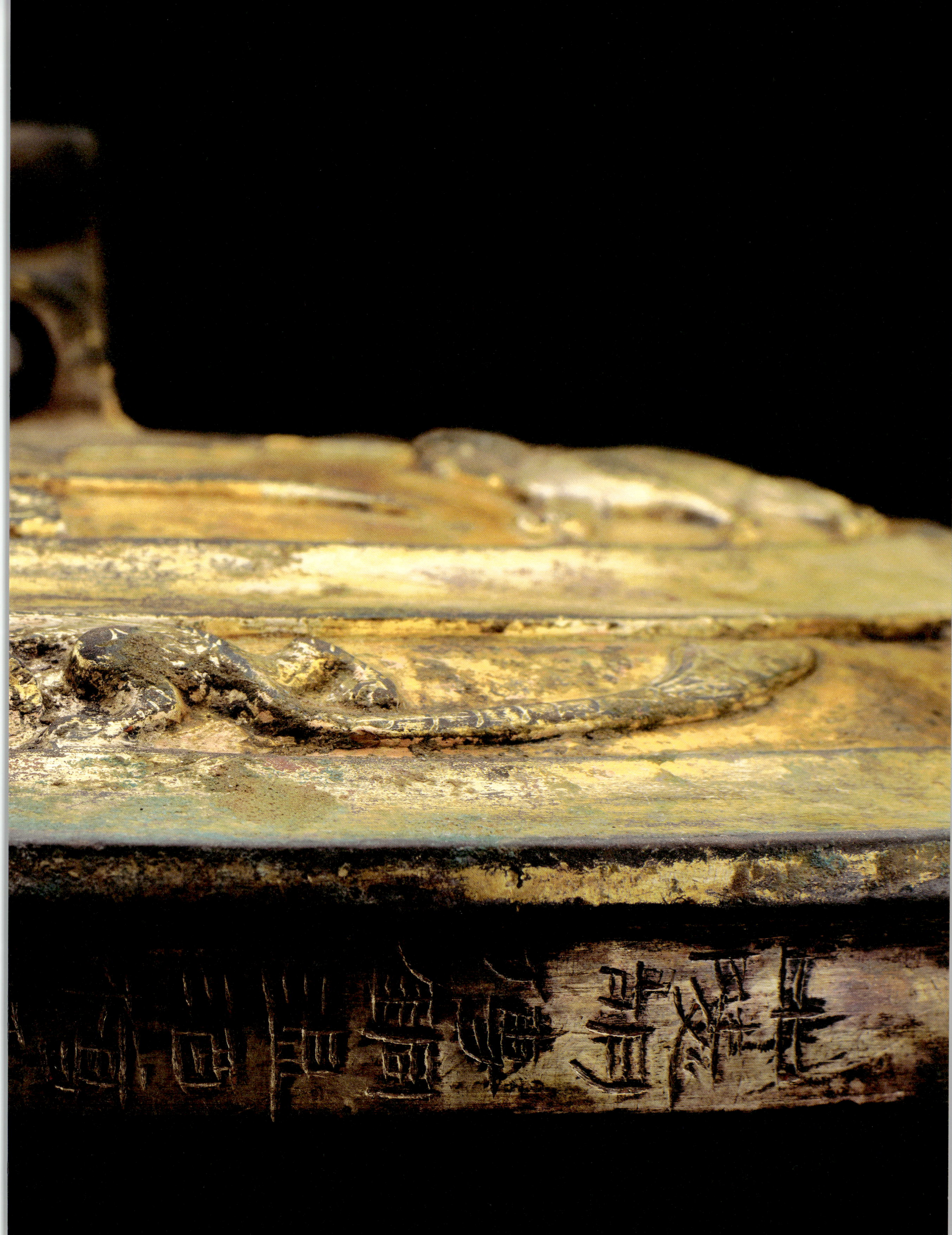

附盖鎏金铜酒樽
东汉
寿县游客中心工地砖室墓出土
安徽楚文化博物馆藏

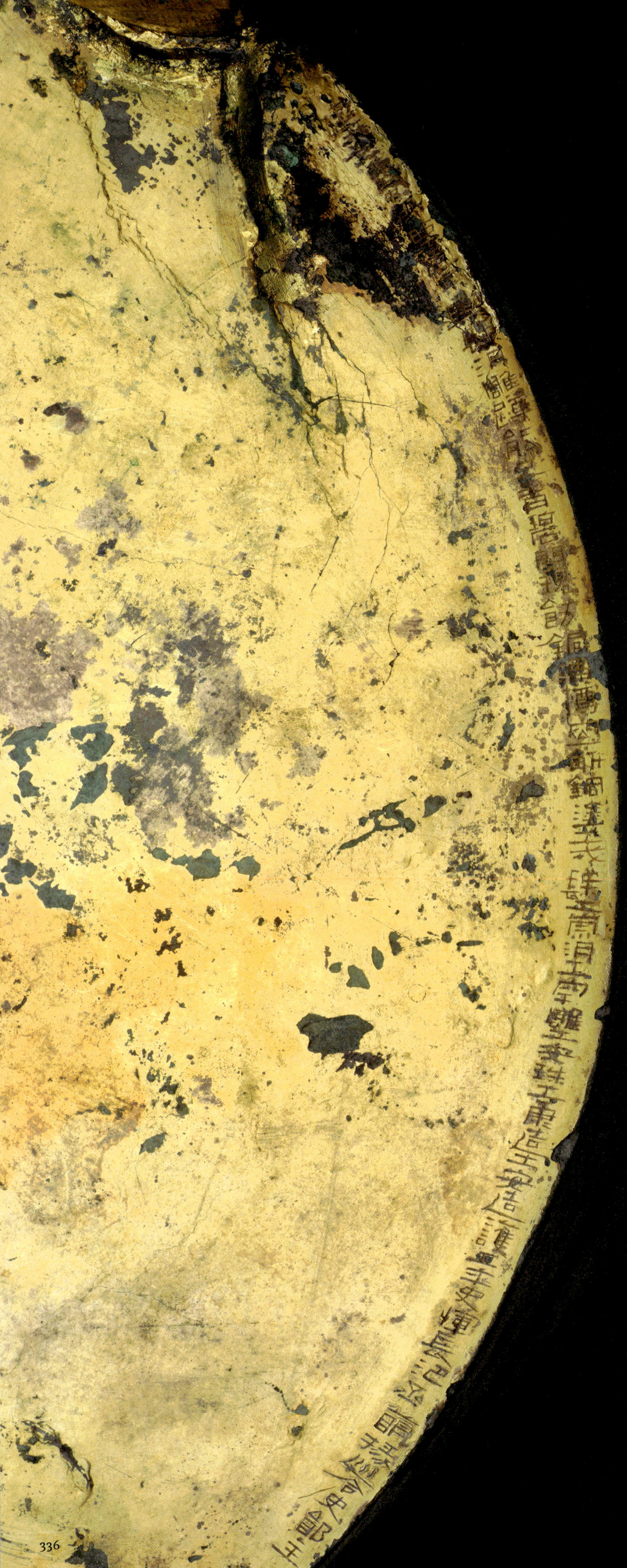

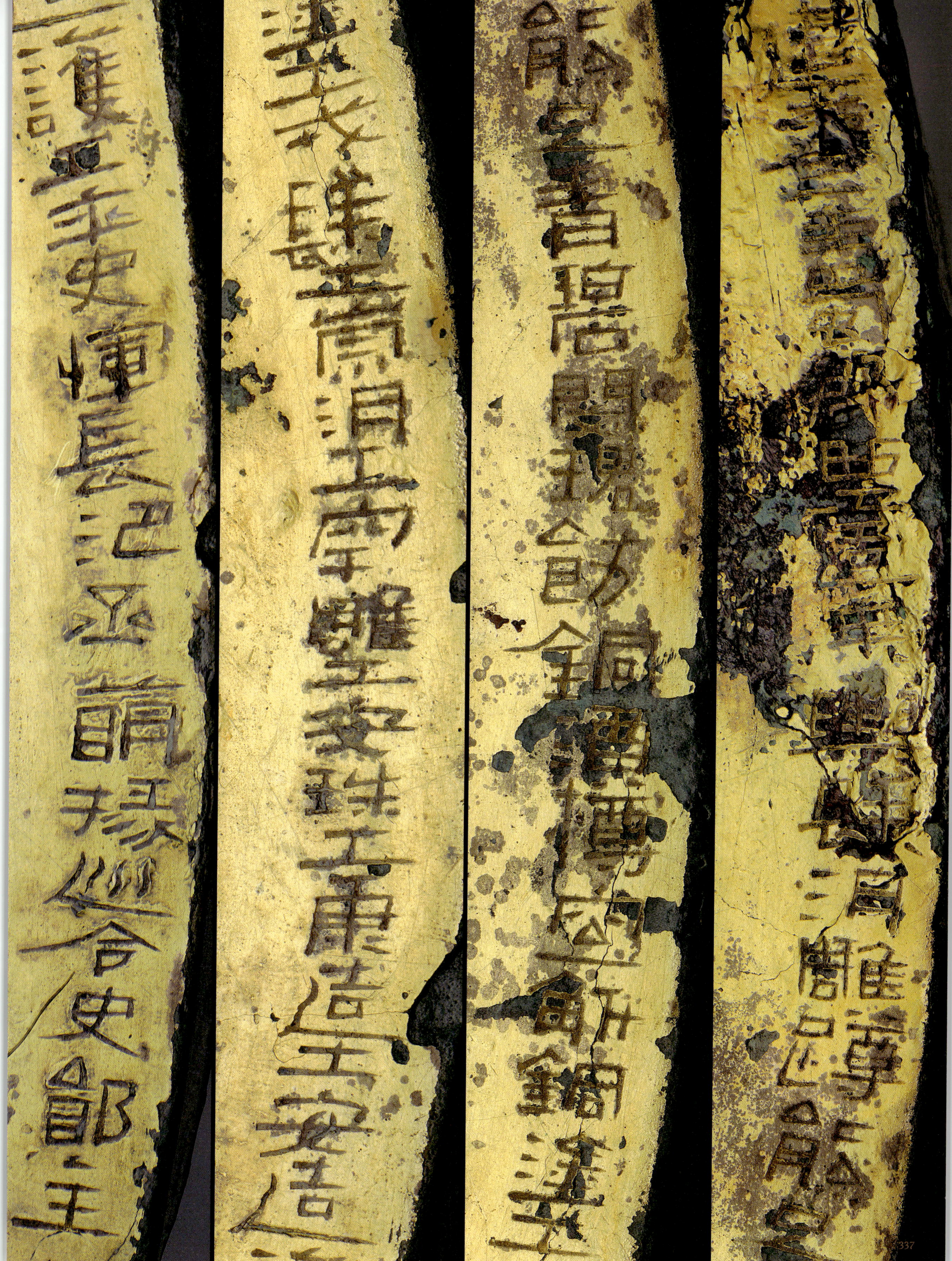

鹰座玉琮
西汉
涟水三里墩汉墓出土
南京博物院藏

四灵纹玉铺首
西汉
汉武帝茂陵陵园出土
茂陵博物馆藏

玉兽首衔璧
西汉
广州象岗南越王墓出土
南越王博物院藏

镶玉鎏金铜铺首
西汉
中山靖王刘胜墓出土
河北博物院藏

玉铺首
西汉
徐州火山刘和墓出土
徐州博物馆藏

鎏金铜铺首衔环
西汉
徐州驮篮山楚王墓出土
徐州博物馆藏

铜锺
西汉
徐州羊鬼山五号陪葬坑出土
徐州博物馆藏

器物描述

良渚博物院（良渚研究院）　王加点

此次展览主题“宜子孙”，取自于扬州出土的一件出廓璧，是汉代社会流行的吉语，类似的表述还有“长宜子孙”“大宜子孙”等，出现在玉器、铜镜、瓦当、墓砖甚至是丝织品上，是汉代公共愿望的表现[1]，也与当时强盛宗族实力的“子孙充实”的观念有关[2]。汉代器物上大量出现的吉语，也是汉代代表性的艺术形式。

[1] 白云翔 . 汉代人的幸福观及其表达之考古学管窥 [J]. 江汉考古 ,2022,(06):94-103.
[2] 王子今 . 秦汉社会的“宜子孙”意识 [J]. 秦汉研究 ,2007,(00):18-36.

“宜子孙”出廓璧

东汉
高 9 厘米，直径 7 厘米，厚 0.4 厘米
邗江县甘泉老虎墩墓出土
扬州博物馆藏

青白玉，表面部分有白色和灰色，双面透雕，肉上装饰有对称的螭龙，螭龙之间雕刻“子”“孙”二字，龙身上装饰有圆圈纹，璧外出廓，出廓装饰一只回首凤鸟。凤鸟下雕一“宜”字，构思巧妙，具有较强的装饰性。“宜子孙”三字表面亦有细阴线。

战国晚期，出廓璧开始出现，吉语出廓璧则主要出现于东汉时期，目前考古发现最早的一件吉语璧为广西合浦 1 号墓出土的新莽时期“宜子孙日益昌”出廓璧。汉代的“宜子孙”璧对后世的影响极大，宋以后多有仿制，乾隆时期更是仿制了多件，只是将“宜子孙”改为了“长宜子孙”，文字或在出廓外或在廓内，是乾隆时期重要的仿古玉，常有“乾隆年制”款。[1]

[1] 徐琳 . 汉代玉器研究 [M]. 故宫出版社 ,2024.

“长宜子孙”双龙璜形玉佩

东汉
长 12.3 厘米，宽 4.2 厘米
寿县寿春镇计生服务站汉墓[1]出土（003385，Z:581）
安徽楚文化博物馆藏

白玉质，干净温润，半透明，有黄褐色沁斑，表面有白色“冬瓜霜”。佩呈璜形，双面对称透雕两回首龙，龙有长角，龙嘴衔透雕云气纹，其中透雕“长宜子孙”四字，龙身和云气用阴线精雕出嘴、眼、鼻、爪、鬃毛等细部纹饰。

[1] 墓主人可能为阜陵质王刘延。

“长宜子孙”连弧纹铜镜

东汉

直径 18.8 厘米，缘厚 0.5 厘米

徐州博物馆藏

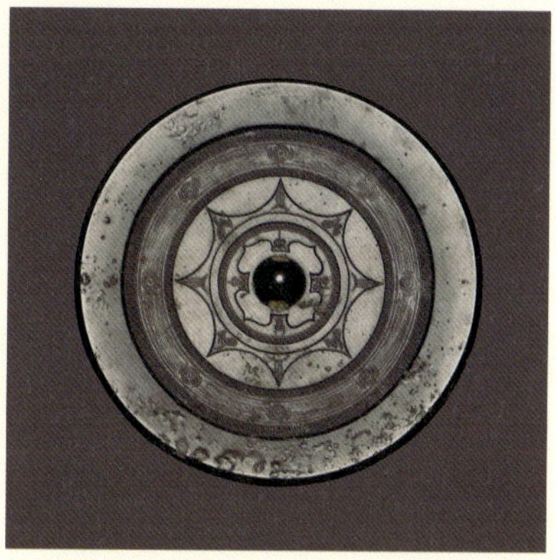

圆形，圆钮，柿蒂纹钮座，钮座间有“长宜子孙”铭文，钮座外饰短线及圈带各一周。内区为内向八连弧纹，弧间有花叶纹和变形山字纹。外区饰斜线纹，间饰涡纹，内外各饰短线二周。宽素平缘。

“长宜子孙”是最常见的汉镜铭文，汉镜铭文有广告意义，对“买者”的祝颂是市场诱惑的手段之一，这类铜镜是东汉铜镜的代表。

材质

玉人奔马

见第 411 页。

玉辟邪

见第 412 页。

玉鹰

见第 412 页。

龙凤谷纹出廓璧

见第 383 页。

镶玉鎏金铜铺首

见第 420 页。

S 形玉龙佩

见第 400 页。

S 形玉龙佩

见第 400 页。

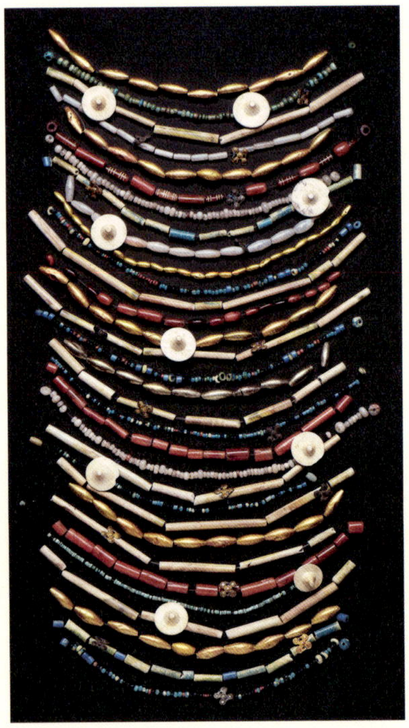

玉珠襦

西汉

复原长 40 厘米，宽 30 厘米

江川县李家山 47 号墓出土

李家山青铜器博物馆藏

这组珠襦为部分复原件，原物用数以万计的金、玉、玛瑙、绿松石、琉璃制作成的各种管、珠、扣等饰件，缝缀在一块白色帛布上，大致呈长方形，宛如用珠宝缝缀的“珠被”。由于帛布朽殁，出土时多已散乱。

田野观察显示，珠襦覆盖在主棺上，似两面缝缀，里面以蓝、红色琉璃珠、管为主，间少量金珠、泡、片等缝缀；外面则缝缀玉珠、管，玛瑙珠、管，绿松石珠、扣，间金珠、片饰、神兽形片饰等。珠襦覆盖在主棺上面，两侧向下卷曲，没有包裹下面。

枣核形珠：用薄金、银片剪成大小相适的小片，锻小片中部使其延展，卷曲成两端细、中间粗的枣核形珠，大小不等。

金银花形饰：五联圆泡，中一周四，呈四瓣花形。背面简易打磨，圆泡周围有一圈周弦纹，内铸小乳丁纹。

玉管：圆管状，中有穿孔，孔两面对穿，连通处略错位，孔径口大内小，长短、粗细不一。

玛瑙扣：圆片状，正面中部突起，打磨光滑。背面稍打磨，有打琢痕迹，斜钻双连小圆孔，互相连通，用以穿系，部分器形大的钻有二双连圆孔。

玛瑙管：圆形管状，中央钻穿孔。

玛瑙珠：扁圆球形或圆球形，中央钻穿孔，有的两端琢磨较少，呈短管状。

绿松石珠：数量巨大，包括管状珠、球形珠等，浅绿色，质地疏松。

蚀花石髓珠：肉红色或蜜色，半透明。均为一端稍细的圆柱状珠，中央穿一孔，两端截平，表面蚀多道弦纹状白色、乳白色平行条带状花纹，条纹上用笔涂描的痕迹清晰可见。条纹颜色局部浓淡不等，极少的地方几乎淡至无色。中央穿孔直，粗细较均，孔径大多很小。可能是由印度河流域传入。

琉璃珠：以木黄色石英细砂为主要原料烧成，也称“烧料”。火候高烧透的有浅蓝、深蓝、红和极少数深棕色。火候不匀的常见蓝白、米黄色斑驳。缝缀在“珠襦”上，分布面大，数量多，但火候低的居多。器形大多为扁圆球形，少数为圆环和短管状。大小不一。这种琉璃珠与长沙战国墓中发现的做法相同，应是由中原地区传入云南的。[1]

[1] 云南省文物考古研究所，玉溪市文物管理所，江川县文化局．江川李家山：第二次发掘报告 [M]. 文物出版社，2007:14.

◎珠饰

珠饰，体积小，便于携带。玻璃、玛瑙、玉髓、水晶、石榴石、绿柱石、绿松石……这类材料在汉代的各个地区均有分布，但是受到海上丝绸之路开辟的影响，广西合浦、广东广州作为汉代海上丝绸之路的两个重要港口，集中出土了大量的珠饰材料。从发掘材料来看，西汉前期，多材料的珠饰是只有少数王公贵族才能享用的奢侈品。汉武帝正式开通海上丝绸之路之后，珠饰在上层社会流行开来；东汉时期，随着珠饰需求的稳定增长，本地模仿制作珠饰的体量逐渐增大，珠饰的使用更为广泛。

此次收录的 6 套广州出土的珠饰，包含大量的玻璃制品。根据之前的检测结果，广州汉代玻璃珠包含铅钡玻璃、铅玻璃、钾玻璃、钠钙玻璃、钠铝玻璃、钾铅玻璃和混合碱玻璃等 7 种成分体系。铅钡玻璃与铅玻璃学术界公认为我国自制，广州出土的这类玻璃珠可能从湖南或中原传入，也有可能在广州本地制造。钾玻璃包含低铝高钙、中等钙铝、低钙高铝 3 种类型，以中等钙铝型钾玻璃数量最多，低钙高铝型钾玻璃数量亦不少，这两种类型的钾玻璃最早出现于西汉中期，东汉时大量增多，其部分源自南亚或东南亚，部分为交州自制；低铝高钙型钾玻璃仅发现一颗，其化学成分、器形与战国时期楚地常见的钾钙玻璃相似，推测产自湖北江陵地区。植物灰型钠铝玻璃、矿物碱型钠铝玻璃则可能来自于南亚地区；植物灰型钠钙玻璃和费昂斯可能来自西亚，泡碱型钠钙玻璃则主要来自地中海沿岸地区。混合碱玻璃与钾铅玻璃为技术吸收与发展的产品，多产地的可能性比较大。

在天然珠饰中，出土数量不多的透闪石软玉、绿松石、煤精珠饰，属中国传统玉石制品，基本为国内自产。琥珀原料可能多数来自缅甸，由岭南工匠在本地进行加工制作，但不排除原料来自地中海、波罗的海的可能性；玉髓类珠饰与海蓝宝绿柱石、石榴石等原料来自南亚，以广州宝玉石质珠饰中数量最多的红玉髓珠饰为例，其原料应该来自印度，但珠饰制作工艺存在差异，其制作地点可能不同。[1]

[1] 广州市文物考古研究院．广州出土汉代珠饰研究 [M]. 科学出版社，2020. 此书是全面系统研究区域性汉代珠饰的学术成果，包括研究综述、考古材料梳理、科技分析、材料检测、产地与风格各个方面，以下各类详细数据均整理自这本研究报告，供读者参考。

水晶玛瑙红绿玉髓石榴石玻璃珠串

西汉

广州先烈路广州市委党校 M2 出土（2010GXDM2:076）

广州市文物考古研究院（南汉二陵博物馆）藏

1 串 49 颗。

水晶珠 1 颗。无色，透明，圆形，完整。长 6.24 毫米，直径 6.71 毫米，孔径 1.04—1.13 毫米，重 0.41 克。单面钻孔。

玛瑙珠 3 颗。褐色、黑色间白带，橄形，一端底面有磨损。最重 4.91 克。最大长 37.33 毫米，直径 9.75 毫米，孔径 2.08—2.28 毫米；最小长 26.4 毫米，直径 8.22 毫米，孔径 1.6 毫米。等长对钻。

石榴石珠 26 颗。紫色，不透明，圆形，部分裂损。最重 1.14 克，最轻 0.28 克。最大长 8.0 毫米，直径 8.18 毫米，孔径 1.45—1.78 毫米；最小长 4.85 毫米，直径 5.5 毫米，孔径 1.4—1.46 毫米。单面钻孔。

红玉髓珠 7 颗。红色，半透明，有深红斑纹，六方双锥形，一端微损，1 颗。长 26.2 毫米，直径 9.18 毫米，孔径 1.26—1.46 毫米，重 3.21 克。圆孔。红色、橘红色，半透明，圆形，完整，5 颗。最重 1.31 克，最轻 0.28 克。最大长 9.56 毫米，直径 9.95 毫米，孔径 1.34—1.75 毫米；最小长 5.72 毫米，直径 5.94 毫米，孔径 1.29—1.44 毫米。单面钻孔。橘红色，半透明，橄形，完整，1 颗。长 12.23 毫米，直径 5.16 毫米，孔径 1.3—1.52 毫米，重 0.49 克。一长一短对钻。

绿玉髓珠 1 颗。淡绿色，半透明，圆柱形，完整。长 16.77 毫米，直径 6.05 毫米，孔径 1.76—1.98 毫米，重 1.05 克。一长一短对钻。

玻璃珠 11 颗。红色，不透明，圆形，完整。最重 0.34 克。最大长 6.04 毫米，直径 7.0 毫米，孔径 2.4 毫米；最小长 5.04 毫米，直径 6.22 毫米，孔径 1.97—2.35 毫米。

水晶绿柱石琥珀玻璃珠串

东汉

广州番禺小谷围港尾岗 M8 出土（2003GXBGM8:003）

广州市文物考古研究院（南汉二陵博物馆）藏

1 串 101 颗。

水晶珠 2 颗。无色，透明，圆形，完整。长 12.53 毫米，直径 12.45 毫米，孔径 1.42—1.75 毫米，重 2.64 克。单面钻孔。

绿柱石珠 3 颗。即海蓝宝。无色，透明，1 颗。淡绿色，透明，2 颗。不规则四棱柱形，完整。最重 0.21 克，最轻 0.13 克。最大长 6.91 毫米，直径 5.01 毫米，孔径 0.74—1.03 毫米；最小长 5.74 毫米，直径 3.81 毫米，孔径 0.41—0.70 毫米。双面钻孔，穿孔形状为圆柱形，穿孔内部同心圆摩擦痕清晰可见。表面抛光程度高、光滑、透明度高。

琥珀珠 3 颗。褐色，六方双锥形，1 颗残半，2 颗残一角。最重 0.31 克，最轻 0.21 克。最大长 11.16 毫米，宽 7.48 毫米，厚 5.77 毫米，孔径 1.93 毫米；最小残长 9.88 毫米，直径 6.11 毫米，孔径 1.58 毫米。

红玉髓珠 14 颗。橙色，透明，六方双锥形，1 颗，完整。长 11.7 毫米，直径 5.28 毫米，孔径 0.74—1.24 毫米，重 0.56 克。一长一短对钻，短的孔径较大。橙红色、红色，半透明，有杂质，10 颗，圆形，完整。最重 1.27 克，最轻 0.11 克。最大长 9.82 毫米，直径 9.89 毫米，孔径 1.18 毫米；最小长 4.43 毫米，直径 4.46 毫米，孔径 0.58 毫米。单钻圆孔。橙色，透明，橄形，2 颗，完整。一颗长19.74毫米，直径8.61毫米，孔径1.01毫米，重1.95克；另一颗长14.84毫米，直径7.51毫米，孔径1.11毫米，重1.17克。一长一短对钻。橙红色，透明，扁菱形，1颗，完整。长12.64毫米，宽8.2毫米，孔径1.01毫米，重0.59克。一长一短对钻。

各色玻璃珠79颗。黄色，不透明，50颗，圆形，完整。最重0.21克，最轻0.08克。最大长5.1毫米，直径4.7毫米，孔径1.13毫米；最小长2.97毫米，直径4.49毫米，孔径1.61毫米。为钾铅玻璃。红色，不透明，25颗，圆形，完整。最重0.12克，最轻0.04克。最大长4.76毫米，直径5.73毫米，孔径1.95毫米；最小长2.93毫米，直径3.7毫米，孔径1.28毫米。为中等钙铝型钾玻璃。显微镜下观察，这类红珠主要采用拉制工艺制作。拉直过程中，玻璃体在半熔融状态下被拉伸，冷却后会在珠体表面留下平行于穿孔的条纹。穿孔内部光滑，无任何摩擦痕迹，说明孔为预制孔，而非后期人工钻孔。蓝色，半透明，1颗，圆形，完整。长3.48毫米，直径4.95毫米，孔径1.09—1.36毫米，重0.1克。为低钙高铝型钾玻璃。绿色，不透明，1颗，圆形，残缺。条带纹玻璃珠，黑紫色，竖白条纹，半透明，2颗。小的1颗表面均匀分布4道白色竖条纹，条纹略倾斜；稍大1颗饰3道白色竖条纹，圆形，完整。最重0.69克，最轻0.59克。最大长8.65毫米，直径8.76毫米，孔径3.12毫米；最小长7.86毫米，直径7.91毫米，孔径1.96毫米。检测基体和条纹均为低钙高铝型钾玻璃。条带纹珠在深色珠体表面饰有浅色条带，有的条带与穿孔平行。这类玻璃珠在公元前300年至公元100年的印度阿蓝车多罗遗址中发现，蓝色的玻璃芯外装饰有红、白、黑各色玻璃组成的条纹带；相似的玻璃珠在印度恒河流域广泛分布；东南亚地区也发现有大量条带纹玻璃珠，伊朗发现有罗马时期的横条纹玻璃珠，推测此类玻璃珠饰的产地应在南亚及东南亚地区，部分产自西亚。

红玉髓玻璃珠串

东汉

广州官洲岛两座山M1出土（2006GG两座山M1:007）

广州市文物考古研究院（南汉二陵博物馆）藏

1串25颗。

红玉髓珠2颗。一颗为红色，半透明，有红、黑色块状杂质，圆形，表面坑洼凹凸。长7.59毫米，直径7.68毫米，孔径1.22毫米，重0.63克。竖直圆孔单钻。另一颗为不规则圆形。长6.19毫米，直径7.18毫米，孔径1.15—1.38毫米，重0.43克。一端漏斗状钻孔，一端直钻。

玻璃珠23颗。红色，不透明，圆形，完整，12颗。最重0.47克，最轻0.02克。最大长5.54毫米，直径8.08毫米，孔径1.99毫米；最小长1.7毫米，直径2.76毫米，孔径1.23毫米。蓝色，半透明，圆形，完整，6颗。最重0.08克，最轻0.06克。最大长3.12毫米，直径4.54毫米，孔径1.5毫米；最小长2.09毫米，直径4.57毫米，孔径1.55毫米。淡蓝色，透明，六方双锥形，完整，2颗。长9.17毫米，直径8.69毫米，孔径1.02毫米，重0.54克。深蓝色，透明，六方双锥形，完整，1颗。长10.06毫米，直径9.17毫米，孔径1.09毫米，重0.68克。蓝色，半透明，六棱柱形，完整，1颗。长14.51毫米，宽13.87毫米，厚11.33毫米，孔径1.01毫米，重3.51克。深蓝色，透明，扁五棱柱形，完整，1颗。长15.31毫米，直径7.57毫米，孔径1.59毫米，重1.34克。竖穿孔，穿孔周围无明显钻孔痕迹，穿孔所在底面和顶面不平整，球体表面有孔径平行的竖条纹，疑似拉制痕迹。

琥珀玛瑙红玉髓玻璃金珠串

西汉

广州恒福路银行疗养院工地 M46 出土（2004BHM46:143）

广州市文物考古研究院（南汉二陵博物馆）藏

1 串 14 颗。

金珠 2 颗。黄色，算珠形，完整。一颗长 6.51 毫米，直径 6.25 毫米，孔径 1.16 毫米，重 0.58 克；另一颗长 6.91 毫米，直径 8.35 毫米，孔径 1.48—1.74 毫米，重 0.68 克。圆孔。含金量分别为 96.37%、94.4%。

玛瑙珠 1 颗。褐色，不透明，间隔不透明白带，榄形，完整。长 10.54 毫米，直径 4.28 毫米，孔径 0.96—1.54 毫米，重 0.32 克。圆孔。

玻璃珠 3 颗。墨绿色，透明，五方双锥形，1 颗，表面有磕碰痕迹。长 17.95 毫米，直径 5.9 毫米，孔径 1.79 毫米，重 0.59 克。竖穿圆孔，穿孔形制规整，经检测为中等钙铝型钾玻璃。灰黄色，不透明，瓜棱形，2 颗，完整。一颗长 6 毫米，宽 7 毫米，孔径 1.45 毫米，重 0.43 克；另一颗长 6.15 毫米，宽 6.15 毫米，孔径 1.29 毫米，重 0.32 克。

红玉髓珠 7 颗。其中 6 颗为素面磨光，1 颗表面蚀刻三条均等间距的白带。橘红色，透明，有深红条带纹理，榄形，3 颗，完整。最重 1.14 克，最轻 0.38 克。最大长 19.62 毫米，直径 6.86 毫米，孔径 0.93—1.12 毫米；最小长 14.39 毫米，直径 4.36 毫米，孔径 1.26 毫米。一长一短对钻。橘红色，透明，有纹理，六方双锥形，2 颗，完整。一颗长 17.29 毫米，直径 5.9 毫米，孔径 1.51 毫米，重 0.84 克；另一颗长 15.7 毫米，直径 5.08 毫米，孔径 1.24—1.43 毫米，重 0.50 克。一长一短对钻。红色，不透明，算珠形，1 颗，完整。长 8.65 毫米，直径 9.84 毫米，孔径 1.21—1.85 毫米，重 0.90 克。圆孔。

蚀花红玉髓珠，红色，不透明，蚀刻三条白带，圆柱形，1 颗，完整。长 14.09 毫米，直径 6.0 毫米，孔径 1.38 毫米，重 0.89 克。圆孔。蚀花珠制作工艺起源于印度河谷哈拉帕文明（公元前 2600 年至前 1900 年），而后向外传播。印度北部哈拉帕文明时期的塔克西拉遗址出土了大量的蚀花的红玉髓和玛瑙珠。目前学术界倾向认为，中国出土的蚀花红玉髓珠均来自域外。新疆及中原地区出土的蚀花珠，传入时间早，可能通过陆上丝绸之路从西亚、印度传入，云南两广地区传入时间稍晚。云南出土的蚀花珠可能直接经由越南传入，也可能是经由“西夷道”从印度经缅甸传入。两广地区的蚀花珠从海路输入的可能性较大。

琥珀狮形 1 颗，完整。长 15.54 毫米，宽 11.3 毫米，高 12.18 毫米，孔径 1.32—1.51 毫米，重 1.19 克。横穿孔。黑红色，有油脂光泽。整体呈蹲踞状，头部看向其身体左侧，一划勾勒出耳孔、瞳孔，十字交叉的两划勾勒出鼻子、两腮、嘴的特征，前腿前卧，爪子阴刻三划；后腿之间以两条阴刻线条中间的隆起表示尾巴。身体各部位刻画鲜明，技艺纯熟。琥珀是树脂经过地质作用而形成的有机混合物。

玻璃珠串

东汉

广州永福路永福大厦工地 M4 出土（98YM4:040）

广州市文物考古研究院（南汉二陵博物馆）藏

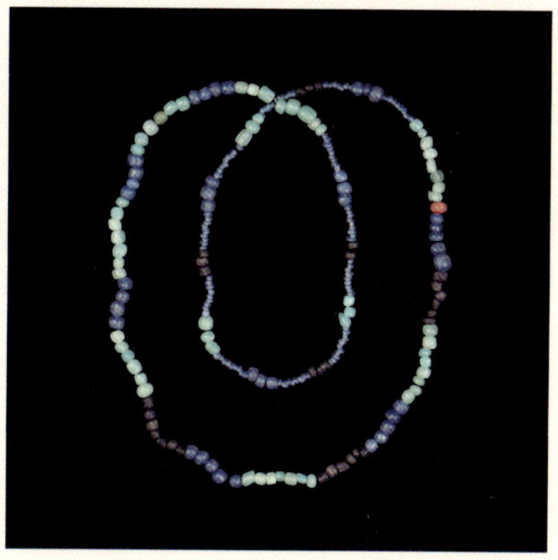

1 串 237 颗。玻璃小珠，蓝色，109 颗，半透明，圆形，完整。玻璃珠，蓝色，39 颗，半透明，圆形，完整。最重 0.30 克，最轻 0.04 克。最大长 5.8 毫米，直径 6.51 毫米，孔径 2.68 毫米；最小长 2.31 毫米，直径 3.69 毫米，孔径 1.23 毫米。玻璃珠，绿色，不透明，59 颗。最重 0.29 克，最轻 0.04 克。最大长 6.31 毫米，直径 5.93 毫米，孔径 1.85 毫米；最小长 2.79 毫米，直径 3.83 毫米，孔径 1.49—1.6 毫米。玻璃珠，红色，不透明，1 颗。长 4.58 毫米，直径 5.98 毫米，孔径 1.41 毫米，重 2.23 克。玻璃珠，黑色，不透明，29 颗。最重 0.16 克，最轻 0.06 克。最大长 4.09 毫米，直径 5.61 毫米，孔径 1.66 毫米；最小长 3.67 毫米，直径 3.47 毫米，孔径 1.44 毫米。

玻璃珠串

东汉

广州恒福路银行疗养院工地 M38 出土（2004BHM38:027）

广州市文物考古研究院（南汉二陵博物馆）藏

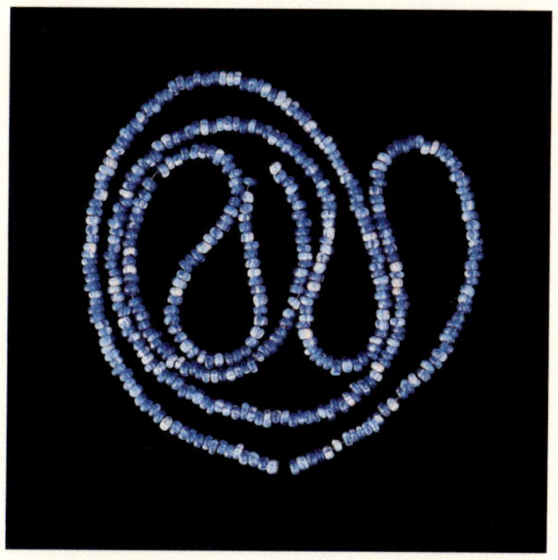

1 串 443 颗。玻璃珠，深蓝色，半透明，圆形或扁圆形。最重 0.07 克，最轻 0.04 克。最大长 3 毫米，直径 4.08 毫米，孔径 2.13—2.28 毫米；最小长 2.05 毫米，直径 4.2 毫米，孔径 2.23—2.35 毫米。

玉串饰

西汉

长 1.5 厘米，宽 1.5 厘米

徐州黑头山 M1 出土（M1:39）

徐州博物馆藏

白玉质，其形状似由 4 个椭圆形的蛋连成环，侧面有一圆孔贯穿。该玉饰与 3 枚“刘慎”玉印同出，原来可能是与玉印串联在一起的。

串饰件

西汉

①水晶：直径 1.1 厘米；②玉片：直径 0.9 厘米；③玛瑙：长 1.8 厘米，宽 0.4—0.8 厘米

徐州黑头山 M1 出土（M1:43）

徐州博物馆藏

由水晶珠、玛瑙片和小玉片组成。其中，水晶珠呈扁圆形抹角，中心有一圆穿贯通上下。玛瑙片为长条梯形，上有天然的红、黑色纹理，其窄端侧面贯穿一小孔。玉片，圆形，比水晶珠扁薄，表面有茶色沁，中心有不规则的穿孔。从出土位置看，应戴在女性墓主人手腕上。

玛瑙环

西汉

外径 4 厘米，内径 2.2 厘米

徐州博物馆藏

环体内厚而外薄，内缘抹角，平素无纹饰。

琉璃耳珰

西汉

高 1.7—2 厘米，直径 1.1—1.5 厘米，重 8.9 克

徐州博物馆藏

深蓝色，束腰喇叭口形，一头大一头小，中间有穿孔。

琉璃耳珰主要呈各种蓝色，半透明或透明。耳珰的制作通常采用模铸法，使用一次性的陶制模具，在压模成形后，打开模具，取出耳珰，然后进行磨平、抛光。广州 2006GG 两座山 M1 东汉墓出土有类似形制的耳珰（004、005），经检测为中等钙铝型钾玻璃，可作参考。

绿玻璃珠

东汉

长 0.9 厘米，直径 0.6 厘米，重 0.4 克

徐州拉犁山 M1 出土

徐州博物馆藏

椭圆形，两侧有贯穿孔，内部有气泡。

圆水晶饰

东汉

①圆形：直径 1.9 厘米，厚 0.35 厘米；②椭圆形：长 1 厘米，宽 0.8 厘米，重 2.5 克

徐州博物馆藏

两件分别为圆形和椭圆形，背面平，可能作为器物的镶嵌件。

绿松石子母有翼卧兽

见 409 页。

绿松石子母鸽

见 409 页。

动物纹玉嵌饰

见 370 页。

绿松石龟形佩

西汉

长 0.8 厘米，宽 0.4 厘米，高 0.4 厘米

咸阳渭城龚家湾汉墓出土（103）

咸阳博物院藏

龟探头昂首，背部拱起，呈行走状，腹部对钻一横向穿孔，通体抛光。

工艺

嵌玉漆罐

西汉

口径 8.5 厘米，高 16.7 厘米，腹径 18.9 厘米

巢湖北山头一号墓出土（BM1:15）

巢湖市博物馆藏

该器物出土于墓室北边厢东头。直口，平沿，方唇，弧肩，鼓腹，平底，矮圈足。外髹黑漆，内髹红漆。口颈与圈足部以铜铸成后安装在木胎上，铜扣的表面均以细线刻琢四组正反相对的八只凤鸟纹，鸟首相对，鸟尾相接，并填金箔，外套水晶环。上肩部和近底部各镶嵌银带装饰一周，并等距离点缀八只半球形蓝色料珠。肩部对称镶嵌有玉质铺首，铺首带环。铺首两侧共镶嵌有 6 块桃心形琉璃饰，上有点状装饰，相对应的下腹部镶嵌有 8 块相同的桃心形琉璃饰。腹部最大径镶嵌有一周金带，金带上嵌有 8 颗料珠，金带上下嵌桃心形玉片，玉片内减地浮雕盘绕的凤鸟纹饰，圆眼尖喙，头上有冠，尾部分歧。通体髹漆，蓝色琉璃桃心片外用红漆勾勒出外轮廓，红漆上有黑漆绘出的“须”，两块玉片中间勾勒有水母状饰。这件漆罐集金、银、铜、玉、水晶、料器装饰于一身，制作精良，尤为华丽，具有极高的艺术价值。满城汉墓出土有一件镶绿色琉璃铜壶，装饰风格与这件漆罐较为相似[1]，传洛阳金村也出土有类似的铜壶，可作参照。

镶绿色琉璃铜壶　中山靖王刘胜墓出土

[1]　中国社会科学院考古研究所，河北省文物管理处．满城汉墓发掘报告（上）[M]．文物出版社，1980:39-41.

朱雀衔环卮

西汉

高 13.1 厘米，口径 7.91 厘米，底径 7.4 厘米，壁厚 0.3 厘米，足高 1.2 厘米

巢湖北山头一号墓出土（BM1:16）

巢湖市博物馆藏

无盖，青白玉，局部有灰褐色斑点。器物作筒状，直口，平沿，三矮足。该墓葬共出土有 2 件玉卮，另一件玉卮有盖。雕刻技艺以这件为精，融合了线刻、高浮雕、浅浮雕、掏堂、活环等多项工艺技术，是不可多得的汉代玉器精品。

该卮一侧用高浮雕的手法，雕刻一朱雀站立在螭虎身上，朱雀昂首，口衔绞丝环，双目圆睁，两翅作欲飞状，与杯身相连。双足直立，爪部擒住螭虎的腰背部。长尾一分为二，尾羽内卷形成两个方形挂棱。螭虎作行走状，头侧昂，张口露齿，一足抬起，攀伏在器壁上，长尾弯曲。

与北山头一号墓发掘地点相近的放王岗一号墓，出土有一件铜朱雀饰，形象与这件玉卮上的玉鸟基本一致。另一件与这一朱雀形象相似的器物，则是满城汉墓出土的铜朱雀衔环杯，同样也是朱雀踏虎的结构。安徽境内因其特殊的地理环境，汉文化可以说是直接继承并发展楚文化而来的，而对于朱雀踏虎的组合，还可以联想到战国时期楚墓出土的一类典型器物——虎座鸟架鼓，一般是两只连尾凤鸟立于两只相背卧（或站立）的虎背上，凤鸟形体高大，伸颈展翅欲飞，而两只虎则蜷伏于凤爪之下，凤鸟与虎上下两种形体的大小差异形成鲜明对比，以表明楚人崇尚凤鸟的民族心理。[1] 另外，对于朱雀分羽的装饰系统，可能沿袭自青铜器上凤鸟尾羽的处理方式。

与朱雀相对的另一侧，环状把手上装饰有一矫健的玉熊。头顶鬃毛上卷，两只前足，一足上举抓住鬃毛，一足抱于腹部，两后足一只前屈一只后伸，长尾亦向内卷起。

口沿下、腹中部和近底部分别雕琢三周带状纹。上部为变形兽面纹，中部饰卧云纹，近底部刻三只站立的长尾四首凤鸟。杯身主体装饰勾连云纹。三矮足面如牛头形，头部上端是水滴形装饰，两角尖向内卷，圆睁双目，短鼻。底部纹饰均为线刻，中间为一圈卷云纹，边缘饰菱形纹和三角纹。整器造型别致，构图奇巧，刻工极为精细。

铜朱雀衔环杯 满城汉墓出土

虎座鸟架鼓 湖北省博物馆藏

[1] 何佳．再释虎座凤鸟架鼓 [J]. 湖南省博物馆馆刊 ,2020,(00):205-217.

错金银嵌宝石铜镇

西汉

底径 4.6 厘米，高 3.1 厘米

盱眙县大云山汉墓（M2）[1] 出土（M2:33）

南京博物院藏

出土于主室南边厢内，4 件一组，造型、纹饰基本相同，底部各刻有铭文“甲”“乙”“丙”“丁”。整体造型为两只豹缠斗在一起，一只豹伸爪按住另一只豹，并嘶咬它的腹部，另一只豹张口嘶鸣。表面通体饰错金银纹饰，豹眼珠嵌圆形，额嵌竖长形红玛瑙，眉、颈嵌绿松石，身嵌圆形、半圆形和水滴形红、黄玛瑙及绿松石等。

[1] 墓主人应为江都王后。

嵌玉马蹄金

西汉

长 5.8 厘米，宽 4.7 厘米，高 3.7 厘米

定州八角廊汉墓 [1] 出土（M40:282）

河北省文物考古研究院藏

马蹄形，金质，顶面镶嵌有白玉，南昌海昏侯墓中出土有内部中空的马蹄金，金口处有四个对角分布的楔形榫头，其工艺应是在泥芯上提前戳印出楔形凹坑，在马蹄金铸造时同时成形，作为覆盖在马蹄金口部玉片的支撑物 [2]，可作这类器物嵌玉方式的参照。上部边缘装饰从上至下分别为

[1] 墓主推测为中山怀王刘修。

[2] 杨君．马蹄金和麟趾金考辨 [J]. 中国钱币，2017，(03):3-13.

赶珠丝、赶珠丝环、赶珠丝和码丝，采用了花丝工艺中的掐、攒、填、焊的技法[1]。蹄面饰四条平行波浪纹。底部一侧浅刻“三”。

马蹄金的制作与汉武帝有关，《汉书·武帝纪》记载：“三月，诏曰：‘有司议曰，往者朕郊见上帝，西登陇首，获白麟以馈宗庙，渥洼水出天马，泰山见黄金，宜改故名。今更黄金为麟趾褭蹏以协瑞焉。’因以班赐诸侯王。”研究者认为，结合文献材料，“蹏”是“蹄”的异写，而“褭”是一天可以跑一万五千里的神马，有祥瑞的属性，不是普通的马，因此“马蹄金”，应为“褭蹏金”[2]，而这一器物的制作，应与汉代的神仙信仰密切相关[3]。

[1] 杨一一，管理，李文欢，等．西汉废帝海昏侯刘贺墓出土马蹄金、麟趾金花丝纹样的制作工艺研究 [J]. 南方文物，2018，(02):102-107.

[2] 辛德勇．所谓“马蹄金”的名称与战国秦汉间金币形制的演变 [J]. 文史，2018，(03):21-60.

[3] 韦正．马蹄金、麟趾金与汉代神仙信仰 [J]. 南方文物，2017，(01):105-111.

龙形玉环

见 397 页。

玉辟邪

见 414 页。

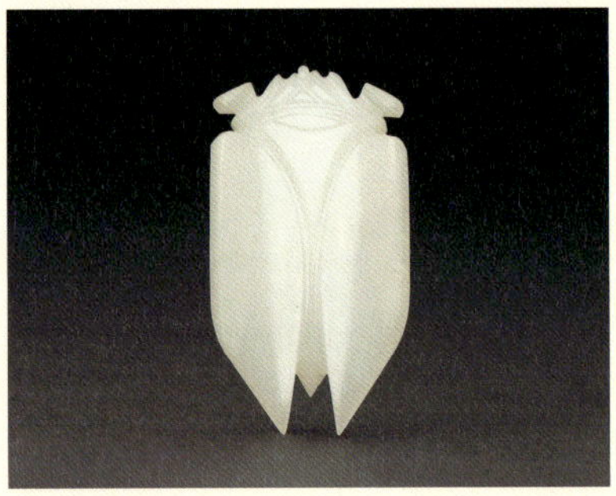

玉蝉

见 379 页。

玉剑珌

见 390 页。

玉剑珌

见 389 页。

龙形玉环

见 398 页。

动物纹玉嵌饰

西汉

直径 5.5—5.9 厘米，厚 0.42 厘米

长沙象鼻嘴一号墓[1]出土

湖南博物院藏

灰白色，局部受沁有黑褐色斑块。扁体略呈椭圆形，正面中央镶嵌一圆形绿松石，绿松石外琢

[1] 墓主推测为长沙靖王吴著或长沙定王刘发。

刻有一圈水滴形纹样装饰，外圈是汉代透雕工艺的代表，左右两边装饰有凤鸟，上下雕有圆耳尖脸蹲踞的兽，可能是熊，缠绕的云纹中间或出现兽脸，单面工。背面有一短柱，推测作为剑首使用。[1]

[1] 喻燕姣．湖南出土玉器研究 [M]. 岳麓书社 ,2013:216.

玉羊

西汉

长 4.5 厘米，高 3.7 厘米，厚 1.6 厘米

西安大白杨汉墓出土

西安市文物交流中心藏

白玉，圆雕。呈卧姿，昂首，双耳后立，头部有双角，脖颈和前胸凸起并刻画出毛发，右前腿折叠呈跪姿，其余压在腹下，短尾。线刻线条稍显杂乱。

玉熊

见 412 页。

玉兽首衔璧

见 419 页。

玉铺首

见 420 页。

改制·龙形玉饰

西汉晚期

长 5.59 厘米，宽 5.58 厘米，高 8.9 厘米

南昌海昏侯刘贺墓出土（M1:1483-1）

南昌汉代海昏侯国遗址博物馆藏

出土时套于青铜杵上。白玉，有浅褐色沁。龙首前伸，圆眼，下颌上翘，上颌外卷，闭口；龙身竖直，两侧出钩形翼，翼饰羽鳞状纹，背出一素面拱形横穿孔钮；龙尾盘旋呈筒形。龙通身表面浅浮雕蟠虺纹。从上向下俯视，外轮廓呈正方形，拱形钮亦位于正方形棱角处，内壁呈圆形曲面，总体呈内圆外方之态，近底部向内略收，应为早期高体玉琮改制而成，改制年代最迟不晚于战国早期。[1]有关春秋末期至战国早期的改制龙形玉饰，其共同特点是龙头较小，一字角，卷凸鼻，闭口，龙身满饰蟠虺纹。

[1] 李双君，薛万琪，蔡冰清，等．江西南昌西汉海昏侯刘贺墓出土玉器 [J]. 文物 ,2018,(11):57-72.

符信

◎印

玺、印是标识信用的器物，其上刻有表示人、家族、官职、机构的名称、徽记或符号，可以通过简单的动作，把文字、符号印制到其他物件上。目前国内考古发现最早的一件“印”出土于商代晚期妇好墓。春秋战国时期，诸侯国林立，战事和外交活动频繁，各国任命官吏、政治活动以及人际交往越来越离不开信物，而玺印作为国家、个人昭示信用的凭证，得以全面发展起来。

关于汉印的尺寸，根据文献记载，武帝诏令“通官印方寸大”，即汉代的官印尺寸是汉寸的一寸的大小，约等于现在的 2.3—2.4 厘米，此次收录的汉印大致都是这个尺寸。

汉代的官印主要有玉、金、银、铜四种质地，以螭虎、龟、鼻三种钮式为主，颁给少数民族的官印，钮式有蛇、驼等形式。而汉代的私印的钮式多样，既有与官印同类的龟，也有熊、虎、鹿、马、羊、辟邪等钮式。文字方面，除了缪篆外，还有将小篆美化为“鸟虫书”的书体，显示出私印制作活泼自由的风气。

“刘慎”螭虎钮玉印

西汉

印面长 2.3 厘米，宽 2.3 厘米，高 1.5 厘米

徐州黑头山 M1 出土（M1:37）

徐州博物馆藏

白玉，表面带褐色沁。螭虎呈盘曲状，头位于印的一角，立耳，圆睛，鼻凸起，嘴部稍残，虎爪平放，尾巴蜷曲于身侧。虎背上有一桥形穿，顶面阴刻菱格纹。印台方形，一边稍有抹角。印面右侧内凹，外框凸起与印面平，阴刻篆书“刘”字，左侧于印面上直接阴刻篆书“慎”字。同墓葬共出土有三枚玉印，均为墓主人的私印。

“刘慎”双面玉印

西汉

印面长 1.5 厘米，宽 1.5 厘米，高 0.7 厘米

徐州黑头山 M1 出土（M1:12）

徐州博物馆藏

白玉，方形，有孔贯穿，用于穿系，双面印文分别篆书“刘慎”“臣慎”，私印。

在双面印中，男性背面为“臣”加上名字，女性背面为“妾”加上名字。[1]

[1] 徐娟 . 徐州汉墓出土玉印的形制与性质 [J]. 湖南省博物馆馆刊，2012，(00):376-386.

“刘犯”鸟虫书玛瑙印

西汉

印面长 2.4 厘米，宽 2.4 厘米，高 1.7 厘米

徐州天齐汉墓出土

徐州博物馆藏

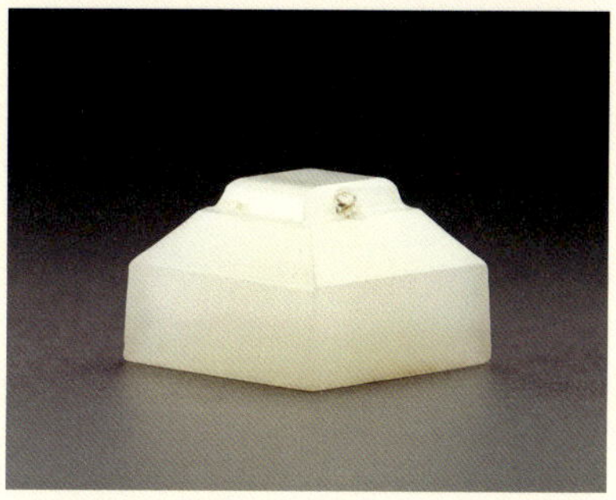

色白，温润。覆斗钮，正方形印面，阴文鸟虫书“刘犯”二字，为私印。鸟虫书印流行于两汉时期，在篆书字体的笔画上饰以鸟头、鱼身、虫形，结构上以虫形鸟迹屈曲盘结，集实用和审美为一体，有人将之看作篆书的美术体，在汉印中别具一格。[1]

[1] 方小壮 . 汉印 [M]. 上海书画出版社，2003:29.

螭虎钮方玉印

西汉

印面长 2.8 厘米，宽 2.8 厘米，高 2.3 厘米

中山靖王刘胜墓出土（1:5170）

河北博物院藏

方形，灰白色玉质。螭虎钮，四肢粗壮有力，长尾卷于腹下，无印文[1]。根据考古报告推测，此玉印可能原放置于棺床前的漆案上。

[1] 关于汉代无字印的讨论可参考：魏镇 . 汉墓随葬无字印研究 [J]. 故宫博物院院刊，2023，(05):72-83+128.

螭虎钮“帝印”玉印

西汉

印面长 2.3 厘米，宽 2.3 厘米，高 1.7 厘米

广州象岗南越王墓出土（D34）

南越王博物院藏

白玉，方形，螭虎钮。螭虎周围刻有云气纹衬托。印文篆书阴刻“帝印”二字。有边栏，有竖界。印台的四侧刻有 T 形云纹。

该印出土于主棺室之中。主棺室内共出土 9 枚金、玉玺印，出土时放置在玉衣上，于胸腹间自上而下分为 3 组，与这件玉印同组出土的还有一枚覆斗钮无字绿松石印和覆斗钮“赵昧”玉印。

南越王墓的西耳室出有“帝印”封泥 2 枚，比此玉印略小，且“帝”“印”二字结体亦有区别。封泥戳印的应该是另外一枚“帝印”。

羊钮玉印

西汉

印面长 1.5 厘米，宽 1.5 厘米，高 2 厘米

盱眙东阳 3 号墓出土

南京博物院藏

羊钮，方形印，雕琢简约，形象不失生动。羊身下穿有一孔，用于系挂。印面无文。轮廓圆润。

“楚都尉印”龟钮银印

西汉

印面长 2.3 厘米，宽 2.3 厘米，通高 1.7 厘米

徐州狮子山楚王墓出土

徐州博物馆藏

龟钮，龟首前伸略上昂，背部拱起，背上有四边形、五边形以象征龟壳。印台为方形，龟钮与印台间有一横穿孔，为武官官印。据《汉书·百官公卿表》记载，都尉由秦都尉而来。《汉官解诂》：“都尉将兵，副佐太守。言与太守俱受银印部符之任，为一郡副将，然俱主其武职，不预民事。”楚都尉应是楚国军事最高长官。

狮子山楚王墓所出近 200 枚印章皆为官印，绝大部分在盗洞和扰乱土中清出，少部分散布于西二侧室等室中，个别出于陪葬墓。显然这些官印原来是放置在木（漆）质箱内置于西二侧室，箱朽而无存，印章被盗墓者盗出，散弃于盗洞扰土中。[1]

[1] 王恺．狮子山楚王陵出土印章和封泥对研究西汉楚国建制及封域的意义 [J]. 文物，1998，(08):44-47.

“宛朐侯埶”[1]龟钮金印

西汉

印面长 2.3 厘米，宽 2.3 厘米，高 2.1 厘米

徐州簸箕山 M3 出土

徐州博物馆藏

金印出土于死者腰部略偏上。印为龟钮，先铸造成形后，经雕刻加工而成。龟首较小、稍外伸上昂，背部拱起，背上刻饰有由外向内相套含的六边形、五边形、四边形以象征龟甲，四肢挺立，爪形分明。印台为方形，四边略有外弧。龟钮与印台间有一圆形横穿孔，印文为白文篆书“宛朐侯埶”四字，笔势匀称，结体端正。汉代的官印一般刻官职，私印则是刻名字，而此印同时包含官职和名，在目前出土的汉代玺印中比较少见，应属私印，可能为陪葬而特制。[2]

[1] 汉书记载，刘埶为西汉楚元王刘交（第一代同姓楚王）之子，高祖刘邦之侄，景帝时被封为宛朐侯。宛朐故城在今山东菏泽西南。公元前 154 年，刘埶参与吴楚“七国之乱”，失败后国除。

[2] 中国国家博物馆，徐州博物馆．大汉楚王：徐州西汉楚王陵墓文物辑萃 [M]. 中国社会科学出版社，2005:64.

“彭城丞印”封泥

西汉

长 3.2 厘米，宽 2.2 厘米，厚 1.2 厘米

徐州狮子山楚王墓出土

徐州博物馆藏

封泥，也称作泥封，原料是经过淘洗的黏土，主要用于配合玺印封缄简牍，也会用于封缄竹笥、陶罐等实物，马王堆一号墓出土有用泥封封住的竹笥、陶罐。使用形式类似于我们现在的火漆印，很多封泥背后还有缄封之绳的印痕。

狮子山楚王墓出土的 80 多枚封泥，分别出于内墓道两侧的三间未被盗掘的耳室中，从出土情况看，当为楚王属下给楚王贡品的标识。[1] 封泥印面为方形，背后有缄封之绳留下的绳孔。《汉书·楚元王传》载：“汉六年，既废楚王信，分其地为二国，立贾为荆王，交为楚王，王薛郡、东海、彭城三十六县，先有功也。”狮子山楚王墓发掘出土官印和封泥属县有 19 种，彭城为其中一处。

[1] 王恺 . 狮子山楚王陵出土印章和封泥对研究西汉楚国建制及封域的意义 [J]. 文物，1998，(08):44-47.

铜封泥筩

西汉

通高 14.5 厘米，口径 5.5 厘米，圈足径 2.9 厘米，盖高 2.1 厘米

中山靖王刘胜墓出土（1:4273）

河北博物院藏

储存封泥的器物称作“封泥筩”。[1] 此件器物口大底小，直筒，矮足。盖似弧面形，作子口，盖顶有环钮，盖面施三圈凸弦纹。封泥筩通体饰方格图案花纹，筩身（包括底部）的图案以凤鸟为主题；盖面的图案以形象化的鸟纹为主题。口沿、圈足和盖缘、环钮、凸弦纹均加鎏金。器物上的装饰与同墓葬出土的铜椭圆形杯一致。[2]

铜椭圆形杯 满城汉墓出土

[1] 赵宠亮 . 也说泥筩 [J]. 东南文化，2014，(02):95-99.

[2] 中国社会科学院考古研究所，北京仪器厂工人理论组 . 满城汉墓 [M]. 文物出版社，1978:60.

千秋

◎玉枕

玉枕是汉代玉器的一类创新，徐琳将汉代玉枕一共分成四类：第一类是纯以玉雕琢的玉枕；第二类为板凳形玉枕；第三类为铜镶玉枕，此类玉枕出土较多，做工复杂；第四类玉枕器形复杂，总的来说是以玉片和玉条拼合成枕形，大多数为长方盒形 。[1]铜玉枕和玉枕以江苏徐州出土数量最多、类型最为丰富。

[1] 徐琳 . 汉代玉器研究 [M]. 故宫出版社 ,2024.

漆木芯镶玉枕

西汉

长 39.5 厘米，宽 7.8 厘米，高 9.5 厘米

徐州狮子山楚王墓出土

徐州博物馆藏

板凳形玉枕，修复成型。资料显示，此件玉枕出土于楚王陵 E4 王妃陪葬墓 [1]，由枕足、枕板、兽头形饰组成，枕板内为一长方形木芯，上面装饰有 32 片三角形玉片和 12 片长方形玉片，三角形玉片上有卷云纹和回字形纹装饰。枕板背后装饰有卷云纹，枕腿略呈工字形，有卷云纹装饰。狮子山楚王墓中共出土有 3 件玉枕，保存较好的是“食官监”出土玉枕，兽头形饰也十分相似。另外，在山东长清双乳山一号墓中也出土了一件类似的几状玉枕，结构较为清晰。[2]

玉枕 山东长清双乳山一号墓出土

[1] 徐州汉文化风景园林管理处，徐州楚王陵汉兵马俑博物馆 . 狮子山楚王陵 [M]. 南京出版社，2011：92.
[2] 任相宏，崔大庸 . 山东长清县双乳山一号汉墓发掘简报 [J]. 考古，1997，(03): 1-9+26+97-100.

青玉云纹枕

东汉

长 35 厘米，宽 11.7 厘米，高 13 厘米，重 13.8 千克

定州北庄汉墓 [1] 出土

河北博物院藏

玉质灰绿色。表面琢制光润。平面呈长方形，枕面两端略起，中间稍凹，枕面及两侧浅刻变形云纹。

[1] 推测为中山简王刘焉墓。

金缕玉衣

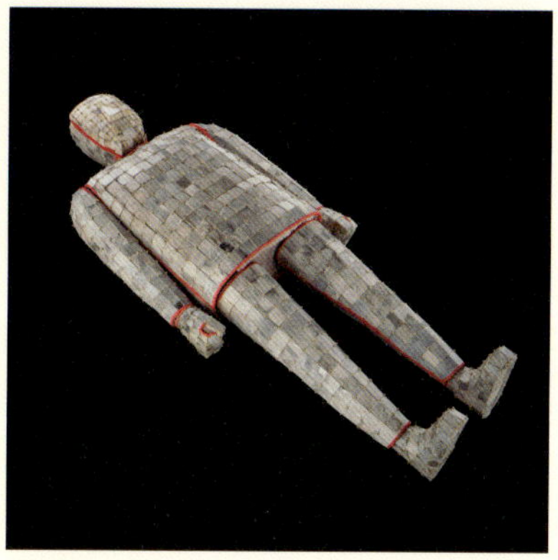

汉

长 168 厘米，肩宽 68 厘米

徐州博物馆藏

玉衣[1] 是汉代玉器的代表。此件玉衣为徐州博物馆征集修复，原属何墓已不知。修复玉衣主体为方形玉片，玉片间用金丝连缀。玉衣的使用仅在两汉时期，从目前考古发掘的情况来看，楚国的玉衣产生时间最早，然后被中央接受，随即迅速在全国较多的地方发展流行起来，汉代玉衣有金缕玉衣、银缕玉衣、铜缕玉衣和丝缕玉衣等，西汉时期尚未形成严格的等级制度，东汉时期玉衣的使用在《后汉书·礼仪志》中有较为详细的记载。曹魏黄初三年（222）魏文帝曹丕作《终制》结束了玉衣的使用。

[1] 近期有关汉代玉衣材料的详细梳理，参见：徐琳．汉代玉器研究 [M]. 故宫出版社，2024：224-236.

玉覆面

西汉

陈列尺寸：长 40 厘米，宽 33 厘米

徐州药检所建筑工地汉墓出土

徐州博物馆藏

玉覆面是一种以织物衬底、缀有玉片的覆盖物。此件玉覆面整体形制较为简单，由残玉片改制而成。从考古发掘材料来看，玉覆面自西周开始出现并流行，至西汉晚期消亡，其功能逐渐被玉衣、玉温明、玉窍塞等丧葬玉器所取代。

玉眼盖

西汉

长 1.9 厘米，宽 1.3 厘米，高 0.2 厘米

徐州奎山 M11[1] 出土

徐州博物馆藏

玉眼盖是玉面罩的一部分，原缝缀在丝帛上，丝帛已朽。器身发白，受沁较为严重，底部平，上部略弧，形似贝壳，左右两侧有钻孔。

[1] 面罩编号为 M11S:15。

玉鼻塞

西汉

①长 2.5 厘米，宽 0.9 厘米；②长 2.4 厘米，宽 0.6 厘米

徐州小长山汉墓（M4）出土

徐州博物馆藏

青白玉，器身受沁，方柱体。

玉耳塞

西汉

①长 2.1 厘米，宽 0.9 厘米，高 0.9 厘米；②长 2.1 厘米，宽 0.9 厘米，高 0.9 厘米

徐州奎山 M11 出土（M11S:7）

徐州博物馆藏

黄玉，呈一端大、一端小的圆柱形。

玉肛塞

西汉

长 7.5 厘米，宽 2.8 厘米，厚 2.6 厘米

徐州博物馆藏

青玉，表面有白色沁斑，四棱柱形，上大下小，一面有钻孔。

◎玉蝉

琀玉是死者含在口中的玉制品，与“不忍虚其口”的丧葬观念密切相关。在汉代，大多数琀玉制成蝉的形状。玉琀蝉，是汉代一类代表性的丧葬用玉，流行于汉代，汉代以后基本不见。蝉可蜕变，可联想至逝者羽化而升仙。[1] 此次展览中展出的 4 件玉蝉，其中 3 件作为琀玉使用，另有狮子山楚王墓出土玉蝉，与玉容器共出，中间有穿孔，作佩饰使用。

[1] 王煜，谢亦琛．汉代蝉形口琀研究 [J]. 考古学报 ,2017,(01):73-98.

蝉形玉佩

西汉

长 4.4 厘米，宽 2.1 厘米，厚 0.88 厘米

徐州狮子山楚王墓出土（W1:95）

徐州博物馆藏

用玉蝉做装饰的传统，考古发现可以追溯到良渚文化时期。2021 年，在良渚文化早期遗址中的北村遗址的一位女性墓葬里，出土了一件蝉形饰，背后有隧孔，作为缝缀饰使用。

这件蝉形玉佩为白玉，局部有沁色，头部呈三角形，双目微凸，颈部施刻绞丝纹条带，身躯呈梭形，左右施刻大型抿合状翅羽，羽翼上用阴线刻画出羽纹；尾部与翅翼尖一体。腹面从上至下分别刻画有嘴下部呈长三角的涎区、左右对称的蝉足、腹尾部节理等纹饰。中间有一贯穿孔，表明这件玉蝉为佩饰。

玉蝉

西汉
长 4 厘米，宽 2.5 厘米
徐州奎山 M11 出土（M11S:9）
徐州博物馆藏

这件玉蝉是西汉早中期玉蝉的代表。青白玉，略透明，头部外弧凸起，颈部装饰斜线纹，背拱，上饰云纹，羽翼纹络清晰。尾部外弧，稍上翘。整体较为写实，刻画细致。背面无纹饰。

玉蝉

汉
长 6 厘米，宽 2.6 厘米
西安博物院藏

从考古发现的数量来看，西安和徐州是汉代玉蝉分布的两个核心地区。这件玉蝉为青白玉，背部隆起，头部呈三角形，双目外凸，弧线形蝉翼覆盖蝉身，腹部雕刻画出斜线“十”字纹，尾部刻画六道横线纹表示节理。

玉蝉

东汉
长 6.4 厘米，宽 3.3 厘米
定州北庄汉墓出土（26 号）
河北博物院藏

西汉晚期至东汉初期，是我们常说的“汉八刀”蝉的流行期。这件玉蝉即是其中翘楚。白玉，色泽温润有光泽。双眼的刻纹深而宽，使得双眼凸出而达到悬凸的效果，头部呈三角形，嘴部锯齿状，颈部施刻半圆弧线，双翅翼刻线流畅，呈倒“八”字形，线条刻画宽且深，双翼翼尖超出尾尖。腹面用斜“十”字交叉纹表现胸部，尾部用 7 条横线表示节理。整件玉器线条简练，栩栩如生。

◎玉握

玉握，是死者手中所握的玉器。死者手中握东西早在新石器时代就已出现，如山东滕州岗山遗址的墓葬中墓主手握兽牙。[1] 玉握在汉代前期也较多样化，徐州地区汉墓中有将玉珩作为玉握；广州南越王墓中出土玉握为两件略有不同的龙形玉觽。西汉中期以后，盛行以玉猪作为握玉的习俗，这种习俗一直延续到南北朝时期。[2]

[1] 王思礼，蒋英炬 . 山东滕县岗上村新石器时代墓葬试掘报告 [J]. 考古，1963，(07):351-361+6-10.
[2] 卢兆荫 . 论玉文化在汉代的延续和发展 [J]. 中国历史文物，2004，(03):4-14+89-90.

玉猪

东汉
长10.8厘米，宽2.2厘米，高2.6厘米
西安市北郊红旗机械厂基建工地汉墓出土
西安博物院藏

青玉，器身有土沁。圆雕，呈圆柱形，曲腿伏卧状，叶形耳后贴，拱嘴翘鼻，下颌和尾部呈几何形，各钻一孔，臀部平齐呈桃形，以斜刀琢出四肢足爪轮廓，通体抛磨光亮。

玉猪

汉
长10.32厘米，高2.7厘米
西安博物院藏

青玉，圆雕，呈曲腿状卧伏，以阴线刻画出圆眼及眼角，叶形耳后贴，拱嘴翘鼻，臀部齐平，呈桃形，尾部和下颌上各钻一孔，以斜刀琢碾四肢。

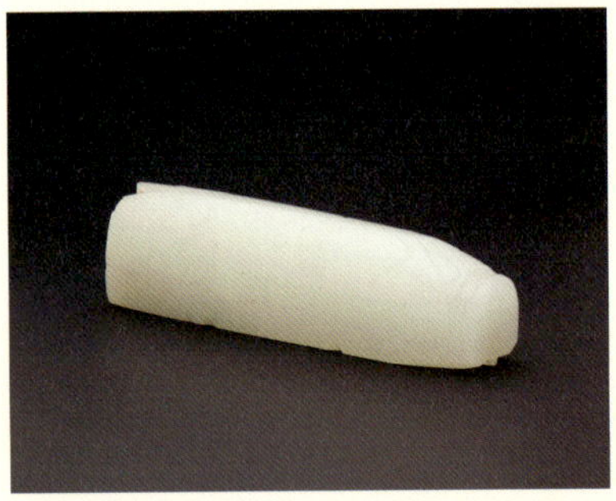

玉猪

东汉
长10.3厘米，宽2.3厘米，高2.7厘米
定州北庄汉墓出土（28号）
河北博物院藏

羊脂白玉，色纯温润有光泽。圆柱猪身，方形臀部，吻部略上翘，刻画简洁，用斜刀琢出四肢足爪轮廓，底部平，尾部和下颌上各钻一孔。

以上三件玉猪的下颌和尾部都有穿孔，其功能是可系上一细绳绑于死者手上而不易滑落，尾部的穿孔又可表示为一猪尾巴。

玉猪

西汉
长9.3厘米，宽2.4厘米，高3.1厘米
徐州火山刘和墓出土
徐州博物馆藏

该玉猪为一对，青玉，表面有灰白色沁斑，呈趴卧状，叶形双耳后贴，吻部微翘，以阴线刻画出菱形双眼，背部三条平行横线表示颈部。

汉白玉猪

西汉

通长 9.1 厘米，宽 2 厘米，高 2.5 厘米

兴平大阜村南汉墓出土

茂陵博物馆藏

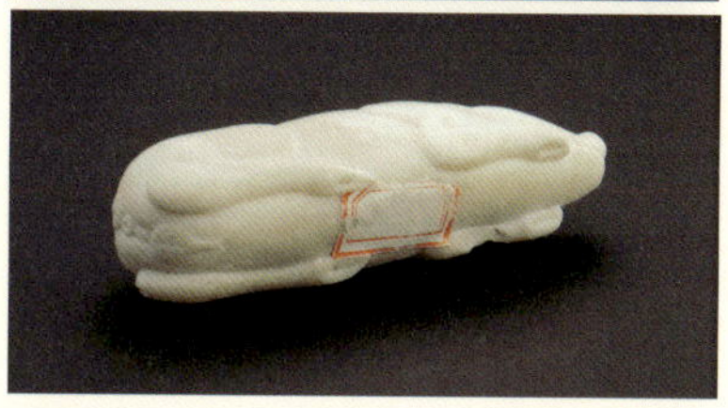

汉白玉质地，圆雕，风格写实，刻画细致。圆眼，探首，双耳后贴，拱嘴，鼻上雕刻出鼻孔，圆臀，四肢卧伏贴地，尾巴回卷紧贴臀部，生殖器细节写实，面部、颈部用阴线装饰，表现肌肉收缩的状态。

玉鱼握

西汉

长 12.8 厘米，宽 3.65 厘米，厚 0.6—0.8 厘米，重 90 克

西安井上村汉墓（M24）出土

陕西省考古研究院藏

除了玉猪外，墓葬中还出土有玉鱼作玉握。同墓葬出土共两件，二者大小、尺寸和重量均相同。出土时位于墓主人的左右手旁。青玉，青绿色，许多地方沁色呈灰白色，片状，中间厚、前后均薄，鱼身直，近似梯形尾，圆头小口，两面均以阴线表现鱼眼、鱼鳃、背鳍和腹鳍，口中及尾部各钻一细孔，孔壁直，穿孔的功能应与玉猪一致，穿细绳系于墓主人手中，防止脱落。

玉冥钱

西汉

外径 3.5 厘米，内孔 1.1—1.2 厘米，厚 0.3 厘米

西安北郊明珠花园工地出土

陕西省考古研究院藏

白玉，片状，方形穿孔，通体磨光，光素无纹。这件玉冥钱的出土位置不详，但是 2004 年西安市南郊岳家寨西安理工大学新校区东汉早期墓（M9）出土的一件玉五铢冥钱，出土位置位于墓主人口部，当作为口琀使用，可供参考。

受福

玉圭

西汉

长 11 厘米，宽 2.5 厘米，厚 0.4 厘米

汉成帝延陵陵园南阙门遗址出土

咸阳博物院藏

玉圭是汉代主要的礼仪用玉，《后汉书・明帝纪》里记载汉明帝："亲执圭璧，恭祀天地。"目前发现的西汉祭祀礼仪用玉分两类，一类为在陵区出土的祭祀用玉，一类是专门祭祀场所发现的祭祀用玉，如甘肃礼县鸾亭山遗址出土的圭、璧、人的组合[1]。资料显示，汉成帝及其陪葬墓陵区内[2]共出土有 8 件玉圭，此次收录 4 件。片状，尖首长条形，两件为青玉，一件为深绿色，通体光素；另有一件青玉圭，应为龙首双身蒲纹玉璧改制切割而成。

[1] 梁云，曹大志. 2004 年甘肃礼县鸾亭山遗址发掘主要收获 [J]. 中国历史文物，2005，(05):4-14+2+89-97.

[2] 刘云辉. 陕西出土汉代玉器 [M]. 文物出版社，2009:72-73.

◎出廓璧

大型透雕出廓璧从西汉中期开始出现，至东汉一直使用，此类玉器一般出自王侯及以上墓葬。

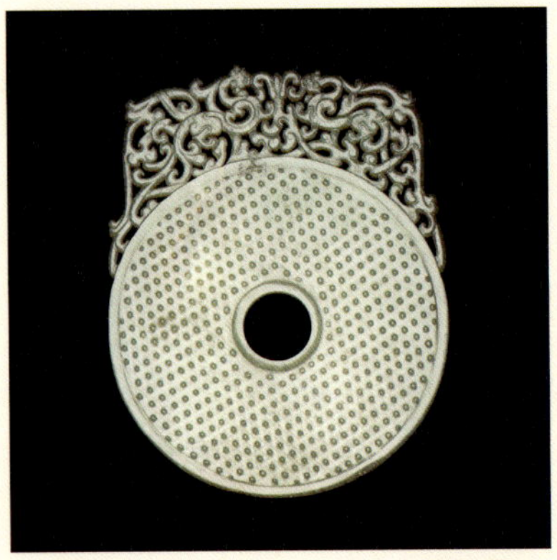

双螭乳丁纹出廓璧

东汉

高 25.5 厘米，宽 19.9 厘米，厚 0.7 厘米

定州北庄汉墓出土（3 号）

河北博物院藏

青玉质，器表有光泽。璧面装饰有乳丁纹，玉璧的内外边缘各装饰有弦纹一周。出廓部分雕刻有对视的两条螭龙，蜿蜒盘踞在云气之间。两条螭龙与云气的关系略有不同，一条龙的尾部分羽隐于云气之间，另一条螭龙则是完全盘踞在云气之上。螭龙圆眼，弯眉，头顶圆角，双耳朝向两边，阴线刻画出螭龙的鬃毛、四肢以及圆圈装饰。琢制极精致。

龙凤谷纹出廓璧

西汉

宽 14.4 厘米，残高 12.1 厘米

徐州狮子山楚王墓出土

徐州博物馆藏

青玉，残断，玉璧通体装饰有谷纹，出廓部分主体为一只回首S形龙，蹲踞在玉璧之上。龙身呈走姿，一爪向前，尾部分歧，S形龙身侧可能为简化的凤鸟纹饰，凤鸟尾羽分歧回卷，造型富有动感。

◎龙首双身玉璧[1]

这一类玉璧在汉代广泛使用，在较大的范围内表现出了图式的相似性。这类玉璧在战国中期以后出现，邓淑苹先生认为这是专门的“楚式绿玉”[2]，其一头二身的结构应该与商周时期的青铜器纹样有承袭关系。

[1] 对双身龙纹玉璧最新的材料梳理参见：方良朱. 双身龙纹玉璧研究 [J]. 文博学刊，2024，(05):110-122.

[2] 邓淑苹. 从汉代玉璧论璧在中国文化史上的意义 [J]. 故宫学术季刊，2013，30(03):1-43.

龙纹玉璧

西汉

直径 43.2 厘米，孔径 11.5 厘米，厚 1.6 厘米

西安北郊枣园南岭汉墓（M1）出土（M1:30）

陕西省考古研究院藏

这是目前已经发现的汉代有纹饰的玉璧中最大的一块，出土时被打碎为25块，其中19块放置在墓主头部，其余放置在腹部。

青绿色，玉质温润，表面有黄褐色沁。器身内外缘装饰有弦纹一周，外缘弦纹装饰有相连的阴刻勾连纹。内缘外侧装饰一圈斜线纹，中部以同样一圈纹饰将玉璧分为内外两区。内区装饰有均匀分布的谷纹，外区装饰有四组龙凤纹。

龙纹双眼轮廓近菱形，阴线刻画圆睛；龙首额头处有网纹装饰，宽鼻，张口露齿，胡须和眉毛均向上扬起，显得威风凛凛，阴线刻出根根分明的细节；龙肢自龙首后伸出，蜷曲演化成两组凤鸟纹，凤鸟圆眼，尖喙，长颈，头上有冠，龙凤的躯干有双弧线纹装饰。

玉璧侧沿上阴刻有细如发丝的文字“六百六十一”，可能是当时生产玉器时的编号。

龙纹玉璧

西汉

直径 21 厘米，孔径 8 厘米，厚 0.5 厘米

西安北郊枣园南岭汉墓（M1）出土（M1:34）

陕西省考古研究院藏

青绿色，满布黄色、铁锈红色沁。内外沿各饰弦纹一周，中部以双阴线弦纹将玉璧分成内外两区，内区装饰有桃形云纹，外部装饰有 4 组龙首双身纹饰。龙首有一对向内回卷的龙角，面宽，眼睛为菱形，大鼻翼。龙身自龙首后伸出，呈宽倒“几”字形分布在龙首两侧，龙身上部伸出两肢，下部伸出两只龙爪。四组龙纹间有四组阴线雕刻的小兽形象，桃心脸，叶形眼，两组龙纹的尾巴对称形成小兽的双角，两后躯与龙身交叠，上有短线装饰。

龙纹玉璧

西汉

直径 28.1 厘米，孔径 6.2 厘米，厚 0.6—0.8 厘米

广州象岗南越王墓出土（D54）

南越王博物院藏

青玉，器身有土沁，内外沿各饰弦纹一周，中部两圈斜线纹将玉璧分为三区，内区为 3 组龙首双身纹饰，中区为蒲格涡纹装饰，外区为 6 组龙首双身装饰，边缘有部分未抛光。龙纹头部有一对向内回卷的弯角，眼珠为圆形，窄直鼻，鼻两侧刻画龙嘴，龙嘴两侧有胡须，龙身从龙头部伸出，呈倒“几”字形分布于龙首两侧，龙身伸出上下两肢，上肢较短，下肢较长，龙身装饰有短线纹。相邻的两组龙纹间以短弧线相连。

龙纹玉璧

西汉

直径 19 厘米，孔径 2.1 厘米，厚 0.3 厘米

徐州狮子山楚王墓出土

徐州博物馆藏

青玉，器身有土沁，内外沿各饰弦纹一周，中部斜线纹将玉璧分成内外两区，内区装饰有蒲纹，外区雕刻3组龙首双身纹饰。龙纹头部有一对向内回卷的弯角，眼珠为圆形，窄直鼻，鼻两侧有胡须，龙身从龙头部伸出，呈倒“几”字形分布于龙首两侧，“几”字形中段伸出上下两肢，上肢较短，下肢较长，龙身装饰有短线纹。相邻的两组龙纹以留白分隔。

鎏金璧形铜饰

西汉

直径 18.2 厘米，缘厚 0.35 厘米，中部厚 0.2 厘米

徐州北洞山楚王墓出土

徐州博物馆藏

北洞山楚王墓共出土有 5 件鎏金璧形铜饰。圆形，器表鎏金，中心为微微鼓起的圆面。中心之外装饰有一圈短线纹，中部斜线纹将玉璧分成内外两区，内区为两组上下对称的龙首双身纹饰，外区分布有 4 组龙首双身纹饰。龙纹头部有一对向内回卷的弯角，眼睛为菱形，圆睛，直鼻，鼻两侧有飞扬的胡须，龙身从龙头部伸出，呈倒“几”字形分布于龙首两侧，两肢从龙身的上下两侧伸出，上肢较短，下肢较长，龙身装饰有短线纹。相邻的两组龙纹间以留白分隔。背面无纹饰，有一小方钮。从鎏金璧形铜饰的形制看，它们应是镶玉漆棺上的玉璧与铆钉的结合体，作为玉璧的替代品成为镶玉漆棺上的饰物。璧形铜饰可以解决玉料品贵，资源缺少，玉璧加工费时费力的问题。这种铸铜并鎏金的替代品可成批浇铸，工艺简单，不易破碎，而且纹饰可以设计得更加繁缛，镶嵌在棺上，金光闪闪，富丽堂皇，甚至比使用玉璧装饰的效果还好。[1]

[1] 中国国家博物馆，徐州博物馆 . 大汉楚王：徐州西汉楚王陵墓文物辑萃 [M]. 中国社会科学出版社，2005:327.

◎几何纹璧

汉代的几何纹璧包括谷纹璧、蒲纹璧、乳丁纹璧三种。考古发现表明，还有大量其他材质的仿玉璧，它们替代了珍稀的玉璧，同样发挥着或装饰佩戴、或祭祀、或引导灵魂升天的功能。

谷纹玉璧

西汉

直径 12.9 厘米，孔径 4.4 厘米，厚 0.5 厘米

徐州狮子山楚王墓出土

徐州博物馆藏

白玉，局部有沁斑。正背两面均饰谷纹，中央部位浮雕成圆形凸起，连着一条细细的尾部，纹饰小而疏朗，排列规整。

滑石璧[1]

西汉

直径 16.4 厘米，厚 0.6 厘米

广州淘金家园一期工地 M24 出土（2002GTM24:18）

广州市文物考古研究院（南汉二陵博物馆）藏

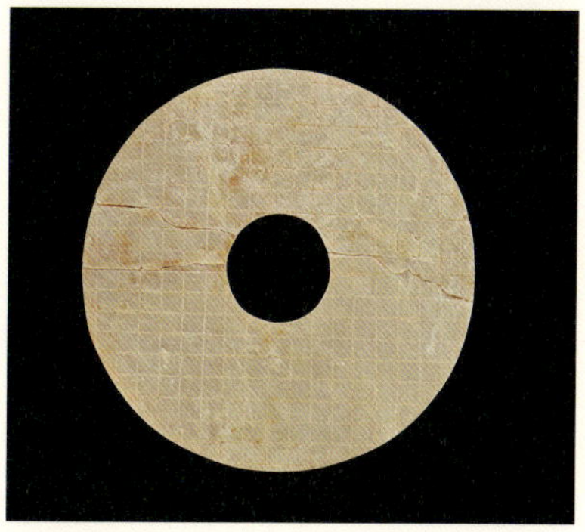

米黄色，正面刻有方格纹，背面为素面，有划痕。

[1] 汉代的滑石器主要分布于湖南及两广地区，相关材料的梳理参见：田波 . 汉代出土滑石器研究 [D]. 江苏师范大学，2013.

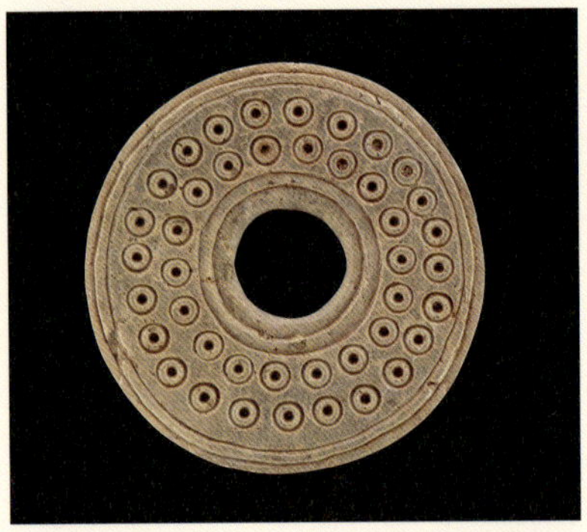

滑石璧

西汉

直径 7.5 厘米，孔径 2 厘米，厚 0.7 厘米

广州横枝岗路 62 号广州胸科医院二期综合楼工地 M34 出土（2018GHXM34:046）

广州市文物考古研究院（南汉二陵博物馆）藏

黄色，内外缘各有双层弦纹装饰，中间装饰有排列整齐的圆圈，背部为素面。

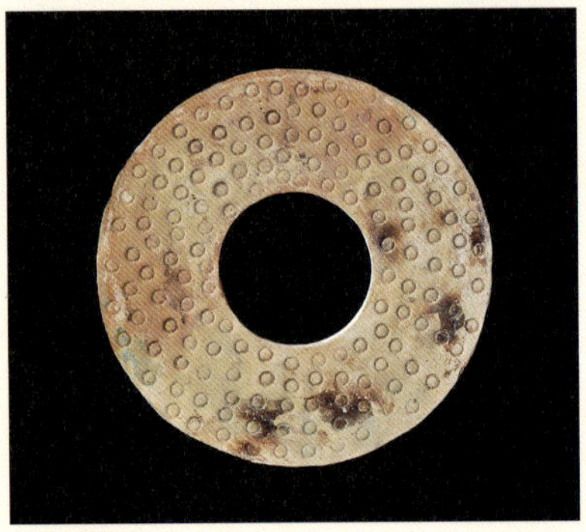

陶璧

西汉

直径 16.7 厘米

广州象岗南越王墓出土（D4—75）

南越王博物院藏

形制同玉璧，边缘内凹，双面戳印小圆圈纹。

琉璃璧

西汉

直径 11.6 厘米

广州象岗南越王墓出土（C190）

南越王博物院藏

色青白。器形较小，器表饰蒲纹，它是以三组不同方向的平行线，将器表划分成等分的六角形格子的几何纹。内外沿各有一道凹弦纹，背部无纹饰，表面有少量丝绢压痕。[1]

[1] 关于仿玉玻璃器的梳理，参见本图录：周繁文《汉代仿玉玻璃器的考古发现与研究》。

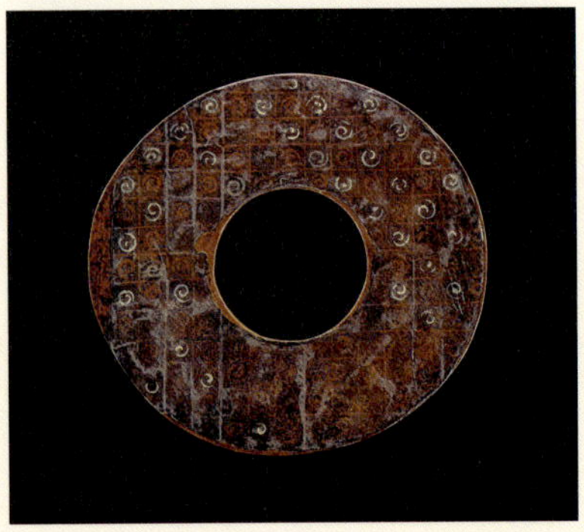

漆璧

西汉

直径 21 厘米，内径 7.5 厘米，厚 1 厘米

广州农林上路四横路 M11 出土（97 东农 M11 棺 -9）

广州市文物考古研究院（南汉二陵博物馆）藏

木胎，底髹黑漆，上打红彩方格，方格内以红色、黄色漆绘涡纹。

长乐

◎玉剑具

剑是适用于近战的兵器，其中最高贵、最精致者均装饰有玉剑具，被称为玉具剑。玉饰剑，最早出现于西周。考古出土的成组的玉剑饰一般有 4 件，包括剑首、剑格、剑璏、剑珌，战国时期均有出土，定型于汉代。

剑首装饰于剑柄末端，用来增加配重，平衡剑器重心，以便使用者抓握；剑格装饰于剑柄与剑刃之间，用来格挡剑刃，防止手在握持时被刃部损伤；剑璏装饰于剑鞘的中上部分，用来穿系佩带，以便将剑身固定于器主身侧；剑珌装饰于剑鞘末端。[1] 成组出现的玉剑具与墓主人身份密切相关，等级稍低的墓葬也有单一剑饰出土。

陶俑上绘制的玉具剑稍有不同，北洞山楚王墓出土了若干的佩剑彩绘执兵俑，胸前佩长剑，在剑首和剑格之间，还装饰有一类玉器，但考古发现尚未出土实例，此次展览中展出的其中一件陶俑即为此例。

[1]　杨桐 . 考古出土汉代玉具剑饰研究 [D]. 河南大学 ,2024.

彩绘执兵俑

西汉

高 50 厘米，宽 12 厘米

徐州北洞山楚王墓出土

徐州博物馆藏

头戴绛紫色帽，红带环结于颌下，细眉长目，八字胡，红唇，穿二重右衽曲裾深衣，腰间束带并佩挂组带和绶带，胸前佩长剑，长剑装饰有玉剑首和玉剑格、玉剑璏，玉剑首和玉剑格之间装饰有玉器，陶俑的双手半握拳，作执长兵器状，足蹬双尖翘首履。

玉剑首

汉

直径 5 厘米，厚 1 厘米，重 54.4 克

徐州博物馆藏

青玉，多灰白色沁斑。扁圆形。正面分为内外两区，内区饰三组卷云纹，外区饰谷纹，内外均有凸起的边框。背面光素无纹，中心有一象鼻穿，与剑柄相连。

玉剑格

西汉

长 5.5 厘米，宽 2.3 厘米，厚 2.1 厘米

徐州狮子山楚王墓出土

徐州博物馆藏

青白玉，平面俯视为菱形，上端中部凹陷，左右略凸起。正面高浮雕一螭龙形象，头部探出，圆眼，口部微张，双耳后贴，身体呈S形盘踞，尾巴上卷；背面浮雕一回首螭龙，形态与正面基本一致。穿孔内留有铁锈痕迹。

玉剑璏

西汉

长 6.3 厘米，宽 1.6 厘米，厚 1.5 厘米

徐州北洞山楚王墓出土（6101）

徐州博物馆藏

青白玉，光洁莹润，素面，整体为长方形，顶面向外，两端向外长伸，作出檐状，双檐下卷，銎空为圆角矩形，底面素平。

玉剑珌

西汉

长 6 厘米，宽 3.77 厘米，厚 2.7 厘米

徐州狮子山楚王墓出土

徐州博物馆藏

白玉，器身有褐色沁，泛玻璃光。整器为梯形，下端略宽，中段弧凸，两侧薄，截面为椭圆形，通体装饰有排列有序的谷纹，窄截面处有三孔，中间一孔大，两侧各有一斜钻相通，用于与剑相连；宽截面装饰有勾连云纹。

玉剑首

西汉

直径 3.8 厘米，厚 0.4 厘米

长沙蓉园 13 号墓出土

湖南博物院藏

白玉，整器受沁发灰。扁圆形，边缘向中间略内凹，中间稍向外凸，装饰有卷云纹，外圈光素无纹，背部中心刻一圈凹槽，无纹饰。

玉剑格

西汉

长 5.5 厘米，宽 1.5 厘米，厚 2.5 厘米

长沙蓉园 13 号墓出土

湖南博物院藏

白玉，整器受沁发灰。平面俯视为菱形，上端中部凹陷，正面浮雕一四足卷尾的螭龙，头部断缺，背面以中脊为中心，浅刻兽面纹，中间有椭圆形穿孔，以纳剑柄。

玉剑璏

西汉

长 5.7 厘米，宽 3.3 厘米，厚 1.1 厘米

长沙蓉园 13 号墓出土

湖南博物院藏

白玉，整器受沁发灰，呈长方形，正面浮雕一雄健卷曲的螭龙，其首尾悬于器表之外，具有较强的装饰艺术效果；背面光素无纹，有长方形銎。

玉剑珌

西汉

长 5.9 厘米，宽 6 厘米，厚 1.2 厘米

长沙蓉园 13 号墓出土

湖南博物院藏

剑珌主体上窄下宽略呈梯形，正面浮雕一回首螭龙，龙身回卷，跃于云气之间，展现出极强的动感，龙身下装饰有阴刻线的兽面纹饰，背面为规整的变形云纹。剑珌上端中央有三小孔，两侧小孔斜向中心，三孔相通，以接剑鞘。

玉剑首

西汉

面径 5.1 厘米，底径 4.9 厘米，边厚 0.6 厘米

广州象岗南越王墓出土（C147–9）

南越王博物院藏

黄白带青斑，质硬。圆饼形，正面雕琢三条螭盘踞在云气之间，背面装饰勾连云纹，纳柄处尚存一凸起圆，中心为近方形的木柄。柄外捆绢涂漆，黑褐色如铁锈。通体有朱绢痕。

玉剑格

西汉

横宽 6 厘米，中长 1.6 厘米，銎长 1.85 厘米，銎宽 0.7 厘米，重 28.7 克

广州象岗南越王墓出土（C147－10）

南越王博物院藏

黄白玉，质硬。平面俯视为菱形，上端中部凹陷，正面浮雕一大一小两只螭龙，姿态生动。另一面以中脊为中心，浅刻兽面，通体有朱绢痕。中间有长方圆角形穿孔。

玉剑璏

西汉

全长 9 厘米，宽 2.15 厘米，通厚 1.25 厘米，重 26 克

广州象岗南越王墓出土（C147－11）

南越王博物院藏

黄白色，质硬，整体为长方形，顶面向外，两端向外长伸，作出檐状，双檐下卷，正面浮雕勾连谷纹，銎空为圆角矩形。底面素平，通体有朱绢。

玉剑珌

西汉

通长 4 厘米，下宽 6.8 厘米，上宽 5.5 厘米，重 80 克

广州象岗南越王墓出土（C147－12）

南越王博物院藏

黄白玉带青斑，质硬。原玉料稍有缺损，因材雕琢，故器形不规整。下底一侧有凹陷。主体上窄下宽略呈梯形，高浮雕一螭龙攀附在器身上，头部绕器而过，身姿矫健有力，与一俯视视角的浮雕 S 形长尾螭龙上下相望，云气纹作为底纹萦绕在螭龙之间；螭龙扭曲的躯体位于器物的背面，长尾被另一梯形脸的兽衔住。纳鞘一端正中有 3 个连环钻孔，两侧各有一小斜孔穿透，底部装饰有勾连云纹。

◎带钩

目前发现最早的带钩出土于良渚文化，但是此后的考古材料中，关于带钩的使用发生了缺环。我们现在看到的汉代的带钩，最早出现在春秋中期。从战国中晚期至两汉，带钩的使用相当普遍，两晋以后，带钩逐渐衰落，并被带扣等其他器物替代。

两汉时期出土的带钩，按材质分有金、银、铜、铁、玉、石等，这与墓主人的身份等级密切相关。带钩的主要功能包括束带、佩器、佩物、佩饰。[1] 图录中收录了汉代玉带钩常见的几种形式。

[1] 关于带钩的详细梳理，参见：王仁湘．束带矜庄：古代带钩与带扣 [M]. 文物出版社，2022.

玉带钩

东汉

长 21.8 厘米

定州北庄汉墓出土（2 号）

河北博物院藏

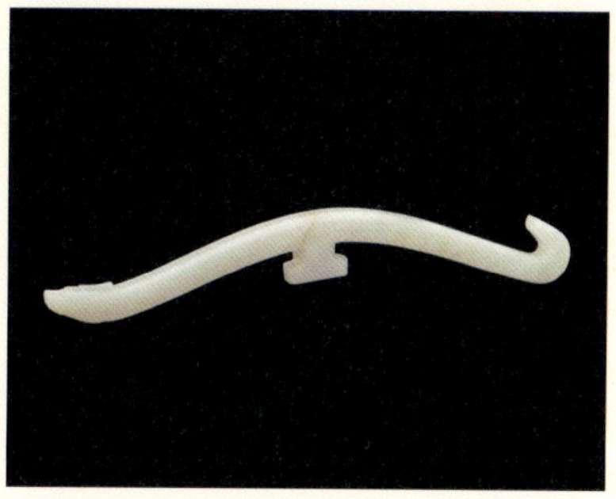

白玉质。器身已残断。头端为一龙首，尾端为一虎头。器身正面及两侧均有线刻卷云纹。背面两端有刻四叶纹饰，钮呈椭圆状。此件带钩表面琢磨光滑，纹饰线条简洁流利，做工极为精细规整。这类带钩被称为曲棒形带钩，出现于战国早期，一直延续至西晋。

鹅形金带钩

西汉

长 3.1 厘米，宽 1.7 厘米，厚 2.1 厘米

徐州北洞山楚王墓出土（5001）

徐州博物馆藏

北洞山楚王墓共出 2 件鹅首金带钩。带钩腹部铸一圆钮。鹅屈颈成钩，钩体上刻划变形羽纹。鹅头上镶嵌物虽已脱落，仍神态逼真。这类带钩的形态被称为水禽形，其使用的时间跨度最长，从春秋中晚期一直到西晋都有发现。

玉带钩

西汉

长 7.2 厘米，宽 1.1 厘米，高 1.1 厘米

徐州大孤山 M2 出土

徐州博物馆藏

青白玉，表面有白色沁斑。鸭首状钩首，钩身为弧形，蘑菇形钮，钮面椭圆形。大孤山 M2 为西汉中期的夫妻合葬墓，玉带钩出土于男性墓主人的腰部。[1]

[1] 北京艺术博物馆，徐州博物馆 . 龙飞凤舞：徐州汉代楚王墓出土玉器 [M]. 北京美术摄影出版社，2016.

玉带钩

西汉

长 14.6 厘米，宽 3.5 厘米，厚 0.9 厘米

巢湖北山头一号墓出土（BM1:8）

巢湖市博物馆藏

青白玉，局部有褐色沁斑点。器形较大，钩体扁平，略作长方形，钩部稍窄。透雕、浅浮雕结合，首部与钩均雕为龙首形，器表雕 6 组变形云纹，左右两侧各透雕一只螭虎，虎头相对，左侧虎一后足与背钮相连，长方形钮偏于钩体左边缘。背体光滑无纹饰。钮上刻“中二”，北山头汉墓中

多件玉器上标注数字，可能有区分材料来源和工艺等级、记录制作量或贮备数目、标记饰物佩戴位置等功能。[1] 可能为战国晚期作品。

[1] 玉器上刻数字的话题值得进一步探索和研究，目前较为全面的资料梳理参见：徐州博物馆 . 汉代玉文化国际学术研讨会论文集 [M]. 科学出版社，2019:117-128.

龙虎形玉带钩

西汉

长 18.9 厘米，最宽处 6.2 厘米，环径 2.5 厘米，重 129 克

广州象岗南越王墓出土（D45）

南越王博物院藏

青玉质，半透明，晶莹光洁，局部有褐色斑。钩首作虎头形，末端为龙首，虎龙双体并列，弯曲呈S形。两体间镂出一条线缝以示分体（中间有一小段相连）。钩中上部透雕一环，龙张口咬环，虎亦伸一爪攫环。钩体表面和圆环都饰勾连云纹。钩钮位于腹下，扁圆形，钮柱为圆柱体。背面无纹饰。可能为战国晚期作品。

螭首弦纹玉带钩

西汉

总长 19.4 厘米

西安六村堡建章宫遗址出土

西安博物院藏

青白玉，有部分锈沁色。由钩头、钮和形状各异的玉管穿铁芯组成。前端钩头上的兽近似马头，呈回首状，菱形眼，双耳后贴，翘鼻，两只角后压在双耳上。兽颈部多处阴刻网纹，其线条纤细均匀，十分流畅。兽头顶至颈部高浮雕一只拱背螭，作为兽之毛发。兽颈内钻孔，穿入铁芯，侧面亦钻细孔，以铁钉钉住。其后分别在铁芯中串以形状不完全相同的玉管：第一节光素无纹，两端各有一凸棱；第二节上共碾琢十一道凸弦纹，两端凸棱更粗，其上有两只圆雕兔子，探头、圆眼、短尾、长耳贴背，前腿微曲，后腿直立，臀部翘起。兔子前方为凸出的两层方形台面，其后的柱状圆形钮的短粗管上亦雕一道凸棱，其上又雕出若干齿棱，露出一段铁芯，部分玉管缺失。钩钮后玉管与前面玉管基本相似。此玉带钩结构、雕刻和制作工艺复杂，采用圆雕、浮雕、线雕、钻孔以及镂空工艺，特别是玉管上的凸弦纹，雕琢时须将玉管一周多次剔地研磨，才能雕琢出细窄锋利的凸弦纹。此玉带钩出土于西汉建章宫遗址，可能为武帝时期皇室达官显贵所有。[1]
铁芯玉带钩目前大概出土了 5 件，时间从战国晚期一直延续至西汉中期，最近的出土材料来自海昏侯刘贺墓。关于铁芯与周围玉器如何结合的技术问题，一直是学界讨论的议题，尚未有定论。

[1] 刘云辉 . 陕西出土汉代玉器 [M]. 文物出版社，2009:250.

◎贝带

除了带钩外，另一种玉质的腰部装饰一般以鎏金铜框嵌玉为带头，并在皮、绢质腰带上缝缀装饰玉贝，简称玉牌贝带。玉牌贝带创始于西汉，主要出土于诸侯王墓，是彰显王侯威仪的重要表征、舆服制度不可或缺的内容。[1]

[1] 李银德．王侯的威仪——以汉代玉牌贝带为中心 [J]. 河南博物院院刊，2020，(02):41-58.

嵌玉鎏金铜带头·玛瑙贝带

西汉

带头：长 7 厘米，宽 4.2 厘米，厚 0.8 厘米

玛瑙贝饰：长 2.2 厘米，宽 1.7 厘米，厚 0.8 厘米

盱眙大云山江都王陵一号墓出土（M1K1 ⑥ :354）

南京博物院藏

大云山汉墓共出土有 2 套贝带。[1] 此组贝带由两件嵌玉鎏金铜饰、44 件红色玛瑙贝饰组合而成。贝带原有丝质衬底，现已朽。铜带头平面呈长方形，铜框边缘饰 4 条游龙，顶部二龙有独角，两侧的龙接续衔尾。中部镶嵌有龙形白玉片，其中一件白玉受沁呈绿色，龙身弯曲盘绕，四肢矫健。铜框背后有两个长方形扣钮，其中一件框架一侧有半圆形扣钮。玛瑙贝饰：红色，一面凸起，上下有两孔，其中有金丝残留。

[1] 李则斌，陈刚．江苏盱眙县大云山西汉江都王陵一号墓 [J]. 考古，2013，(10):3-68+2.

嵌玉鎏金铜带头

西汉

长 8.6 厘米，宽 3.8 厘米

邗江甘泉“妾莫书”墓出土

扬州博物馆藏

带板外框平面呈长方形，铜框边缘装饰有 4 条游龙，两两对称，通体鎏金。铜框内部装饰有雕刻精细的白玉。白玉片透雕一条在云气中穿梭的螭龙，阴线刻画龙的眼睛、眉毛、牙齿、爪以及云气，铜框背后有长方形钮，用于固定。同墓葬还出土有玉贝饰 9 粒，白色，一面凸起，中间刻一道贝齿痕，上下有两孔，孔长 1.6 厘米。[1]

[1] 周长源，徐良玉，吴炜．扬州西汉“妾莫书”木椁墓 [J]. 文物，1980，(12):1-6+97.

◎扣饰

云南地区还出土有一类特色装饰——扣饰，大部分为圆形，也有长方形和不规则形状。这些扣饰大多于春秋战国时期出现，流行于两汉时期。图像资料和墓葬材料显示，扣饰一般出土于墓主人的腰部，偶见于胸部或其他部位。[1]

[1] 关于青铜扣饰的研究参见：杨勇 . 云贵高原出土青铜扣饰研究 [J]. 考古学报，2011，(03):327-352.

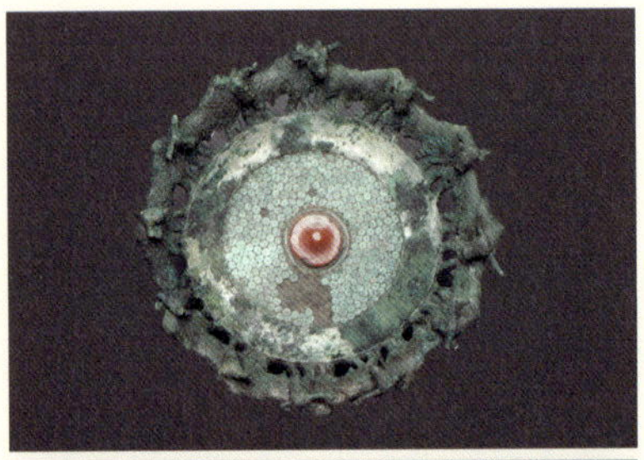

镶石圆形牛边铜扣饰

西汉

直径 12 厘米

晋宁区石寨山古墓群 M13 出土（M13:39）

云南省博物馆藏

扣面内凹，中央装饰有一红色乳突玛瑙扣，外围镶嵌有小圆点孔雀石，外圈为铜框，边沿装饰立体小牛一周，共计十二只。背部有两个长方形凸起。

镶石圆形铜扣饰

西汉

直径约 12 厘米

晋宁区石寨山古墓群 M16 出土（M16:13）

云南省博物馆藏

自边缘往内稍凹，至中央部分复又凸起。中间凸起部分原可能镶嵌玛瑙扣，已脱落，外部镶嵌小圆片孔雀石，此周之外嵌白色玉环；再外复为一周孔雀石。背部中央有对应圆形凹陷，上端有一矩形弯折扣。

◎组玉佩

良渚文化时期的高等级贵族墓中即出土有组玉佩，特别是女性墓，墓主佩戴有由玉璜、玉管和圆形饰组成的成组玉饰，此时玉器的形制较为简单。大型组玉佩兴盛于西周时期，悬挂于胸前、长而复杂的多璜组玉佩是周代贵族主要佩戴的大型配饰。[1] 春秋晚期开始，组玉佩一改西周时期由颈部垂至膝下的形式，开始系在腰间的革带上，由腹部垂至膝下。[2] 汉代的组玉佩包括玉璧、玉环、玉璜、玉珩、玉舞人、玉觿、玉管等玉饰组合，整体而言，自西汉至东汉，组玉佩趋于简单，此次收录了三套成组的组玉佩，年代均为汉代前期，颇有东周遗风。

[1] 张睿祥，杨筱平，欧秀花 . 周代多璜式组玉佩相关问题研究 [J]. 四川文物，2020，(04):40-49.

[2] 黄诚 . 汉代佩饰玉与佩玉思想研究 [D]. 江苏师范大学，2013.

右夫人 B 组组玉佩

西汉

广州象岗南越王墓出土

南越王博物院藏

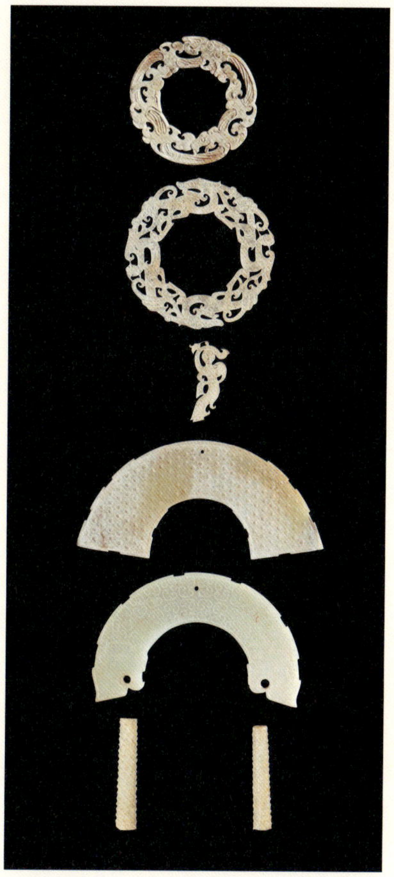

透雕三龙纹玉环（E133-1），直径 7.4 厘米，厚 0.35 厘米。透雕三条龙，其中两条龙相对，龙身为绹索样，盘旋环绕在云气之间。出土时两面粘有朱砂。

透雕龙螭纹玉环（E133-2），外径 9 厘米，内径 4.7 厘米，厚 0.4 厘米。两龙两螭环绕交叠，龙头作回首状，圆眼，长吻，耳朵后贴；螭首为桃形尖脸，圆眼长眉，头上有双尖角，螭身呈 U 字形盘旋于龙。刻画生动，线条流畅。

玉舞人（E135），高 4.9 厘米，肩宽 1.8 厘米，厚 0.5 厘米。玉舞人身体整体向左倾斜，右手越过头顶，左手置于细腰前，衣右衽，腰下系有一件玉环和一件玉珩。头顶有一铃兰装饰，衣袂飘飘，长裙拖地。背面刻画有长发盘成的发髻，阴线刻画出衣服的褶皱。头顶至脚底有一孔。

涡纹青玉璜(E134-1)，长 12.4 厘米，宽 3 厘米，厚 0.5 厘米。青玉，受沁发白，形近半圆，两边较大，中部收缩，四周有戚齿，弧背中有一穿孔。两面装饰有涡纹。

双龙首卷云纹青玉璜（E134-2），长 14.7 厘米，边宽 4.4 厘米，厚 0.4 厘米。青玉，略发白，两端为龙首，主体为卷云纹装饰，外围有戚齿，两端及弧背上处各有一穿孔。

涡纹青玉管(E136-1)，长 6 厘米，直径 0.9—1.1 厘米。圆柱状，中间有贯穿孔，管身装饰有勾连涡纹。

涡纹青玉管（E136-2），长 6.5 厘米，直径 1—1.3 厘米。圆柱状，中间有贯穿孔，一头大一头小，管身用浅浮雕的方式刻画出勾连云纹。

组玉佩

西汉

西安大白杨汉墓出土

西安市文物交流中心藏

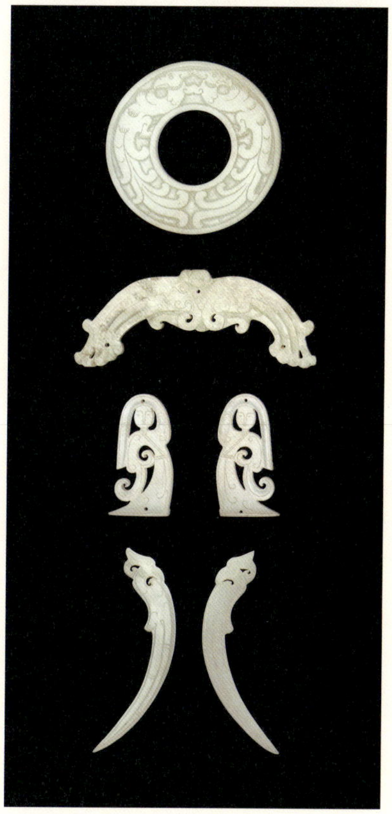

双凤纹玉璧，直径 7 厘米，孔径 3 厘米，厚 0.3 厘米。内外均有一圈弦纹装饰，采用减地浮雕刻画两只回首相对的凤鸟，凤鸟圆眼尖喙，头部有冠，身体弯曲呈 S 形，腿部弯曲，兽爪攀于弦纹之上，尾部较长，长羽分歧回卷，阴线刻画出凤鸟身上的绒羽。另一面有土沁。

鹰形玉珩，长 9.4 厘米，高 3 厘米，厚 0.35 厘米。大致呈弧形，是一只展翅飞翔的鹰。玉鹰圆头尖喙，两翅伸展，翅羽层叠，用平行的短线刻画出翅羽的绒毛，两爪分开，贴于两侧，两爪中间用细线刻画出尾羽，胸部用细线阴刻出葡萄状绒毛，颈部和双翅下各钻一孔。凌家滩文化即有了展翅的鹰形玉饰，汉代的玉鹰刻画得更为写实和具有装饰性，但是总体而言，汉代以鹰作为主题的玉器不太多见。

玉舞人，2 件，高 4.4 厘米，宽 2.2 厘米，厚 0.2 厘米。一件身体向左弯曲呈弧形，右手绕过头顶，长袖垂于身侧，左手插在弯折的细腰上，长袖自长裙下摆一侧回卷，衣右衽，系腰带，长裙拖地。阴线刻画出舞人的眉眼、鼻子、嘴巴，以及衣物上的卷云纹装饰。顶部和脚部各有一钻孔。另外一件玉舞人造型相同，方向相反。

凤鸟纹玉觿，2 件，长 10 厘米，最宽 3.2 厘米，厚 0.2 厘米。凤鸟圆眼尖喙，头部有冠，身体和尾部呈尖状弧形，两面均以细阴刻线勾勒凤鸟轮廓，并以卷云纹和平行短线纹等表现羽翼和绒毛等细部，线条流畅，背面造型纹样基本相同。

组玉佩

西汉

西安市东郊窦氏墓（M3）出土

西安博物院藏

猴纹熊纹变形龙纹玉环（M3:35），直径 8.8 厘米，孔径 4.8 厘米，厚 0.3 厘米。透雕，主体部分环状分布四只动物：一只头部抬起、前肢上举的熊，菱形眼，长吻，头部呈三角形，阴线刻画有上卷的尾巴；另一只为蹲踞的熊，尖耳上竖，三角形脸，两腿直立，足部外翻；两只熊之间似有一只嘴部大张的龙，阴线刻画出眼睛，桃心尖耳后贴。另一边是一只侧身屈膝蹲踞的猴子，圆头，阴线刻画出眉毛和眼睛，手部上举，尾巴上翘，熊与猴之间也似有一只龙头，阴线刻画出眼睛；最后一只猴子侧面呈半蹲踞状，上身略向外扭，面部不清，一只手上举，一只手贴于身体伸出，腿部略弯。四只动物被卷云云气环绕，云气中龙头若隐若现，形成一环。整件玉环线条流畅，充满想象力。

玉舞人（M3:45），长 4.5 厘米，宽 2.1 厘米，厚 0.1 厘米。舞人身体弯曲呈 S 形，头向右歪，面部阴线刻画有眉毛、眼睛、鼻子和嘴巴，右臂上举绕过头顶，左臂呈环抱状置于身侧，下肢向左弯曲呈圆形。

回首双龙连体玉珩（M3:37），长 10 厘米，宽 2.1 厘米，厚 0.2 厘米。透雕，两端为两只回首的龙，双耳后贴，长角向内收，后肢健壮，中部装饰有卷云纹，弧背有阴线装饰，上有钻孔。

玉觿（M3:62），长 10 厘米，宽 1.2 厘米，厚 0.2 厘米，凤鸟曲颈回望，圆头尖喙，头部有冠，一翅似前展与冠相连，一翅贴于身侧，腿部弯曲贴于身侧，尾尖长，中间阴刻一细线将其分为两部分，上有短线装饰。

玉觿（M3:64），长 10 厘米，宽 1.2 厘米，厚 0.2 厘米。器形与 M3:62 基本一致，头部残。

凤鸟玉佩（M3:36、M3:40），2 件，长 4.5 厘米，宽 1.8—3.5 厘米，厚 0.1—0.2 厘米。透雕，圆眼，尖喙，头有冠，长颈后仰，展翅，两只腿一前一后站立。

玉舞人佩（M3:44），长 4 厘米，宽 1.3 厘米，厚 0.2 厘米。身体向右倾斜，面向右下方，右臂上举从左侧绕过头顶，左臂经背后抚于胸右侧，一足点地，似为兽足。

玉珩（M3:43），长 7 厘米，宽 1.8 厘米，厚 0.3 厘米。两端雕龙首，嘴微张，耳后贴，颈部装饰有斜线。弧背装饰有交叉云纹，顶部正中有一钻孔。

玉舞人佩（M3:41、M3:42），2 件，高 5 厘米，宽 1.5—1.6 厘米，厚 0.3 厘米。头戴“介”字形冠，冠上有钻孔，鹅蛋脸，有短刘海，大眼、高鼻，两只手拢于身前。其中一件上身略向左侧倾斜，身侧垂一三分长尾。两件器形大小基本一致，另一件上身略向右倾斜，两件舞人相对。

◎玉环

汉代玉环造型丰富，是装饰玉中重要的组成部分。其中，龙形玉环的形象可以追溯至新石器时代红山文化的玉猪龙、C 形玉龙。汉代，玉龙张口衔尾，身体细长，造型充满动感。

龙形玉环

西汉

最大径 5.53 厘米，孔 3.5 厘米，厚 0.4 厘米

天长三角圩汉墓（M1）出土（M1:58）

天长市博物馆藏

白玉，通体有玻璃光，面微凹，侧棱壁直。龙张口衔尾，目光如炬，张口露齿，双角长，后垂上卷，双耳上翘，通体窄长，尾细尖上卷，龙身有一处卷云纹装饰。

龙形玉环

西汉

径 7.8 厘米

定州八角廊汉墓出土（M40:325）

河北省文物考古研究院藏

白玉，器体扁平，两面纹饰相同。龙团身呈环形，张口衔尾，双面露齿，龙角下垂上卷，双耳上翘，龙身一半有卷云纹装饰，另一半中间阴刻一条细线将其分为两部分，上有短线装饰。

龙形玉环

西汉

径 6.3 厘米

定州八角廊汉墓出土（M40:326）

河北省文物考古研究院藏

白玉，受沁发黄。两面纹饰相同。龙张口衔尾，双面露齿，双耳上翘，阴线刻画出龙身轮廓，龙身装饰有短线纹和卷云纹。

龙形玉环

西汉

径 8.3 厘米

定州八角廊汉墓出土（M40:330）

河北省文物考古研究院藏

卷龙形，白玉，有褐色沁，通体磨光，菱形眼，龙张口衔尾，三角形耳后贴，龙角下垂，颈部有细线装饰，阴线刻画出龙身轮廓，上有短线装饰。

龙纹玉环

东汉

直径 10 厘米，孔径 4.7 厘米，厚 0.4 厘米

邗江县甘泉老虎墩墓出土

扬州博物馆藏

双面透雕，主体纹饰在正面，主体为一条螭龙，张口露牙，龙首上有犄角，龙身卷曲盘旋两周，另有一条螭龙龙身蜿蜒盘绕其上，龙身阴刻短线作羽毛装饰，背面纹饰简化。

三龙纹玉环

西汉

外径 9 厘米，内径 5 厘米，厚 0.3 厘米

献县陵上寺汉墓出土（M36:91）

河北省文物考古研究院藏

这件玉环的结构与南越王墓出土的三龙纹玉环相似，但制作稍显粗糙，应该也是组佩中的一部分，其中两条龙相对，阴刻弧线作为龙身，盘旋环绕在云气之间。

雷纹玉环

西汉

直径 12 厘米，孔径 8.2 厘米

徐州狮子山楚王墓出土

徐州博物馆藏

西一耳室出土，白玉，器身满饰 8 组相对称的云雷纹，每组云雷纹由网状纹饰相隔，由内向外分成从小到大的三圈，每圈均有弦纹相隔，该器通体莹润、雕刻精致。

◎龙形佩

战国时期，大量龙形佩出现，到了汉代，龙形佩的数量下降，但是形象刻画得更加细致，身形流畅，有较强的力量感。

龙形玉佩

西汉

通高 4.2 厘米，宽 7 厘米，厚 0.15—0.2 厘米，孔径 0.15 厘米

天长三角圩汉墓（M1）出土（M1:57）

天长市博物馆藏

白玉，透亮，通体磨光，器薄，双面镂空，龙口微张，眼睛处有一孔，龙身盘曲折叠呈三角形，龙身有短线和云纹装饰，线条流畅。

龙形玉佩

西汉

最大径 4.16 厘米，最大宽度 1.27 厘米，厚 0.4—0.49 厘米

巢湖放王岗一号墓出土（FM1:240）

巢湖市博物馆藏

白玉，龙张口衔尾，双耳上翘，龙身装饰有双线刻画的鱼鳞纹，两肢贴于龙身，龙身与龙尾之间用双折线纹隔开，尾部阴刻一条细线，将其分为两部分，上有短线装饰。两边纹饰相同。

龙形玉佩

西汉

长 6.2 厘米，宽 4 厘米，厚 0.4 厘米

徐州天齐汉墓出土

徐州博物馆藏

白玉。整体造型为一只回首的腾龙，造型突破了边框的束缚。玉龙回首，张口露齿，双耳上翘，两肢一前一后呈行走状，龙身弯曲上翘，龙尾细长，龙身阴线刻画有云纹装饰。

龙形玉佩

西汉
高 4.7 厘米，宽 2.8 厘米
盱眙东阳 4 号墓出土
南京博物院藏

白玉，龙身较厚，张口衔尾，整体呈椭圆形。张口露牙，菱形眼，头顶有分叉的龙角，脸部有圆圈形饰，用短线刻画出鬃毛，龙身上卷，尾部分两叉并与龙首相连。

S 形玉龙佩

西汉
高 13.8 厘米，宽 9.7 厘米，厚 0.48 厘米
徐州狮子山楚王墓出土
徐州博物馆藏

青玉，表面泛黄。整体造型呈 S 形，龙口微张，菱形眼，龙须下垂上翘，龙角自耳后伸出下卷，一肢伸出抵住龙角，通体有谷纹装饰。穿孔有两个，分别在龙的头部和长角处，长角处的穿系用孔有二次钻孔的痕迹。这件玉龙出土于狮子山楚王墓西二侧室内。

S 形玉龙佩

西汉
长 14.6 厘米，宽 7.8 厘米
徐州狮子山楚王墓出土
南京博物院藏

白玉，头部和尾部有褐色沁，造型修长，昂首直立，龙口微张，龙须下垂上卷，双耳上翘，龙角自耳后下垂，颈下伸出一肢，下身及尾部卷曲，装饰有谷纹，整体呈 S 形，玉龙头部有穿孔，可能是通过悬挂使用。这件玉龙出土于狮子山楚王墓的甬道内。

S 形玉龙佩

西汉
通长 18 厘米，宽 11.9 厘米，厚 0.5 厘米
徐州狮子山楚王墓出土
徐州博物馆藏

青玉，刻画细致，张口露齿，圆眼长眉，目光如炬，双耳上翘，耳后伸出细长的龙角，龙角上卷，颈部伸出一爪，抵于龙角，龙身装饰有勾连谷纹；龙身与龙尾交接处伸出两肢，龙尾张开上卷，长而丰满。龙身周围有云纹装饰。龙身中部有一孔，推测作为玉珩使用。整体造型方正而不呆板，刻画线条流畅，展现出较强的力量感。这件玉龙出土于楚王墓地宫前堂内。

◎玉珩

珩与璜结构相似，研究者们经常混为一谈。从佩戴方式上来看，珩在佩戴的时候凸面朝上，凹面向下，这是珩与璜的区别。考古材料表明，玉璜自新石器时代开始使用，流行于西周时期；春秋早期开始，璜类器物逐渐被珩类器物所替代。[1] 西汉早中期的玉珩在继承战国中晚期玉珩制作风格的基础上，渐趋形成汉代造型简约流畅、朴实生动的风格特征；西汉晚期至东汉，玉珩的数量急剧减少，多数玉珩制作不精，加工简单粗糙 [2]。玉珩除了作为组玉佩中的装饰之外，也有作玉握之用。

[1] 孙庆伟．两周“佩玉”考 [J]. 文物，1996，(09):89-94.
[2] 吴公勤．徐州地区出土汉代玉璜研究 [J]. 中原文物，2020，(03):115-119.

龙首玉珩

西汉
长 10.1 厘米，宽 3.2 厘米，厚 0.45 厘米
定州八角廊汉墓出土（M40:329）
河北省文物考古研究院藏

白玉，受沁发黄，有褐色沁斑，玉质温润，有玻璃光，两侧透雕龙首，颈部有细线装饰，器身装饰有谷纹，弧背中间有一钻孔。

谷纹玉珩

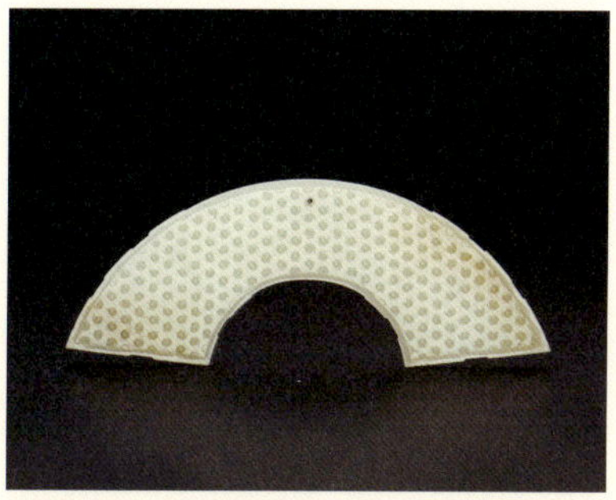

西汉
长 18 厘米，宽 5.3 厘米，厚 0.6 厘米
徐州狮子山楚王墓出土
徐州博物馆藏

青白玉，两端有褐色沁，体扁平呈弧形，两端平齐，边缘有扉牙，弧背上端有穿孔；通体装饰有谷纹，布局舒朗。

龙首玉珩

西汉
长 23.8 厘米，宽 4.5 厘米，厚 0.5 厘米
徐州天齐汉墓出土
徐州博物馆藏

2 件，青玉。正背两面纹饰相同，两端透雕龙首，颈部有斜线纹装饰，中间阴刻龙首双身的兽面纹饰。正中顶部有一单面钻穿孔。在徐州地区，珩形玉握基本上都是与玉面罩搭配使用。根据目前资料看，两端雕龙首的玉珩大部分都属于握具。[1]

[1] 天齐汉墓尚未发表考古报告，这两件玉珩的具体出土地点不明，但在徐州博物馆出版图录中有其作为握玉的表述。

出廓龙首玉珩

西汉
长 13.7 厘米，宽 4.6 厘米
徐州陶家山汉墓出土
徐州博物馆藏

白玉，整器扁平呈弧状，左右两侧透雕龙首，龙口微张，阴线刻画眼部及鬃毛，中部装饰有勾连谷纹，上下出廓透雕有卷云纹，相连部分将勾连谷纹一分为二，正中顶部及两端均有佩挂用的小圆孔。

出廓龙首玉珩

西汉
长 10.8 厘米，宽 2.1 厘米，厚 0.3 厘米
定州八角廊汉墓出土（M40:319）
河北省文物考古研究院藏

白玉，两面纹饰相同，两端透雕龙首，眼部及颈部鬃毛用阴线雕刻，器身上有卷云纹装饰，上部外缘透雕对称卷云纹装饰，可能作为组玉佩。

◎凤鸟纹

凤鸟纹是汉代玉器上另一类常见的主题。汉代深受楚文化的影响，楚人崇凤，同样反映在玉器上。

凤纹系璧

西汉
长 6.7 厘米，宽 3.6 厘米，厚 0.35 厘米
定州八角廊汉墓出土（M40:299）
河北省文物考古研究院藏

系璧是用于佩戴的一类小璧，这件玉璧内圈为一云纹小璧，外圈套一谷纹玉璧，内外圈有三处连接，其中一连接处钻有一小孔，两边出廓镂雕有凤鸟，凤鸟圆目尖喙，头戴冠，抬首挺胸，上下两肢似简化成翎羽，尾羽分歧，分歧处有网纹装饰。相较于战国晚期中山国出土的凤纹系璧，汉代对于凤鸟的刻画更为细致具体。

凤鸟形玉佩

西汉

长 7 厘米，背宽 1.8 厘米，厚 0.44 厘米

巢湖北山头一号墓出土（BM1:103）

巢湖市博物馆藏

白玉，边缘受沁发黑，主体为一璜形佩，上端出廓透雕一凤鸟，圆头尖喙，身体呈 S 形，两翼张开，似蹲踞在璜形佩上，凤尾部一端断面处刻“白（伯）四十二一”5 字，璜形佩背面有片切割痕迹。

凤形玉佩

西汉

长 6.5 厘米，宽 3.4 厘米，厚 0.5 厘米

巢湖北山头一号墓出土（BM1:111）

巢湖市博物馆藏

青玉，受沁发黄，表面有玻璃光。主体为一站立回首凤鸟，有弧形冠，圆眼尖喙，尾羽散开，上卷的尾羽中间装饰有柿蒂纹，另有一瓶形装饰，瓶上阴线刻画有卷云纹[1]，瓶口上有一穿孔。这件玉器有较强的楚式风格，装饰系统与安徽长丰县杨公战国墓中出土的龙凤形玉佩颇为一致。

[1] 瓶上阴线刻画的外圈的卷云纹也有可能是凤鸟纹的简化和变体，参见：廖泱修：从凤鸟纹至柿蒂纹 [M]// 杨建芳师生古玉研究会 . 玉文化论丛 1. 文物出版社，众志美术出版社，2006:179-207.

龙凤形玉佩

西汉

长 5.5 厘米，宽 2.8 厘米，厚 0.4 厘米

巢湖北山头一号墓出土（BM1:121）

巢湖市博物馆藏

白玉，边缘有褐色沁斑，整体略呈长方形，透雕和线雕相结合，一龙一凤缠绕，凤鸟略向前倾，尖喙，两只凤爪迈步向前，玉龙回首，从装饰风格上看，龙凤交叉的身体似与玉龙为一体，卷尾上刻“上四”2字。

◎觿

觿，是一类可以用来解结的器物，下端尖锐。《说文解字》："觿者，佩角锐耑可以解结。"两周时期，多见玉觿，玉觿的实用功能减退，更多地起到象征贵族身份和君子德行的作用，《说苑·修文篇》云："能治烦决乱者，佩觿。"汉代，玉觿作为组玉佩中的一部分，有时成对出现，在佩戴者行走时与其他玉佩相碰触而发声，以节行止。[1]

[1] 陆建芳，欧阳摩壹．中国玉器通史·战国卷 [M]. 海天出版社，2014:154.

龙纹玉觿

西汉

长 8.9 厘米，宽 0.15—2.35 厘米，厚 0.15—0.45 厘米

巢湖北山头一号墓出土（BM1:116）

巢湖市博物馆藏

青玉，有褐色沁斑，整器透雕成龙形，龙回首张口，口衔翎羽，身体呈 S 形，造型刚劲有力，长尾似锥形，颈部有一穿孔。

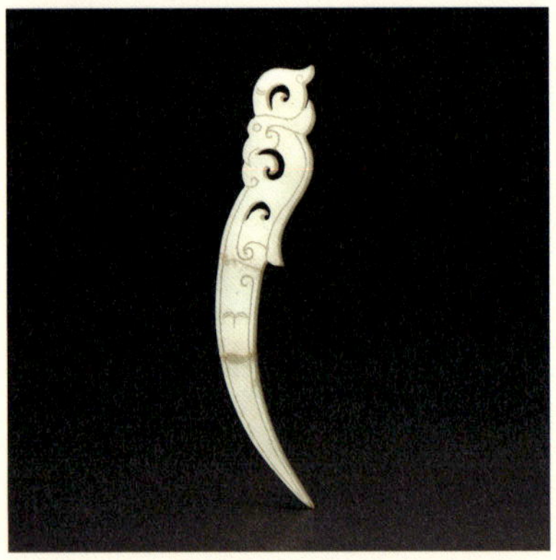

凤纹玉觿

西汉

长 9.5 厘米

定州八角廊汉墓出土（M40:338）

河北省文物考古研究院藏

白玉，两面纹饰相同。凤鸟曲颈回望，圆眼尖喙，头顶有云纹卷曲成高冠。以阴刻线勾勒凤鸟轮廓，线条流畅。

◎韘形佩

《说文解字·韦部》："韘，射决也，所以钩弦。以象骨，韦系，著右巨指。"即韘是射箭的人戴在右手大拇指上，并用韦固定以免滑落，作拉弦开弓之用，与射礼密切相关。玉韘自商代晚期开始出现，早期有较为明显的实用功能；随着"君子比德于玉"的观念兴起，春秋战国时期，玉韘逐渐从实用器演化成具有象征意义的装饰品，象征佩戴者拥有射御能力和决断力。[1] 到了汉代，玉韘已经完全脱离了使用功能，器物逐渐变得扁平，同时在鋬的两侧增加了装饰，具有典型的时代特征。[2] 关于韘形佩的定名，2011 年青岛土山屯汉墓（M6）出土的一件韘形佩与其棺内墨书遣册背面第五行首书"玉決一"相对应，这是该器物首次与出土文献相对应 [3]，解决了长期以来学术界讨论的关于韘形佩的定名问题。

[1] 黄曲．浅论"韘"及"韘形佩"[J]. 考古与文物，2011，(02):55-62+75.

[2] 左骏．古代玉护指的流变：芄兰之叶，童子佩韘 [J]. 大众考古，2018，(10):60-73.

[3] 青岛市文物保护考古研究所，青岛市黄岛区博物馆．琅琊墩式封土墓 [M]. 科学出版社，2018:29-32.

韘形佩

西汉

长 8 厘米，宽 3.5 厘米，厚 0.3 厘米

定州八角廊汉墓出土（M40:321）

河北省文物考古研究院藏

黄褐色玉质。器体扁平。其主体部分造型为椭圆形，并在上部凸出一尖，有一回首凤鸟蹲踞其上，中间有一圆形孔，一面呈弧形凹面，其上阴刻云气纹，一面平。器身一侧有玉觿形装饰，尖角，形成玉觿、玉韘合体玉佩，这种韘形佩流行于西汉中晚期。

韘形佩

西汉

高 7.1 厘米，宽 4.4 厘米，厚 0.4 厘米

西安北郊陈请士墓出土（M170:40）

西安博物院藏

青黄色玉质，有褐色沁斑。片状盾形，两面造型略有不同，中间钻有一圆孔。正面圆孔下呈弧形凹面，其上阴刻云气纹，两侧和顶部均镂空。其图案为变形且完全不对称的卷云纹。表面又随形琢出阴线云纹。背面中孔基本处于一个平面。具有较强的装饰性。

◎玉舞人

玉舞人流行于战国秦汉时期，舞人一般着长袖，一手绕过头顶，长袖垂于身侧。舞袖是中国古代舞蹈的一大创造，长袖的运用，延长了人的肢体，大大扩展了身体的表现力，使情感的表达更为丰富。[1] 同时，袖舞的形象还大量出土在汉代的画像石、陶俑等艺术形式上，应该与当时社会喜舞有关。

[1] 袁禾，赵沨 . 中国古代舞蹈史教程 [M]. 上海音乐出版社，2004:37.

陶绕襟衣女舞俑

西汉

高 52 厘米，宽 48 厘米

徐州驮篮山楚王墓出土

徐州博物馆藏

舞俑发髻后绾，眉眼清秀，身材纤细，身体弯腰向前，向左略倾，双臂一前一后抬起，长袖随之抛甩，手臂弯肘处刻有“五”字，长裙拖地。舞俑的造型充满动感，应是楚王宫内舞者的生动写照。

玉舞人

西汉

高 5.3 厘米，宽 3.1 厘米，厚 0.35 厘米

西安井上村汉墓（M24）出土（M24:12）

陕西省考古研究院藏

青玉，表面呈淡黄色，并有少量絮状斑纹，局部受沁呈红褐色。圆脸，细眉大眼，直鼻小嘴，发髻挽起；身体向右倾，一袖上扬越头顶，长袖垂至裙角，一手叉腰，长袖垂摆并回卷；腰部阴线刻画有束带，束带下有 V 形装饰，长裙拖地，用不同的凹凸沟槽刻画出裙袂飘逸的动感。

玉舞人

西汉

高 4.3 厘米，厚 0.15 厘米

献县陵上寺汉墓[1]出土（M36:98）

河北省文物考古研究院藏

玉质受沁发黄，鹅蛋脸，眉眼含笑，一手上扬越过头顶，长袖垂于脸侧，一手环抱状置于腰前，另一长袖垂于长裙一侧，长裙拖地，裙裾飘扬，上下端各有一穿孔。

[1] 墓主人推测为西汉河间王或者王妃。

玉舞人

西汉

高 6.9 厘米，宽 2.5 厘米，厚 0.5 厘米

广州西村凤凰岗 M1[1] 出土（M1:23）

广州市文物考古研究院（南汉二陵博物馆）藏

器身受沁呈灰白色，刻画细致，生动逼真。玉舞人头部有扇形覆额[2]，两侧有垂发，背面脑后下垂一束编发。鹅蛋脸，面部立体。舞人直立，衣右衽，着宽袖，袖口、衣缘均有装饰，长裙拖地。阴刻弧线展现宽袖的垂感；右手置于腰腹，左手上扬，手部残断。脚部和上扬的左手处各钻有一圆孔。南昌海昏侯墓出土的玉舞人形象与其类似，有研究者认为此类玉舞人形象流行的年代应为战国晚期。[3]

[1] 墓主人推测为第三代南越王赵婴齐。

[2] 有学者认为这一覆额可能为假发，参见：练春海 . 海昏侯墓出土玉舞人研究 [J]. 艺术学研究，2023，(04):93-102.

[3] 樊文杰，张杰 . 南昌汉代海昏侯国刘贺墓出土玉舞人年代考 [J]. 南方文物，2018，(02):156-160+155.

穿长裙玉人佩

西汉
高 4.5 厘米，宽 1.5 厘米，长 2.9 厘米
咸阳渭城龚家湾地区机砖厂汉墓出土
咸阳博物院藏

白玉，表面有褐色沁斑。圆雕，玉人为站立状，身体略向前倾，双手拱于胸前，双手之间上下钻一圆孔。玉人头部似戴冠，面部仅刻画了大致轮廓。身着长裙，背部裙摆拖地。

◎滇国玉器

滇国玉器以装饰品居多，占其出土量的近 80%，有的用于佩戴装饰，有的作为衣饰。其中玉耳玦与突沿玉镯都是滇国玉器中代表性的装饰品。绝大多数的滇国玉器都素面无纹，保留了玉石原本的质感，这是滇人审美取向的体现。[1]

[1] 赵美，张杨，王丽明．滇国玉器 [M]. 科学出版社 ,2003:13.

突沿玉镯

西汉
外径 11 厘米，内径 6 厘米；外径 10 厘米，内径 5.5 厘米
晋宁区石寨山古墓群 M11 出土（M11:14、M11:16）
云南省博物馆藏

2 件。米黄色。突沿玉镯是滇国文化中非常有特点的装饰品，滇国文化青铜器中的许多人物手上都佩戴有突沿镯。玉镯肉呈扁平状，内部有一圈突起，从正面观察为三圆造型。三圆造型圆正，剖面呈 T 形。早在商代殷墟妇好墓中即出土有有领玉璧，其形制与汉代滇国的突沿玉镯高度相似。[1]从时间上看，滇国出土的突沿玉镯较商代妇好墓出土的有领玉璧晚了近 900 多年，突沿玉镯应该是在商代经过漫长的时间传入滇国，并在滇国高度发展的。[2] 关于突沿玉镯的来源问题，荆志淳对石寨山古墓群 M71 出土的有领玉镯进行了近红外光谱的检测，发现其与殷墟出土的有领玉璧都是含有微量蛭石的软玉，因此不排除石寨山的有领玉璧等玉器可能是来自中原地区或长江流域的历史传世品。[3]

有领玉璧与有领玉环 殷墟妇好墓出土

[1] 朱乃诚．殷墟妇好墓出土有领玉璧与有领玉环研究 [J]. 江汉考古，2017, (03):109-118.
[2] 赵美，张杨，王丽明．滇国玉器 [M]. 科学出版社 ,2003:37.
[3] 荆志淳．云南晋宁石寨山 M71 出土部分玉、石器的矿物学鉴定 [M]// 云南省文物考古研究所，昆明市博物馆，晋宁县文物管理所．晋宁石寨山：第五次发掘报告 [M]. 文物出版社 ,2009.

玉耳玦

西汉

长 2 厘米，宽 2.5 厘米

晋宁区石寨山古墓群出土

云南省博物馆藏

米黄色，磨制极薄，薄片圆圈状，上端缺一口，口两端各有一小圆孔，以便大小数十枚玉玦能够重叠穿缀成套。

延年

“延年”出廓玉璧

东汉

直径 15.8 厘米，厚 0.7 厘米

咸阳周陵乡新庄村出土

咸阳博物院藏

青玉，玉色纯净，下半部残失，两面造型纹样基本相同，内孔缘和外廓缘凸出，璧面浮雕排列整齐的乳丁纹。乳丁纹有扎手感，出廓部分正中镂雕篆书“延年”二字，左右两侧各镂雕一只螭龙，其头部近似梯形，两耳向外延伸，头顶饰有长角，四肢前伸后蹬呈屈体行走状，尾部分歧且呈花枝状。螭虎面部、身躯、四肢、尾部均琢出弧线或短平行细线。左侧螭虎肩饰翅羽，雕刻精细。“延年”二字表面亦琢出细阴线。“延年”也是汉代常用吉语，是汉人追求长生思想的反应。有趣的是，在汉宣帝及汉宣帝之前的史料记载里，出现了多位以“延年”为名的人物，最有名的可能是汉代宫廷音乐家李延年。[1]

[1] 赵俊秋 . 汉代人名研究 [D]. 哈尔滨师范大学，2023.

宝石微雕串饰

东汉

徐州土山一号墓[1]出土

南京博物院藏

该组宝石微雕串饰从左至右，依序为玉连胜、琥珀有翼蹲兽、绿松石子母有翼卧兽、青金石有翼卧兽、青金石有翼蹲兽、绿松石子母鸽。

玉连胜：长 1.9 厘米，宽 1.2 厘米。白玉，器身受沁发黄。两件胜形饰，中间有一横簪相连，两端簪头各有一圆柱形凸起，器身中间有一穿孔。

[1] 推测墓主人为彭城王后。

琥珀有翼蹲兽：高 2 厘米。造型与青金石有翼蹲兽基本一致，刻画更为细致，腹部刻画出双乳和肚脐，背部也有两处圆形凹陷。

绿松石子母有翼卧兽：长 3 厘米。圆雕，为一大有翼兽环抱小兽，有翼兽头有独角，张口露齿，身体两侧有翼，中间有一穿孔；小兽头部趴在双爪上，简单刻画了脸部形态。

青金石有翼卧兽：长 2.7 厘米，高 1.9 厘米。有翼兽趴伏在地上，侧首环顾，头部有一角，身体两侧有双翼。

青金石有翼蹲兽：高 2 厘米。张口露齿，脑后有双角，身体两侧有翼，袒胸露乳，两前肢垂于身体两侧，爪子放于后肢上，呈踞坐态。

绿松石子母鸽：长 1 厘米。圆脑袋，圆眼，尖喙，减地雕刻母鸽的翅膀和层叠的尾羽。母鸽回首似在给站立在背部的小鸽子喂食，另一面的腹部雕刻有内收的爪子，另有一横穿孔。

孙机先生认为这类小兽为简化了的辟邪，可与汉代《急就篇》中的“系臂琅玕虎魄龙”“射魃辟邪除群凶”相对照，为系臂之物。[1]

[1] 孙机．汉代物质文化资料图说 [M]. 文物出版社，1991:403.

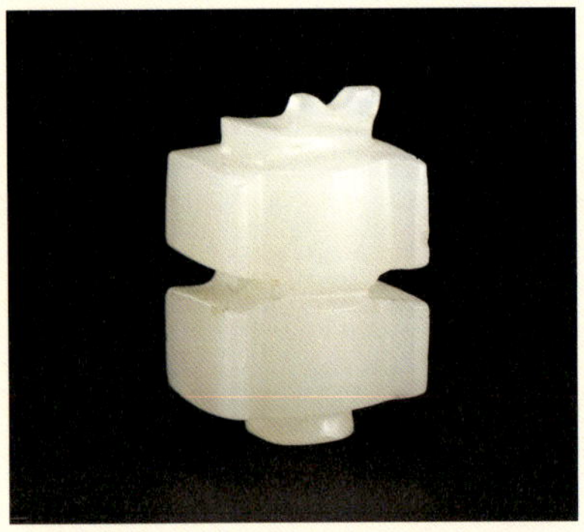

连胜佩

东汉

宽 2.4 厘米，高 1.4 厘米

扬州甘泉三墩出土

南京博物院藏

白玉。传说中，西王母戴胜。日本学者最早将乐浪古坟出土的形如篆体“五”字、中间为圆形并有小竖长方孔形镂空的玉饰与汉代画像石及铜镜上的西王母头上的装饰联系起来，并将其命名为“胜”。此玉佩形态为胜。西汉晚期出土了一类配饰：两个胜形器，中间有一横簪相连，两端簪头外凸，称为连胜佩。连胜佩，又称“双胜佩”“司南佩”等。司南佩是连胜佩的一种形式，因连胜佩中一头的簪头为勺形、似为司南而得名。这件连胜佩，两端胜形厚实，中间横簪弱化，仅为一短轴相连。两端簪头外凸，形制各异，一端为勺形，另一端为一小柱，器身中间有一穿孔。[1]

[1] 关于连胜佩的梳理，参见：廖薇．汉代连胜佩小议 [J]. 江汉考古，2024，(02):105-112.

玉翁仲

东汉

高 4.1 厘米

扬州邗江甘泉 2 号墓 [1] 出土

南京博物院藏

青玉，受沁，圆雕玉人，头戴冠，斜刀雕刻眉毛、眼睛和嘴巴，衣右衽，长袍拖地，腰侧有一贯穿孔。这类玉人称为“玉翁仲”，来源于秦始皇铸造的铜人翁仲。佩戴翁仲，可能有守护辟邪之意，出土数量不多，但在故宫博物院所藏传世品有几十件。[2]

[1] 推测为广陵王刘荆墓。

[2] 徐琳．汉代玉器研究 [M]. 故宫出版社，2024:496.

玉严卯

东汉

边宽 1.1 厘米，高 2.2 厘米

扬州甘泉三墩出土

南京博物院藏

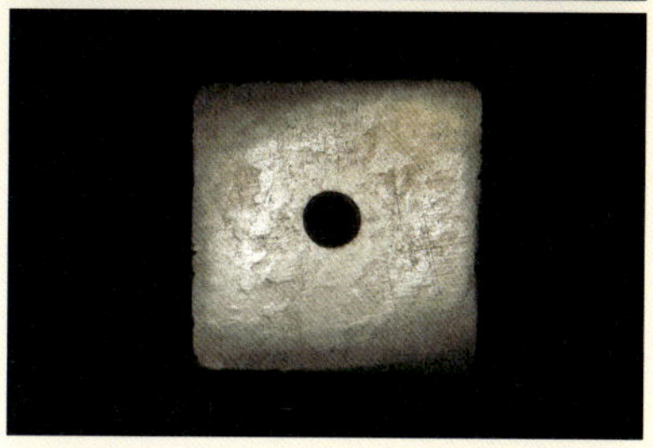

白玉，玉质温润，为上下大小相等的方柱体，中间有一圆形穿孔。外壁四面各刻有两竖行殳书，共计 32 字，内容为："疾日严卯，帝令夔化。真玺固伏，化兹令殳。既正既直，既觚既方。厈疫冈瘴，莫我敢当。"刚卯与严卯器形类似，上刻文字略有不同，二者合称为"双卯"，是汉代特色的驱疫辟邪玉器。《后汉书·舆服志》里记载根据佩戴者身份不同，双卯的材质也不一样。目前仅安徽亳州凤凰台一号墓[1]出土有一对双卯，其他均为单件出土。

[1] 亳县博物馆 . 亳县凤凰台一号汉墓清理简报 [J]. 考古，1974，(03):187-190+214.

◎圆雕

1966—1976 年间，在咸阳市渭陵建筑遗址内先后发现了 6 件圆雕器物，是汉代圆雕作品的代表。汉以前玉雕动物以平面刻画或浮雕为主，即便零星出现的圆雕，都是"方形"布局和结构，这一现象至汉代被打破，此时大型圆雕动物玉器姿态逼真，动感十足。[1]另外，圆雕动物形象中出现了"有翼神兽"这一主题，该主题受到西亚、中亚和欧亚草原艺术影响，但又有本土化的改造。春秋战国时期，青铜器上即有这一主题表现；秦代以后，有翼神兽大流行，有包括铜、陶、金、玉各类小型器物，东汉以后还见于开放空间的大型神道石刻。[2]

[1] 寻婧元 . 招祥引瑞：汉代大型圆雕动物玉器的功能与象征意义 [J]. 美成在久，2017，(06):40-55.
[2] 李零 . 入山与出塞 [M]. 文物出版社，2004:136-144.

玉人奔马

西汉

高 7 厘米，长 8.9 厘米

汉元帝渭陵建筑遗址出土

咸阳博物院藏

白玉，质料润泽，雕刻精细。主体为一昂首戴盔、着短衣、手拿灵芝仙草的仙人骑马的形象。短衣似为翎羽。天马作奔跑状，马身健硕，四肢有力，张口露牙，鬃毛清晰可见，马身两侧刻画飞羽，彰显了玉人与天马特殊的身份。玉马下方为一块玉板，可稳定器身。底部刻有精细流云纹，表明天马奔腾于云气之中，完善了图像的设定，是汉人羽化成仙、追求长生思想的反映，与器物的功能密切相关。

玉鹰

西汉

长 7 厘米，宽 5 厘米，翅宽 7.1 厘米，尾宽 2.6 厘米，高 2.5 厘米

汉元帝渭陵建筑遗址出土

咸阳博物院藏

白玉，留有红皮，圆雕。圆头，尖喙，展翅，两爪内收，神情凛然，飞羽重重叠叠，层次分明，背部用阴线刻画出 V 形纹饰表示背羽，尾羽微张。

玉熊

西汉

长 8 厘米，高 4.8 厘米

汉元帝渭陵建筑遗址出土

咸阳博物院藏

白玉，玉质细腻莹润，圆头、圆眼，长吻、圆耳后贴，脖颈处刻画有鬃毛，肩部隆起，臀低于肩，身躯壮硕，四肢粗短有力，呈走姿，足部刻画出肉垫。玉工在刻画时最大程度地保留玉料的质感，刻画线条简练生动。

玉辟邪

西汉

长 7 厘米，高 5.4 厘米

汉元帝渭陵建筑遗址出土

咸阳博物院藏

白玉，留有红皮。昂首前视，鼻部上翘，张口露齿，有尖牙，下有长髯，三角形耳，头部有双角，面颊两侧有鬃毛；挺胸蹲踞，胸部刻画有长毛，身体两侧有双翼，四肢有力，腿部有鬃毛，四爪锋利，长尾向下内收，略向上卷，两后腿之间有凸起。四足刻画肉垫。这类神兽形象与狮子密切相关。狮子的传入与被称作“狮子”是在汉代。[1]

[1] 李零 . 入山与出塞 [M]. 文物出版社，2004:130.

玉辟邪

西汉

长 5.8 厘米，高 2.5 厘米

汉元帝渭陵建筑遗址出土

咸阳博物院藏

白玉，留有红皮。头部向前，张口露齿，有獠牙，匍匐行走状，似向前对峙。头部有犄角，面颊两侧有鬃毛，身披双翼，腿部刻画有鬃毛，尾部下落分歧。四足刻画肉垫。李零先生将这类造型的神兽称为“蝦蟆”式。[1] 这件辟邪出土于一件小型的青铜鼎中，同在青铜鼎内的还有两件小型铜钟。

[1] 李零 . 入山与出塞 [M]. 文物出版社，2004:96.

鎏金瑞兽云气纹鼎

西汉

通耳高 8 厘米，通耳宽 9.6 厘米

汉元帝渭陵建筑遗址出土

咸阳博物院藏

盖与器合成一个扁圆形体，盖上有三个环形钮，附耳为“Ω”形，一耳受压后弯折，器盖中间刻有一双角瑞兽，周围刻有云气纹装饰，除线刻纹饰区域外通体鎏金，器盖边缘线刻一周几何三角纹装饰，直口，器身三足矮而上端肥大，是汉代流行的青铜鼎的样式。

鎏金编钟

西汉

通高 4.2 厘米，宽 2.9 厘米，厚 0.4 厘米

汉元帝渭陵建筑遗址出土

咸阳博物院藏

合瓦形体，通体鎏金，甬上有弦纹装饰，甬上有干，枚的分布占腔体高的二分之一，鼓的部分素面无纹，与玉辟邪共出于青铜鼎中。

鎏金纽钟

西汉

通高 6 厘米，宽 4 厘米，厚 0.4 厘米

汉元帝渭陵建筑遗址出土

咸阳博物院藏

合瓦形体，U 字形钮，平舞，通体鎏金，枚的分布占腔体高的二分之一，鼓的部分素面无纹，与玉辟邪共出于青铜鼎中。

辟邪形玉壶

东汉

壶高 6.8 厘米，宽 6 厘米，厚 4.5 厘米

邗江县甘泉老虎墩墓出土

扬州博物馆藏

白玉，有圆形银盖，盖顶置一小环。造型为一跽坐辟邪。眼上有长眉，眉间凸起，似为阴线刻画的双角，隆鼻长须，张口露齿，卷舌，叶形耳后贴，面颊两侧有向后的鬃毛。袒胸露乳，右掌平托灵芝仙草，左掌垂于身侧，背部浮雕出层层叠叠的双翼，通体用弧线和短线刻画覆盖身体的毛发，脸部和两臂装饰有圆圈纹样；底部浮雕有弯曲的双足和卷曲的长尾，应作盛放丹药用。

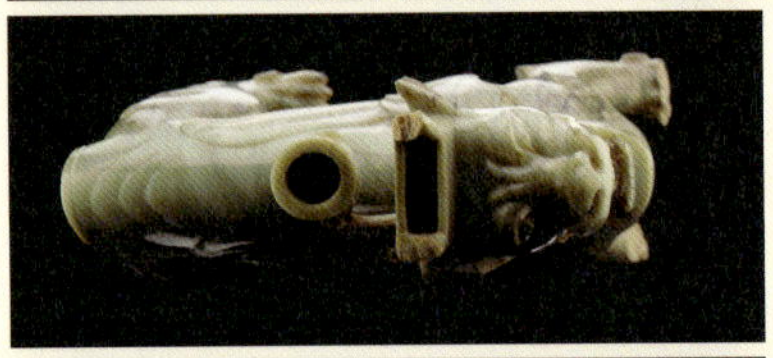

玉辟邪

东汉

残高 18.5 厘米，长 18 厘米，宽 6.7 厘米

宝鸡市金河砖瓦厂汉墓出土

宝鸡青铜器博物院藏

青玉，有较为明显的黑色条带。昂首挺胸，隆鼻鼓目，张口露齿，向天长啸，椭圆形耳后贴，面颊两侧有鬃毛，颔下有长髯，髯上是用游丝毛雕刻画的细长胡须；身躯健硕，两侧有层叠长翼，四肢矫健，姿态似为急停状，三爪残，完好的一爪有四趾，前掌上翘。器身通体阴线刻画有圆圈纹样，这是东汉常见的装饰纹样；另外还用短线、弧线等刻画毛发。头顶有一长方体榫座，已残，背上直立一圆筒，尾部钻出一方形孔。

同墓葬出一组骨质算筹，共 11 根，完好者 5 根，余均残端，最长者 13.4 厘米，最短者 11.7 厘米，大多为 13.2 厘米；筹的两端齐正，粗细均匀，直径一般为 0.35 厘米。[1] 关于该玉器的使用功能，2017 年安徽寿县汉墓新的考古发现出土有器形相似、装有象牙算筹的青铜有翼兽，研究者对比了其他同类器型，认为这件器物应该是件仿古礼器，为仿照“射礼”和“投壶礼”中使用的“中”器，用于盛放计分的算筹 [2]。

铜辟邪形双筒器 寿县汉墓出土

[1] 王红武 . 宝鸡市金河砖瓦厂汉墓 [M]// 文物编辑委员会 . 文物资料丛刊 4. 文物出版社，1981:236.

[2] 谢亦琛 . 汉代“中”器考——以寿县出土辟邪形双筒器为线索展开 [J]. 文物季刊，2024，(04):85-93.

◎镇

镇，是用来压物的器具。汉代使用广泛，与当时的就座方式密切相关，汉代一般在地上铺席就座，但是席子材质较轻，容易挪动，因此，将镇置于席子的边角，用来压席。材料多为金属、玉石等材料。汉镇常见的题材有虎、豹等动物，包含有辟邪的用意。东汉晚期以后，随着家具样式的变化，出现了三面有屏的榻，席子不再需要镇的保护，南北朝时期，这类器物基本不见。[1]

[1] 孙机 . 汉镇艺术 [J]. 文物，1983，(06):69-72.

豹形铜镇

西汉

长 19.7 厘米，宽 11.1 厘米，高 11.5 厘米

徐州狮子山楚王墓出土

徐州博物馆藏

西二耳室出土，出土一对 2 件，均为铜质外壳内灌芯铸造而成。形态与玉豹大体相同，呈趴卧状，叶形眼，双耳后贴，张嘴露舌，头部有一圈鬃毛，神情憨态可掬，两前爪平放于前，后腿相交下，长尾反卷，收于两腿间，脖子上有项圈，项圈后有铜环。底部阴刻有铭文“尚卧，重十三斤十二两十八铢，铅重十九斤十三两十铢”。

玉豹

西汉
长 23.5 厘米，宽 13 厘米，高 14.3 厘米
徐州狮子山楚王墓出土
徐州博物馆藏

西一耳室出土，以青灰色大理石圆雕技法雕成，玉豹侧卧于平台之上。双目圆睁，嘴巴微张露齿，脸部一圈有鬃毛，双耳竖起。脖颈处佩戴有华丽的嵌贝项圈，项圈上有用以系绳的钮。两肢前放，后肢侧卧，长尾从两后腿间反卷曲于背上。豹身有卷云纹装饰，整件玉豹显得既雄健又温顺。这件器物出土时放置在室门旁，或为作守室之用的辟邪镇墓兽。[1]

[1] 徐州汉文化风景园林管理处，徐州楚王陵汉兵马俑博物馆 . 狮子山楚王陵 [M]. 南京出版社，2011:76.

玉耳杯

西汉
长 14.3 厘米，宽 11 厘米
徐州狮子山楚王墓出土（W1:94）
徐州博物馆藏

出土于西一耳室中，青白色，局部有褐色沁斑，由整块玉料雕琢而成，通体抛光，素面无纹饰。耳杯来源于手鞠之抔，后来以杯代抔，所以杯的平面接近双手合掬所形成的椭圆形，左右拇指则相当于杯耳。耳杯的材质有漆器、铜器，玉器较少，仅出土于高等级墓葬中。漆耳杯有作饮酒用，也有作食器用，马王堆汉墓出土耳杯“君幸酒”“君幸食”可为证。青铜的耳杯常与一类“染炉”共出，称为“染杯”，染杯中一般放有蘸料，配合染炉，将肉食放进染杯中烹煎。[1] 狮子山楚王墓出土的这件玉耳杯，与其他饮器共出，应作酒器之用。

[1] 孙机 . 汉代物质文化资料图说 [M]. 文物出版社 ,1991:308.

金扣青白玉高足杯

西汉
高 13.4 厘米，口径 6.7 厘米，底径 4.6 厘米，腹壁厚 0.25 厘米，重 375 克
西安汉宣帝杜陵陵区出土
西安博物院藏

白玉，玉质细腻莹润，口沿和圈足各束有一道金箍。口沿上的金箍宽 0.65 厘米，其中有 0.15 厘米宽包嵌至口沿内侧一周，圈足上的金箍宽 0.5 厘米，其中 0.2 厘米宽向上折一周。平口，深腹，高圈足，腹径上部较大，至底部渐次呈弧形内收，足柄为圆柱体，圈足下端呈喇叭状，杯腔内底呈半球状，杯体外琢磨出 3 组 9 圈凹弦纹，制作规整。
杜陵陵庙遗址共出土 3 件玉杯，形制几乎完全相同，应是汉宣帝御用之物。[1] 其中 1 件玉杯上有 4 道金箍，参照其装饰，图录所收这件也应有 4 道金箍装饰，只是已经佚失。

[1] 刘云辉，刘思哲，王保平 . 汉杜陵陵区新出土的玉杯和玉舞人 [J]. 文物 ,2012,(12):73-79.

高足玉杯

西汉

高 11.7 厘米

徐州狮子山楚王墓出土

南京博物院藏

出土于西一耳室中，狮子山楚王墓共出土2件高足玉杯，另一件为素面。此件高足玉杯为青白玉，杯体上有褐色沁斑。平口，深腹，杯身的弦纹将装饰纹样分成三部分，上部装饰有一组兽面纹，中间为勾连云纹，下部纹样与上部基本相同，但未刻画出兽面，下有喇叭形圈足。

◎樽

樽是汉代最主要的盛酒之器，考古发现出土主要有铜樽、陶樽等。此次收录的三件樽，均为筒形樽，器身筒形，下附三熊足，两件铜樽带铺首衔环，玉樽仿铜樽有铺首装饰。汉代画像石的宴饮场景中也刻画有樽的形象，四川大邑县安仁镇出土的丸剑宴舞画像砖中，画面中央摆放着两件樽，樽下面配“承旋”，樽的里面还有用来分酒的勺；另外在洛阳朱村东汉壁画墓“夫妻宴饮图”中，桌前地面上也摆放着配有承旋的樽。

神兽纹玉樽

西晋

口径 10.5 厘米，通高 10.5 厘米，足高 2 厘米

安乡县黄山镇刘弘墓出土（36）

湖南博物院藏

应为东汉作品。白玉，器身纹饰被三道凹弦纹分割成上下两部分。上层浮雕出对称的铺首，纹饰主体分为3组，头部戴胜、身有羽翼的西王母与持着灵芝草的仙人，一只长尾独角龙一爪抵住从云海中翻腾而出的龙的下巴；铺首另一侧，一只螭龙从云海中钻出，独角龙身扭转与另一只在云气中翻滚而来的龙两爪相对。下层纹饰同样分为3组，从云中走出的独角兽与螭龙对峙，争抢云中仙草，张牙舞爪的熊正与独角龙在云中嬉戏，身披双翼的羽人持仙草戏螭龙。下部刻画有3只承托玉樽的蹲踞的熊的形象，尖脸，圆耳，口部微张。樽上共有10只神兽、3位仙人，再加上3只圆雕蹲熊足、2个铺首，樽体上总计18个雕琢生动的主题纹饰。这些繁密的纹样以流云为衬托，显得飘逸生动且气势恢宏。

两汉时期，对西王母的崇拜有较大的影响力。东汉时期，西王母的形象逐渐演化定型为掌权长生不死、扶危赐福的救世主形象[1]，西王母旁边的仙人，手持的应该就是可以延年益寿的仙草。下层图像里手持仙草的羽人形象，也是汉代浮雕艺术中与长生有关的常见意象，羽人肩负着接引升仙、赐予众生仙草的重要使命。[2] 因此，尽管这件玉樽内发现有黑色残留，发掘者认为是后人留下的墨渍，但是考虑到玉樽上的图示，这件玉樽在设计制作之初主要的功能应与使用者祈求延年益寿密切相关。

[1] 毛娜．汉画西王母图像研究[D]．郑州大学，2016.

[2] 根据研究，在汉代艺术中，羽人形象一般有三项神圣使命：一、接引升仙，赐仙药；二、行气引导，助长寿；三、奉神娱神，辟不详。参见：贺西林．云崖仙使——汉代艺术中的羽人及其象征意义[J]．中国美术研究，2012，(Z1):11-19.

胡传[1]温酒樽

西汉

通高 24.5 厘米，口径 23.4 厘米

右玉县大川村出土

山西博物院藏

出土时共 2 件，尺寸、形制、纹饰相同，通体鎏金，唯一的区别在器口铭文，主体铭文为“中陵胡传铜温酒樽，重廿四斤，河平三年造”。此件器物铭文结尾处多“二”字。

中陵为西汉雁门郡所辖郡县，县治在今山西右玉县威远县南。胡传为用于接待外使（匈奴）的传舍，因此中陵胡传应为中陵县接待外使的传舍。“温酒”，根据孙机先生的观点，与加热并无关系，在汉代“温”字可通“醖”。唐兰先生认为，温酒即为醖酒，是“反复重酿多次的酒”，这种酒采用连续投料法重酿而成，酿造过程历时较长，淀粉的糖化和酒化较为充分，故酒液清淳，酒味酽烈。[2]“重廿四斤”，依汉制，汉代一斤相当于现在的 250 克，“廿四斤”就是 6 千克。“河平”是汉成帝刘骜的年号，河平三年为公元前 26 年。结合相关历史，河平三年，匈奴复株累单于赴长安朝拜汉成帝，这是他继位后第一次（也是唯一的一次）朝拜，根据推测，他的朝拜路线是经过中陵的，因此，这件青铜器应该是为了接待匈奴复株累单于所造。[3]

整器呈直筒状，器形为中原风格，而浮雕图案具有北方草原文化风格。三只蹲踞的熊支撑着器身。器盖中央装饰有柿蒂图案，正中间有一提环，周围间隔环绕着两只虎和两只回首的短尾兽，外圈装饰有三条龙，龙有双角，周身覆盖有鳞片，中部隐于器盖中，似自云气中穿梭而来，这种刻画方式与神兽纹玉樽上云气里龙的表现手法类似。

器身分成上下两层，两侧有兽形铺首衔环装饰。腹部纹饰浮雕出一个神异的山野世界。为一系列真实和想象的禽兽提供了峡谷般的连续界框。这些禽兽既包括相当写实的虎豹、猿猴和鸿雁，也包括神异的蛟龙、九尾狐和飞鼠。后者或从山岩中蜿蜒而出，或展示奇特的多叉尾部和肩上双翼。[4]另外值得关注的是图像中出现的羽人形象，可能是过渡阶段的西王母形象。[5]

[1] 这里采用高海先生在 2025 年 1 月 17 日在“文博山西”公众号上发表的《西汉“胡傳温酒樽和酒樽”新释》中的观点，将铭文第三字考证为“傳”，作传舍意。在此之前，张畅耕先生考证改字为“傅”，胡傅作人名，为雁门郡的都尉。

[2] 孙机．孙机文集：第 3 册 汉代物质文化资料图说・下 [M]. 商务印书馆 ,2023:81-84.

[3] 高海．争鸣丨西汉“胡傳温酒樽和酒樽”新释 .[EB/OL]. 文博山西 .(2025-01-17)[2025-05-01]. https://mp.weixin.qq.com/s/AYcLdiEscUGojw-BbBQ7HA.

[4] 巫鸿先生在其新书《天人之际：考古美术视野中的山水》中，对这一“山野”图式进行了梳理。战国时期，河南辉县琉璃阁出土的刻纹铜奁中出现了“神山”的图样。到了汉代，受到方士的鼓吹和影响，“入山成仙”的概念得到普及。“神山”图像也逐步向“仙山”过渡，表现出了两个变化：一是仙人出现于神山环境中并逐渐占据了视觉焦点，二是独立的仙山取代了复数的神山。这件铜樽则是其中的代表。海昏侯刘贺墓出土有一件“扣银贴金动物纹漆笥”，刻画的神山与动物形象和这件铜樽相近，展现出“神山”图示自战国到汉代使用的连续性。

[5] 陈磊．羽人到西王母：胡傳温酒樽图像考论 [J]. 西北美术 ,2020,(02):140-143.

附盖鎏金铜酒樽

东汉

通高 30.5 厘米，口径 35 厘米

寿县游客中心工地砖室墓出土

安徽楚文化博物馆藏

破损后修复。通体鎏金，有盖，盖中央饰柿蒂纹，推测原装饰有活环，外围装饰有两圈弦纹。器身分成上下两个部分，中间饰一圈宽带，两侧有对称铺首衔环，樽下部有三熊足，器身上部原应镶嵌杂色宝石，现已遗失，器身底部有铭文："建武廿一年，蜀郡西工造乘舆髹泪雕蹲熊足青碧闵瑰饰铜酒樽，容一斛，铜塗工戎、髹工崇、泪工空、雕工安、珠工康、造工安造，护工卒史恽，长汜、丞萌、掾巡、令史郧主。"[1]

故宫博物院收藏有一套建武廿一年樽及承旋，铜樽器形极为相似，仅腹部装饰略有不同，樽的下方多了一件承旋，承旋口沿下铸铭文 1 行 62 字："建武廿一年，蜀郡西工造乘舆一斛承旋，雕蹲熊足，青碧闵瑰饰。铜承旋，径二尺二寸。铜涂工崇、雕工业、涷工康、造工业造，护工卒史恽、长汜、丞萌、椽巡、令史郧主。"故宫博物院的这件樽保存较好，我们能看到熊身上镶嵌的绿松石和其他颜色的彩色宝石，以作参照。

蜀郡工官是汉朝中央政府设立的著名工官之一。蜀郡西工是一处以制造漆器为主，同时制造铜器和少量钢铁兵器的综合性工官，兴盛于西汉中期至东汉中期，有着细致的生产分工和严格的监督管理体系，其产品主要供给宫廷和皇室成员。[2]

铭文大致释读如下：建武廿一年，为东汉光武帝建武二十一年（45 年），"乘舆"在铭文中有"皇帝御用"之意，"髹泪"常在汉代漆器铭文中出现[3]；"青碧闵瑰饰"指的是熊身上镶嵌的不同颜色的宝石；"一斛"是汉代的量词。铜涂工是负责铜器表面鎏金的工匠，髹工是负责在铜器表面初步涂漆的工匠，泪工是负责对铜器表面进行处理的工匠，雕工负责雕琢铜器的纹饰，珠工可能是负责镶嵌宝石的工匠[4]，造工负责最后清洗并检验[5]。"护工卒史"是被派到工官作坊中对官员、工匠及其生产行使监视、督查之职的人。工官中的最高行政长官为"长"，其副职为"丞"，其官秩相当于县长和县丞。"长""丞"之下还有的办事官员"掾"，以及掌管文书的官吏令史[6]，这些官员是这件铜器制造的监督者和管理者。

对比铭文我们可以发现，两件铜器在同一年由同一批官员监督制造，但是制作工匠和制作方法略有不同，其中一位名"崇"的工匠，在制作樽的时候担任髹工，制作承旋的时候担任涂工，承担着双工种。故宫博物院的这件铜樽及承旋出土地点不明，传说 1949 年之前为陕西一个小贩所得，寿县游客中心砖室墓出土的这件铜樽或许可作为其出土地一线索。

建武廿一年樽及承旋 故宫博物院藏

[1] 铭文由北京大学中文系博士后管文韬识读。

[2] 白云翔 . 汉代"蜀郡西工造"的考古学论述 [J]. 四川文物 , 2014, (06):39-51.

[3] 任攀 .《东汉元和二年"蜀郡西工造"鎏金银铜舟》补正——兼说"泪"字 [J]. 出土文献与古文字研究 , 2015, (00): 633-641. 文章中将这两个字解释为涂黑漆和涂红漆，但原器物残损较严重，髹漆情况不明。而故宫博物院藏的铜承旋，熊身镶嵌宝石的孔内涂有红色朱砂，供读者参考。

[4] 这一工匠名称首次在"蜀郡西工造"的铭文中出现，可以为进一步探索汉代玉器的制作提供线索。

[5] 关于工匠的职责分工参照白云翔先生的文章，部分工种职能还需要进一步研究。

[6] 白云翔 . 汉代"蜀郡西工造"的考古学论述 [J]. 四川文物 , 2014, (06):39-51.

鹰座玉琮

西汉

通高 9 厘米，琮宽 6.9 厘米，孔径 5.5 厘米

涟水三里墩汉墓出土（8 号）

南京博物院藏

琮体为白玉质，外方内圆，两端有矮短圆射口，素面，上部有嵌水晶泡的鎏金银盖，下有鎏金银座连接圈足，足下另有四个展翅银鹰托。琮体素面无纹，具有史前玉琮风格，也有学者认为其为西周时期器，其年代应早于战国时期无疑，但盖、座、足等部位则与战国时期铜器风格相近，应为战国时改制添加。[1]

[1] 武留涵，祝熙．江苏涟水三里墩西汉墓的再认识 [J]. 文物春秋 ,2024,(06):3-11.

◎铺首

铺首，常作为容器、棺椁、门扉等器物上的构件使用，实用和象征意义兼而有之。容器上的铺首与商周青铜器上的兽首衔环密切相关，壶、锺、钫类容器常见，方便提拉和抓握；东周时期，棺椁上的铺首同样具有实用功能，可作穿绳引棺之用。至迟到汉代，铺首渐渐脱离了实用性，增加了辟邪、祥瑞、通神的意象和内涵。[1]

[1] 关于铺首的梳理，参见：黄雪雯．两周之际到西汉晚期铺首的考古学研究 [D]. 北京大学 ,2016.

四灵纹玉铺首

西汉

高 34.2 厘米，宽 35.6 厘米，厚 14.7 厘米，重 10.6 千克

汉武帝茂陵陵园出土

茂陵博物馆藏

蓝田青玉，表面呈苹果绿色，是目前考古发现最大的玉质铺首，其主体为双眼圆凸、长鼻露齿的兽面，兽面上浮雕装饰了云气中盘踞的四灵（青龙、白虎、朱雀、玄武）形象。铺首背面有土沁，背面阴线刻画有云纹。鼻梁可衔环，现已佚失；铺首背后有榫，榫上有铆孔，孔内留存有两端削切痕迹明显的金属物，经过光谱分析，金属物质的主要成分是铅。[1]

这样体量的玉铺首推测是作为茂陵陵园建筑上的构件使用，铺首、四灵与云气的结合构筑出“天门”的概念，是汉代升仙思想的反映。

[1] 王志杰，朱捷元．汉茂陵及其陪葬冢附近新发现的重要文物 [J]. 文物 ,1976,(07):51-56+97.

玉兽首衔璧

西汉

通长 16.7 厘米，宽 13.8 厘米，厚 0.7 厘米，璧径 8.8 厘米，好径 3.4 厘米，厚 0.5 厘米

广州象岗南越王墓出土（D156）

南越王博物院藏

出土于墓主人头部。青玉，通体受沁呈米黄色，残留有朱砂。由一整块玉石雕琢而成，上部雕一兽首，兽首左侧透雕一尖脸螭龙，形成不对称的布局；兽鼻下凸出一长方形銎，用以衔接谷纹玉璧，璧的上端琢出相应方孔，与銎孔相衔接，谷纹玉璧可前后摆动。背面光素无纹，可能为战国晚期作品。

镶玉鎏金铜铺首

西汉

通长 12.4 厘米，铺首宽 9.4，环外径 6.8 厘米

中山靖王刘胜墓出土（1:5167）

河北博物院藏

这件铺首根据出土位置推测是漆木器上的附件。中间嵌玉，主体为一兽面形象，圆眼长眉，上有浮雕卷云纹，两边对称，有学者认为，从纹饰特征看，此玉为春秋时期的旧物[1]。外镶铜框，铜框左右两侧为螭龙形象，通体鎏金；兽面下方为一铜钩，钩上挂一铜环，背面有一榫头，榫头与铜钩上有孔。

[1]　徐琳 . 汉代玉器研究 [M]. 故宫出版社 ,2024:375.

玉铺首

西汉

长 6.9 厘米，宽 5.4 厘米

徐州火山刘和墓出土

徐州博物馆藏

青玉，受沁发白。整体为一兽首衔环，额部刻画有桃心形卷云装饰，两角向上卷，瞪目，面部有卷云装饰，兽鼻下卷，曲鼻衔环，环上有绞丝纹，可活动。铺首背面阴线刻画有卷云纹，有一圆形凸钮。这件玉铺首出土于墓主人腰部，置于玉衣之上，可能是作为配饰使用。这也是目前少见的作为人体装饰使用的铺首。

鎏金铜铺首衔环

西汉

纵 4.8 厘米，横 7 厘米，环径 7.2 厘米

徐州驮篮山楚王墓出土

徐州博物馆藏

2 件。额部凸起，形似一对蝶翼，两侧双角外卷，双目圆睁呈菱形，眉毛上翘，面颊两侧有兽爪，鼻部凸起，下衔一圆环，背部有两榫，榫的断面呈方形。

铜锺

西汉

高 47 厘米，宽 37.8 厘米，腹径 34.8 厘米

徐州羊鬼山五号陪葬坑出土

徐州博物馆藏

口部微侈，鼓腹，折曲状圈足。腹部近肩处有对称的兽首衔环，口部、颈部、腹部近圈足处装饰有四道扁宽凸环带。汉代，锺常用来盛酒。

汉代玉器文献目录

浙江大学艺术与考古学院　李静宜　牛美慧　刘洛瑶
良渚博物院（良渚研究院）　王加点

第一部分　考古出土汉代玉器

一、帝（后）陵及陵区

（一）西汉

[1] 雒忠如 . 陕西兴平县茂陵勘查 [J]. 考古 ,1964,(02):86-89.
[2] 咸阳市博物馆 . 咸阳市近年发现的一批秦汉遗物 [J]. 考古 ,1973,(03):167-170+207-208.
[3] 秦波 . 西汉皇后玉玺和甘露二年铜方炉的发现 [J]. 文物 ,1973, (05):26-29.
[4] 王志杰 , 朱捷元 . 汉茂陵及其陪葬冢附近新发现的重要文物 [J]. 文物 ,1976,(07):51-56+97.
[5] 张子波 . 咸阳市新庄出土的四件汉代玉雕器 [J]. 文物 ,1979,(02):60.
[6] 咸阳市博物馆 . 汉平陵调查简报 [J]. 考古与文物 ,1982,(04):45-49.
[7] 刘庆柱 , 李毓芳 . 西汉十一陵 [M]. 西安 : 陕西人民出版社 ,1987.
[8] 陕西省考古研究所 . 汉阳陵 [M]. 重庆 : 重庆出版社 ,2001.
[9] 王保平 . 汉阳陵博物苑 [M]. 北京 : 文物出版社 ,2006.
[10] 刘云辉 , 刘思哲 , 王保平 . 汉杜陵陵区新出土的玉杯和玉舞人 [J]. 文物 ,2012,(12) :73-79.

（二）东汉

[1] 李南可 . 从东汉“建宁”、“熹平”两块黄肠石看灵帝文陵 [J]. 中原文物 ,1985, (03): 81-84.
[2] 严辉 , 张鸿亮 , 卢青峰 , 等 . 洛阳孟津朱仓东汉帝陵陵园遗址 [J]. 文物 ,2011,(09):4-31+1+97.
[3] 王咸秋 . 洛阳市邙山陵墓群内东汉墓 [M]// 中国考古学会 . 中国考古学年鉴 2010. 北京 : 文物出版社 ,2011:292-293.
[4] 洛阳市文物考古研究院 . 偃师华润电厂考古报告 [M]. 郑州 : 中州古籍出版社 ,2012.
[5] 洛阳市文物考古研究院 . 洛阳朱仓东汉陵园遗址 [M]. 郑州 : 中州古籍出版社 ,2014.

二、宫殿基址及祭祀遗址

（一）西汉

[1] 中国社会科学院考古研究所汉城工作队 . 汉长安城武库遗址发掘的初步收获 [J]. 考古 ,1978,(04):261-269+297-299.
[2] 陕西省雍城考古队 . 一九八二年凤翔雍城秦汉遗址调查简报 [J]. 考古与文物 ,1984,(02):18-21.
[3] 王永波 . 成山玉器与日主祭——兼论太阳神崇拜的有关问题 [J]. 文物 ,1993,(01):62-68.
[4] 中国社会科学院考古研究所 , 日本奈良国立文化财研究所中日联合考古队 . 汉长安城桂宫四号建筑遗址发掘简报 [J]. 考古 ,2002,(01):3-15+97-101+104+2.
[5] 王长启 . 从古代玉礼器的发展与衰落看西安市北郊出土的秦国玉器 [M]// 杨伯达 . 出土玉器鉴定与研究 : 中国出土玉器鉴定与研究学术研讨会论文集 . 北京 : 紫禁城出版社 ,2001.
[6] 田亚岐 , 陈爱东 , 游富祥 , 等 . 陕西凤翔雍山血池秦汉祭祀遗址考古调查与发掘简报 [J]. 考古与文物 ,2020,(06):3-24+134+25-49+2+129.
[7] 梁云 , 曹大志 .2004 年甘肃礼县鸾亭山遗址发掘主要收获 [J]. 中国历史文物 ,2005,(05): 4-14+2+89-97.

三、西汉王侯、宗室和贵族

（一）诸侯王

1. 南越国

[1] 广州市文物管理委员会 , 中国社会科学院考古研究所 , 广东省博物馆 . 西汉南越王墓 [M]. 北京 : 文物出版社 ,1991.
[2] 广州市文物管理委员会 . 广州西村凤凰岗西汉墓发掘简报 [M]// 广州市文物考古研究所 . 广州文物考古集 . 北京 : 文物出版社 ,1998:197-206.

2. 赵国

[1] 石家庄市图书馆文物考古小组 . 河北石家庄市北郊西汉墓发掘简报 [J]. 考古 ,1980,(01):52-55.

3. 梁国

[1] 河南省文物考古研究所 . 永城西汉梁国王陵与寝园 [M]. 郑州 : 中州古籍出版社 ,1996.

[2] 河南省商丘市文物管理委员会，河南省文物考古研究所，河南省永城市文物管理委员会．芒砀山西汉梁王墓地 [M]. 北京：文物出版社，2001.
[3] 河南省文物考古研究所，永城市文物旅游管理局．永城黄土山与酂城汉墓 [M]. 郑州：大象出版社，2010.
[4] 余振，周芳，李勇，等．河南永城僖山二号汉墓清理简报 [J]. 文物，2011,(02):20-25+54+97.
4. 楚国
[1] 韦正，李虎仁，邹厚本．徐州狮子山西汉墓发掘纪要 [J]. 东南文化，1998,(03):32-40.
[2] 王恺，邱永生．徐州狮子山西汉楚王陵发掘简报 [J]. 文物，1998,(08):4-33+97-100+1-2.
[3] 韦正，李虎仁，邹厚本．江苏徐州市狮子山西汉墓的发掘与收获 [J]. 考古，1998,(08):1-20+97.
[4] 徐州汉文化风景园林管理处，徐州楚王陵汉兵马俑博物馆．狮子山楚王陵 [M]. 南京：南京出版社，2011.
[5] 王恺，李银德．徐州石桥汉墓清理报告 [J]. 文物，1984,(11):22-40+100-101.
[6] 尤振尧，贺云翱，殷志强．铜山龟山二号西汉崖洞墓 [J]. 考古学报，1985,(01):119-133+152-153.
[7] 尤振尧.《铜山龟山二号西汉崖洞墓》一文的重要补充 [J]. 考古学报，1985,(03): 352.
[8] 邱永生，魏鸣，李晓晖，等．徐州北洞山西汉墓发掘简报 [J]. 文物，1988(02):2-18+68+97-100.
[9] 徐州市驮篮山西汉墓 [M]// 中国考古学会．中国考古学年鉴 1991. 北京：文物出版社，1992:173.
[10] 耿建军．江苏铜山县龟山二号西汉崖洞墓材料的再补充 [J]. 考古，1997,(02):36-46+101-103.
[11] 徐州博物馆，南京大学历史学系考古专业．徐州北洞山西汉楚王墓 [M]. 北京：文物出版社，2003.
[12] 李银德．江苏西汉诸侯王陵墓考古的新进展 [J]. 东南文化，2013, (01): 87-96+127-128.
5. 河间国
[1] 河北省文物研究所，沧州市文物管理处，献县文物管理所．献县第 36 号汉墓发掘报告 [M]// 河北省文物研究所．河北省考古文集．北京：东方出版社，1998:241-260.
6. 济南国
[1] 王守功．危山汉墓——第五处用兵马俑随葬的王陵 [J]. 文物天地，2004,(02),.
7. 济北国
[1] 任相宏，崔大庸．山东长清县双乳山一号汉墓发掘简报 [J]. 考古，1997,(03):1-9+26+97-100.
8. 淄川国
[1] 迟延璋，曹元启，李学训．山东昌乐县东圈汉墓 [J]. 考古，1993,(06):505-513+535+562-563.
9. 鲁国
[1] 山东省博物馆．曲阜九龙山汉墓发掘简报 [J]. 文物，1972,(05):39-44+54+65.
10. 长沙国
[1] 肖湘，黄纲正．长沙咸家湖西汉曹（女巽）墓 [J]. 文物，1979,(03):1-16.
[2] 单先进，熊传新．长沙象鼻嘴一号西汉墓 [J]. 考古学报，1981,(01):111-130+161-166.
[3] 何旭红，黄朴华，马代忠，等．湖南望城风篷岭汉墓发掘简报 [J]. 文物，2007,(12):21-41+2+1.
[4] 宋少华，李鄂权．湖南长沙望城坡西汉渔阳墓发掘简报 [J]. 文物，2010,(04):4-35+97+1.
[5] 赵晓华，张景尧．湖南长沙风盘岭汉墓发掘简报 [J]. 文物，2013, (06): 27-38.
11. 中山国
[1] 中国社会科学院考古研究所，河北省文物管理处．满城汉墓发掘报告 [M]. 北京：文物出版社，1980.
[2] 刘来成．河北定县 40 号汉墓发掘简报 [J]. 文物，1981,(08):1-10+97-98.
[3] 韩立森．河北考古重要发现 1949~2009[M]. 北京：科学出版社，2009: 162-165.
12. 江都国
[1] 李则斌，陈刚，盛之翰．江苏盱眙县大云山汉墓 [J]. 考古，2012,(07):53-59+105-109+2.
[2] 李则斌，陈刚．江苏盱眙县大云山西汉江都王陵一号墓 [J]. 考古，2013(10):3-68+2.
[3] 李则斌，齐军，田长有，等．江苏盱眙大云山江都王陵二号墓发掘简报 [J]. 文物，2013,(01):25-66+1.
[4] 南京博物院，盱眙县文化广电和旅游局．大云山：西汉江都王陵 1 号墓发掘报告 [M]. 北京：文物出版社，2020.
13. 常山国
[1] 河北省文物研究所，鹿泉市文物保管所．高庄汉墓 [M]. 北京：科学出版社，2006.
14. 真定国
[1] 伹庆祺，姚明，张亚琨，等．鹿泉市北新城汉墓 M2 发掘简报 [J]. 文物春秋，2008,(04):18-24.
15. 六安国
[1] 刘春，杨四好．六安古韵大汉遗风——六安双墩一号汉墓出土器物精品述略 [J]. 文物鉴定与鉴赏，2014,(06):26-31.
16. 广陵国
[1] 南京博物院．梁白泉文集・博物馆卷 [M]. 北京：文物出版社，2013:164-

167.
17. 泗水国
[1] 陆建方，欧阳摩一．泗阳大青墩泗水王陵 [J]. 东南文化，2003,(04):26-29.
18. 滇国
[1] 云南省博物馆．云南晋宁石寨山古墓群发掘报告 [M]. 北京：文物出版社，1959.
[2] 云南省文物考古研究所，昆明市博物馆，晋宁县文物管理所．晋宁石寨山：第五次发掘报告 [M]. 北京：文物出版社，2009.
[3] 云南省文物考古研究所，玉溪市文物管理所，江川县文化局．江川李家山：第二次发掘报告 [M]. 北京：文物出版社，2007.
19. 昌邑国
[1] 山东省菏泽地区汉墓发掘小组．巨野红土山西汉墓 [J]. 考古学报，1983,(04):471-499+531-542.
[2] 杨军，徐长青．南昌市西汉海昏侯墓 [J]. 考古，2016,(07):45-62.
[3] 李双君，薛万琪，蔡冰清，等．江西南昌西汉海昏侯刘贺墓出土玉器 [J]. 文物，2018,(11):57-72+97.
20. 广阳国
[1] 大葆台汉墓发掘组，中国社会科学院考古研究所．北京大葆台汉墓 [M]. 北京：文物出版社，1989.
[2] 北京市古墓发掘办公室．大葆台西汉木椁墓发掘简报 [J]. 文物，1977,(06):23-29+84-85.
[3] 中国考古学会．中国考古学年鉴 2001[M]. 北京：文物出版社，2002:105.

（二）列侯、宗室和贵族

1. 陕西
[1] 陕西省文管会、博物馆，咸阳市博物馆杨家湾汉墓发掘小组．咸阳杨家湾汉墓发掘简报 [J]. 文物，1977,(10):10-21+95-97.
[2] 李毓芳．陕西咸阳马泉西汉墓 [J]. 考古，1979,(02):125-135+202.
[3] 孙福喜，杨军凯，孙武．西安北郊枣园大型西汉墓发掘简报 [J]. 文物，2003,(12):29-38+1.
[4] 程林泉，韩国河，张翔宇，等．西安东郊西汉窦氏墓 (M3) 发掘报告 [J]. 文物，2004,(06): 4-21+1.
[5] 寇小石，呼安林，王保平，等．西安理工大学西汉壁画墓发掘简报 [J]. 文物，2006,(05):7-44+1.
[6] 陕西省考古研究院．西安凤栖原西汉墓地田野考古发掘收获 [J]. 考古与文物，2009,(05): 111-112.
[7] 王保平，陈斌，呼安林，等．西安曲江翠竹园西汉壁画墓发掘简报 [J]. 文物，2010,(01): 26-39+97+1.
[8] 段毅，王小雷，贺朋波，等．陕西蓝田支家沟汉墓发掘简报 [J]. 考古与文物，2013,(05): 3-30+100.
[9] 焦南峰，王望生，王书逊，等．西安北郊枣园南岭西汉墓发掘简报 [J]. 考古与文物，2017(06):17-33.
[10] 张小丽，郭昕，朱连华，等．西安市张家堡两座西汉墓葬的发掘 [J]. 考古，2019,(02):23-37+2.
[11] 西安灞桥区溧家村汉墓 [M]// 国家文物局．中国重要考古发现 2019. 北京：文物出版社，2020.
[12] 王曾，李鑫，赵巧，等．陕西西安浐灞生态区广大门汉墓 M14 发掘简报 [J]. 考古与文物，2024,(09):12-26+2.
2. 河北
[1] 黎晖．玉衣片 [J]. 文物参考资料，1958,(11):52.
[2] 何直刚．河北邢台南郊西汉墓 [J]. 考古，1980,(05):403-405+485-486.
[3] 宋登明，曹连彬，宋群印，等．河北隆尧县出土刻花贴金玉片 [J]. 文物，1992,(04):41-44.
3. 山东
[1] 刘心健．山东临沂西汉刘疵墓 [J]. 考古，1980,(06):493-495+580-581.
[2] 曹元启，王学良．山东五莲张家仲崮汉墓 [J]. 文物，1987,(09):76-83.
[3] 郭俊峰，刘剑，李铭，等．济南市腊山汉墓发掘简报 [J]. 考古，2004,(08):15-23+102-107+2.
[4] 林玉海，荆展远，王艳．山东青岛市平度界山汉墓的发掘 [J]. 考古，2005,(06):32-42+98-103+2.
[5] 张耘，李慧，陈庆峰，等．山东滕州市染山西汉画像石墓 [J]. 考古，2012,(01):34-53+1+109-112.
[6] 崔圣宽，蔡友振，李胜利，等．山东定陶县灵圣湖汉墓 [J]. 考古，2012,(07): 60-67+110-111+2.
4. 河南
[1] 丘刚，刘顺安，李合群，等．河南杞县许村岗一号汉墓发掘简报 [J]. 考古，2000,(01):38-44.
5. 江苏
[1] 南京博物院．铜山小龟山西汉崖洞墓 [J]. 文物，1973,(04):21-22+46+23-35.
[2] 梁勇，李银德．徐州市东郊陶楼汉墓清理简报 [J]. 考古，1993,(01):14-21+98-99.
[3] 耿建军，孟强．徐州后楼山西汉墓发掘报告 [J]. 文物，1993,(04):29-45.
[4] 孟强，耿建军．徐州西汉宛朐侯刘埶墓 [J]. 文物，1997,(02):4-21+2+1.
[5] 耿建军，孟强，梁勇．徐州韩山西汉墓 [J]. 文物，1997,(02):26-43.
[6] 李祥，吴公勤．江苏徐州市后楼山八号西汉墓 [J]. 考古，2006,(04):22-30+98-99+102.
[7] 原丰，耿建军，周波．江苏徐州市翠屏山西汉刘治墓发掘简报 [J]. 考古，2008,(09):11-24+2.
[8] 吴公勤．江苏徐州市大孤山二号汉墓 [J]. 考古，2009,(04):41-51+2+108-112.
[9] 刘尊志，耿建军，吴公勤．徐州拖龙山五座西汉墓的发掘 [J]. 考古学报，2010,(01):101-132+141-148.
[10] 刘尊志，胡望林，郑洪全，等．江苏徐州黑头山西汉刘慎墓发掘简报 [J].

文物,2010(11):17-41+98+97.
[11] 耿建军,马永强,李平,等.江苏徐州苏山头汉墓发掘简报[J].文物,2013,(05):29-46.
[12] 刘尊志,李祥,田芝梅,等.江苏徐州后山西汉墓发掘简报[J].文物,2014,(09):33-45+2.
[13] 李祥.江苏徐州铜山区后楼山西汉墓M5发掘简报[J].东南文化,2022,(02):40-50.
[14] 南京博物院.江苏涟水三里墩西汉墓[J].考古,1973(02):80-87+89+141-144.
[15] 周长源,徐良玉,吴炜.扬州西汉"妾莫书"木椁墓[J].文物,1980(12):1-6+97.
[16] 王根富,张敏.江苏仪征烟袋山汉墓[J].考古学报,1987,(04):471-501+537-540.
[17] 李则斌.江苏邗江县杨寿乡宝女墩新莽墓[J].文物,1991,(10):39-61+104.
[18] 张敏,孙庆飞,李民昌.仪征张集团山西汉墓[J].考古学报,1992,(04):477-507+535-540.
[19] 中国考古学会.中国考古学年鉴1997[M].北京:文物出版社,1999:132-133.
[20] 陆建芳,杭涛,韩建立,等.江苏泗阳陈墩汉墓[J].文物,2007,(07):39-60+98+1.
[21] 卢桂平,杨明荣.扬州年鉴2008[M].北京:新华出版社,2008:242.
[22] 张敏,刘刚,林海南.江苏扬州邗江区黄金村月明苑五期战国至西汉墓葬发掘简报[J].东南文化,2023(02):28-38+2+191-192.
[23] 陈刚,李则斌.江苏盱眙县大云山西汉江都王陵北区陪葬墓[J].考古,2014,(03):24-57+2.
6. 安徽
[1] 安徽省文物考古研究所,巢湖市文物管理所.巢湖汉墓[M].北京:文物出版社,2007.05.
[2] 安徽省文物考古研究所.天长三角圩墓地[M].北京:科学出版社,2013.09.
7. 湖南
[1] 湖南省博物馆,中国科学院考古研究所.长沙马王堆二、三号汉墓发掘简报[J].文物,1974, (07): 39-48+63+95-111.
[2] 郑元日,刘华兴,王凤元.湖南永州市鹞子山西汉"刘疆"墓[J].考古,1990,(11):1002-1011.
[3] 郑元日,唐青雕,邓少年.湖南永州市鹞子岭二号西汉墓[J].考古,2001,(04):45-62.
[4] 湖南省文物考古研究所.沅陵虎溪山一号汉墓[M].北京:文物出版社,2020.
8. 广西
[1] 蒋廷瑜,邱钟崙,梁肇池,等.广西贵县罗泊湾一号墓发掘简报[J].文物,1978,(09):25-34+54+35-42+81-84.
[2] 兰日勇,覃义生.广西贵县罗泊湾二号汉墓[J].考古,1982,(04):355-364+453-454.
[3] 蓝日勇,覃义生,覃光荣.广西贺县金钟一号汉墓[J].考古,1986,(03):221-229+292.
[4] 广西壮族自治区博物馆.广西贵县罗泊湾汉墓[M].北京:文物出版社,1988.
9. 四川
[1] 赵树中,胥泽蓉,何志国,等.绵阳永兴双包山二号西汉木椁墓发掘简报[J].文物,1996,(10):13-29+97+1-2+1.

四、东汉王侯、宗室和贵族

(一)诸侯王

1. 中山国
[1] 敖承隆.河北定县北庄汉墓发掘报告[J].考古学报,1964(02):127-194+243-254.
[2] 马德娴.定县北庄汉墓出土文物简报[J].文物,1964,(12):26-40+45+73-74.
[3] 定县博物馆.河北定县43号汉墓发掘简报[J].文物,1973,(11):8-20+81-84.
2. 赵国
[1] 陈光唐,王昌兰.邯郸历史与考古[M].北京:文津出版社,1991:93-95.
3. 任城国
[1] 田立振,傅方笙.山东济宁市肖王庄一号汉墓[J].考古学集刊,1999(00):41-112+411-418.
[2] 田立振,顾承银,苏延标,等.山东济宁发现一座东汉墓[J].考古,1994,(02):127-134+195-196.
4. 齐国
[1] 山东省文物考古研究所.山东临淄金岭镇一号东汉墓[J].考古学报,1999,(01):97-122+127-138.
5. 陈国
[1] 韩维龙,李全立,史磊.河南淮阳北关一号汉墓发掘简报[J].文物,1991(04):34-46+102-103.
6. 鲁国
[1] 刘汝国.曲阜古代墓葬[M].北京:中国书店,2003.
7. 广陵国
[1] 纪仲庆.江苏邗江甘泉二号汉墓[J].文物,1981(11):1-11+98-100.
8. 下邳国
[1] 睢文,南波.江苏睢宁县刘楼东汉墓清理简报[M]//文物编辑委员会.文物资料丛刊4.北京:文物出版社,1981.

9. 楚国
[1] 南京博物院 . 徐州土山东汉墓清理简报 [J]. 文博通讯 , 1977(15):18-23.
[2] 耿建军 , 原丰 , 赵晓伟 , 等 . 江苏徐州市土山二号汉墓发掘简报 [J]. 考古 ,2024,(08):42-66+2.
10. 阜陵王
[1] 许建强 , 邱雪峰 . 安徽寿县寿春镇计生服务站东汉墓遗物及相关问题 [J]. 东南文化 ,2014,(03):46-52+65-66.

(二) 列侯、宗室和贵族

1. 河南
[1] 余扶危 , 贺官保 . 洛阳东关东汉殉人墓 [J]. 文物 ,1973,(02):55-62.
[2] 郭建邦 . 河南孟津送庄汉黄肠石墓 [M]// 文物编辑委员会 . 文物资料丛刊 4. 北京 : 文物出版社 ,1980:121-123.
[3] 洛阳市文物工作队 . 洛阳发掘的四座东汉玉衣墓 [J]. 考古与文物 ,1999,(01):5-28.
[4] 段鹏琦 , 林玉生 , 肖淮雁 , 等 . 汉魏洛阳城西东汉墓园遗址 [J]. 考古学报 ,1993,(03):351-380+420-429.
[5] 南阳市文物研究所 . 南阳市教师新村 10 号汉墓 [J]. 中原文物 ,1997,(04):24-29.
[6] 郭培育 , 王利彬 . 洛阳朱家仓汉墓群考古取得重要收获 [N]. 中国文物报 ,2004-07-21 (001).
2. 河北
[1] 河北省文化局文物工作队 . 望都二号汉墓 [M]. 北京 : 文物出版社 ,1959.
[2] 文启明 . 蠡县汉墓发掘记要 [J]. 文物 ,1983,(06):45-52.
[3] 孙启祥 , 李胜伍 . 石家庄北郊东汉墓 [J]. 考古 ,1984,(09):810-812+848.
[4] 支雄伟 . 定州市 35 号汉墓清理简报 [J]. 文物春秋 ,1997,(03):38-39+75.
3. 山东
[1] 蒋英炬 , 唐士和 . 山东东平王陵山汉墓清理简报 [J]. 考古 ,1966,(04):189-192+6.
[2] 魏振圣 . 山东省青州市发现东汉大型出廓玉璧 [J]. 文物 ,1988,(01):31.
[3] 山东邹城市郭里镇庙东村东汉砖墓 [N]. 中国文物报 ,1998.
[4] 高继习 , 刘剑 , 马前伟 . 济南市长清区大觉寺村一、二号汉墓清理简报 [J]. 考古 ,2004,(08):24-39+2.
[5] 姜建成 , 刘华国 . 山东青州市马家冢子东汉墓的清理 [J]. 考古 ,2007,(06):59-75+98-99+102-103.
4. 安徽
[1] 亳县博物馆 . 亳县凤凰台一号汉墓清理简报 [J]. 考古 ,1974,(03):187-190+214.
[2] 李灿 . 亳县曹操宗族墓葬 [J]. 文物 ,1978,(08):32-45.
[3] 唐杰平 . 安徽淮北市体育中心 1、2 号汉墓抢救性发掘取得重要收获 [N]. 中国文物报 ,2005-09-14(001).
[4] 唐杰平 , 杨中文 . 安徽淮北市李楼一号、二号东汉墓 [J]. 考古 , 2007, (08):22-33+97+100+2.
5. 江苏
[1] 徐良玉 , 印志华 , 吴炜 . 江苏邗江县甘泉老虎墩汉墓 [J]. 文物 ,1991(10):62-70+105.
[2] 李鉴昭 . 江苏睢宁九女墩汉墓清理简报 [J]. 考古通讯 ,1955,(02):31-33+12-16.
[3] 李银德 . 徐州市屯里拉犁山东汉石室墓 [M]// 中国考古学会 . 中国考古学年鉴 1986. 北京 : 文物出版社 ,1988.
[4] 耿建军 . 徐州市拉犁山二号东汉石室墓 [M]// 中国考古学会 . 中国考古学年鉴 1990. 北京 : 文物出版社 ,1991.
[5] 王恺 . 徐州市屯里村东汉石室墓 [M]// 中国考古学会 . 中国考古学年鉴 1987. 北京 : 文物出版社 ,1988.

五、 两汉时期其他出土玉器的墓葬

1. 北京
[1] 北京市文物研究所 . 北京亦庄考古发掘报告 : 2003~2005 年 [M]. 北京 : 科学出版社 ,2009.
[2] 北京市文物研究所 . 北京亦庄 X10 号地 [M]. 北京 : 科学出版社 ,2010.
[3] 北京市文物研究所 . 窦店与长阳 [M]. 北京 : 科学出版社 ,2013.
[4] 南水北调中期一线工程北京段考古发掘报告 [M]// 宋大川 . 北京考古工作报告 :2000-2009(南水北调卷)[M]. 上海 : 上海古籍出版社 ,2011:148.
[5] 大兴区亦庄博兴七路 (凉水河一街—泰河路) 综合市政工程考古发掘报告 [M]// 北京市文物研究所 . 京沪高铁北京段与北京新少年宫 [M]. 上海 : 上海古籍出版社 ,2014:99.
2. 河北
[1] 南水北调中线干线工程建设管理局 , 河北省南水北调工程建设领导小组办公室 , 河北省文物局 . 徐水东黑山遗址发掘报告 [M]. 北京 : 科学出版社 ,2014.
[2] 孟昭林 . 无极甄氏诸墓的发现及其有关问题 [J]. 文物 ,1959,(01):44-46.
[3] 谢飞 , 李恩佳 . 河北阳原县北关汉墓发掘简报 [J]. 考古 ,1990,(04):322-328.
[4] 河北省文物研究所 , 张家口地区文化局 . 河北阳原三汾沟汉墓群发掘报告 [J]. 文物 ,1990,(01):1-18+97-99.
3. 山西
[1] 五台东冶南街汉墓发掘报告 [M]// 山西省考古研究所 , 忻州市文物管理处 . 忻阜高速公路考古发掘报告 . 上海 : 上海古籍出版社 ,2012:121.
[2] 山西省平朔考古队 . 山西省朔县西汉木椁墓发掘简报 [J]. 考古 ,1988,(05):432-441+486.
[3] 张畅耕 . 山西浑源毕村西汉木椁墓 [J]. 文物 ,1980,(06):42-51+97+101.
[4] 信立祥 , 雷云贵 , 屈盛瑞 . 山西朔县秦汉墓发掘简报 [J]. 文物 ,1987,(06):

1-52+98-103.
4. 内蒙古
[1] 内蒙古自治区文物考古研究所 . 内蒙古地区鲜卑族墓葬的发现与研究 [M]. 北京 : 科学出版社 ,2004.
[2] 托克托县古城村故城遗址发掘报告 [M]// 内蒙古自治区文物考古研究所 . 内蒙古文物考古文集 (第三辑): 配合国家基本建设专集 [M]. 北京 : 科学出版社 ,2004.
[3] 苏尼特右旗新民乡全胜段金界壕 [M]// 内蒙古自治区文物考古研究所 . 内蒙古文物考古文集 (第三辑): 配合国家基本建设专集 [M]. 北京 : 科学出版社 ,2004.
[4] 富占军 , 陈棠栋 . 凉城县北营子汉墓发掘简报 [J]. 内蒙古文物考古 ,1991,(01):25-35+10.
5. 辽宁
[1] 刘焕民 . 沈阳小东汉墓群勘探调查与发掘 [M]// 辽宁省文物考古研究所 . 辽宁考古文集 (二)[M]. 北京 : 科学出版社 ,2010:173-192.
[2] 前牧城驿汉墓发掘报告 [M]// 大连市文物考古研究所 . 大连土羊高速公路发掘报告集 [M]. 北京 : 科学出版社 ,2010:40-63.
[3] 沙岗子汉墓发掘报告 [M]// 大连市文物考古研究所 . 大连土羊高速公路发掘报告集 [M]. 北京 : 科学出版社 ,2010:64-97.
[4] 辽宁省文物考古研究所 . 姜屯汉墓 [M]. 北京 : 文物出版社 ,2013.
[5] 辽宁省文物考古研究所 . 羊草庄汉墓 [M]. 北京 : 文物出版社 ,2015.
[6] 辽宁省博物馆文物队 . 辽宁朝阳袁台子西汉墓 1979 年发掘简报 [J]. 文物 ,1990,(02):48-60+102.
[7] 刘谦 . 辽宁锦州汉代贝壳墓 [J]. 考古 ,1990,(08):703-711.
[8] 李龙彬 , 李海波 , 司伟伟 , 等 . 辽宁辽阳苗圃墓地西汉砖室墓发掘简报 [J]. 文物 ,2014,(11):4-18.
[9] 赵少军 , 徐韶钢 , 高振海 . 辽宁营口鲅鱼圈汉代贝壳墓 [J]. 考古学报 ,2017,(01):119-154.
[10] 张翠敏 , 姜宝宪 , 范磊 , 等 . 辽宁大连市营城子汉墓群 2003M76 的发掘 [J]. 考古 ,2019,(10):52-62+2.
6. 上海
[1] 王正书 . 上海福泉山西汉墓群发掘 [J]. 考古 ,1988,(08):694-717+770-771.
7. 江苏
[1] 南京博物院 , 无锡市博物馆 , 江阴博物馆 . 祁头山 [M]. 北京 : 文物出版社 ,2007.
[2] 徐州博物馆 . 江苏徐州房山西汉墓清理简报 [M]// 文物编辑委员会 . 文物资料丛刊 4. 北京 : 文物出版社 ,1980:59-69.
[3] 南京市博物馆 . 江宁湖熟曹家边考古发掘报告 [M]// 南京博物院 . 穿越宜溧山地 : 宁杭高铁江苏段考古发掘报告 . 北京 : 科学出版社 ,2013:1-31.
[4] 南京栖霞上坊庄汉墓发掘报告 [M]// 南京市博物馆 . 南京文物考古新发现 (第四辑). 北京 : 文物出版社 ,2016.
[5] 耿建军 , 梁勇 . 徐州绣球山西汉墓清理简报 [J]. 东南文化 ,1992,(Z1):107-118+277.
[6] 邱永生 , 陈山 , 孟强 . 江苏铜山县荆山汉墓发掘简报 [J]. 考古 ,1992,(12):1092-1097+1154-1156.
[7] 梁勇 , 陈山 , 刘金安 . 江苏徐州九里山汉墓发掘简报 [J]. 考古 ,1994,(12):1063-1068.
[8] 耿建军 , 梁勇 , 李银德 . 江苏徐州市米山汉墓 [J]. 考古 ,1996,(04):36-44+100-101.
[9] 徐州博物馆 . 徐州东甸子西汉墓 [J]. 文物 ,1999,(12):4-18.
[10] 李祥 , 孟强 , 耿建军 . 江苏徐州市九里山二号汉墓 [J]. 考古 ,2004,(09):45-50+98-99.
[11] 刘尊志 . 江苏铜山县凤凰山西汉墓 [J]. 考古 ,2004,(05):29-37+97-98.
[12] 刘尊志 . 江苏徐州市顾山西汉墓 [J]. 考古 ,2005,(12):48-58+98-99+102+2.
[13] 刘照建 , 李祥 . 徐州碧螺山五号西汉墓 [J]. 文物 ,2005,(02):33-41.
[14] 刘尊志 . 江苏徐州市凤凰山西汉墓的发掘 [J]. 考古 ,2007,(04):33-49+98-99+2.
[15] 耿建军 , 郑洪全 , 张发雷 , 等 . 江苏邳州埠上村四座西汉墓发掘简报 [J]. 中原文物 ,2018,(01):18-31+2.
[16] 刘超 , 李祥 . 江苏徐州市白云山汉墓的发掘 [J]. 考古 ,2019,(06):35-50+2.
[17] 郑洪全 , 吴公勤 , 耿建军 . 江苏徐州骆驼山西汉墓 (M29) 发掘简报 [J]. 文物 ,2023,(04):4-13+2+98.
[18] 屠思华 . 江都凤凰河西汉木椁墓的清理 [J]. 考古通讯 ,1956,(01):36-38+14.
[19] 印志华 . 扬州邗江县郭庄汉墓 [J]. 文物 ,1980,(03):90-92.
[20] 李久海 . 扬州东风砖瓦厂汉代木椁墓群 [J]. 考古 ,1980,(05):417-425+405+491.
[21] 印志华 , 徐良玉 . 扬州东风砖瓦厂八、九号汉墓清理简报 [J]. 考古 ,1982,(03):236-242+340-341.
[22] 印志华 , 李则斌 . 江苏邗江姚庄 101 号西汉墓 [J]. 文物 ,1988,(02):19-43+101-104.
[23] 印志华 . 江苏邗江县姚庄 102 号汉墓 [J]. 考古 ,2000,(04):50-65.
[24] 束家平 , 夏晶 , 刘勤 , 等 . 江苏仪征国庆前庄 12 号墓发掘简报 [J]. 东南文化 ,2017,(02):28-40+65-70+2+129.
[25] 张富泉 , 张敏 , 刘刚 . 江苏扬州西湖镇边城・香榭里三期地块汉代墓葬发掘简报 [J]. 东南文化 ,2022(04):33-45+193.
[26] 孙晨 , 张敏 . 江苏扬州市边城・香榭里二期地块汉墓发掘简报 [J]. 北方文物 ,2024,(03):12-28+2.
[27] 周赟 , 秦宗林 . 江苏扬州市小杨庄西汉墓葬 M28 的发掘 [J]. 考古 ,2021,(04):61-78+2.
[28] 邹厚本 . 江苏盱眙东阳汉墓 [J]. 考古 ,1979,(05):412-426+483-486.
[29] 李虎仁 , 李少权 . 盱眙小云山六七号西汉墓发掘报告 [J]. 东南文

化,2002,(11):15-23.
[30] 秦士芝,谢元安,朱安成.江苏东阳小云山一号汉墓[J].文物,2004,(05):38-49+99.
[31] 陈刚,李则斌.江苏盱眙县大云山西汉江都王陵东区陪葬墓[J].考古,2013,(10):69-81+2.
[32] 李则斌,陈刚,韩建立,等.江苏盱眙东阳汉墓群M30发掘简报[J].东南文化,2013,(06):35-43+66-70+127-128.
[33] 胡兵,薛玲玲,赵李博,等.江苏盱眙东阳汉墓群M279、M288发掘报告[J].东南文化,2019,(06):11-18+2+129.
[34] 陈刚,李则斌,王会峰,等.江苏盱眙县东阳汉墓群M213、M214发掘简报[J].南方文物,2021,(04):55-71.
[35] 胡兵,薛玲玲,王军来,等.盱眙东阳汉墓群M294、M295发掘简报[J].东方博物,2021,(04):1-9+133.
[36] 陈刚,张春鹏,程浩.江苏盱眙东阳汉墓群M114发掘简报[J].东南文化,2021,(06):31-45+2+193.
[37] 薛玲玲,赵李博,金山,等.江苏盱眙大云山景区连接线北区战国至两汉墓葬发掘简报[J].东南文化,2021,(06):14-32+190-192+194.
[38] 葛治功,罗宗真.江苏淮安青莲岗古遗址古墓葬清理简报[J].考古,1958,(10):45-50+5.
[39] 钱一峰,黎忠义,申世铭.江苏泰州新庄汉墓[J].考古,1962,(10):540-543.
[40] 南波.江苏连云港市海州西汉侍其繇墓[J].考古,1975,(03):169-177+202.
[41] 纪达凯,刘劲松.江苏东海县尹湾汉墓群发掘简报[J].文物,1996,(08):4-25.
[42] 胡海英,张浩林.江苏新沂市乱墩汉墓群Ⅰ号墩发掘简报[J].东南文化,2003,(03):43-48.
[43] 阮国林,蔡明义,曹书生,等.南京六合李岗汉墓(M1)发掘简报[J].文物,2013,(11):16-27+2.
8. 浙江
[1] 浙江省文物考古研究所.沪杭甬高速公路考古报告[M].北京:文物出版社,2002.
[2] 唐俊杰.余杭义桥汉六朝墓[M].北京:文物出版社,2010.
[3] 衢州博物馆.衢州汉墓研究[M].北京:文物出版社,2015
[4] 浙江省文物考古研究所.浙江汉墓[M].北京:文物出版社,2016
[5] 浙江省第二届文物考古培训班考古实习组.慈溪陈山汉墓发掘简报[M]//浙江省文物考古研究所.浙江汉六朝墓报告集.北京:科学出版社,2012:64-77.
[6] 上虞驿亭谢家岸后头山古墓葬发掘[M]//浙江省文物考古研究所.沪杭甬高速公路考古报告.北京:文物出版社,2002:266-308.
[7] 浙江省文物考古研究所,龙游县博物馆.龙游仪冢山汉墓发掘简报[M]//浙江省文物考古研究所.浙江汉六朝墓报告集.北京:科学出版社,2012:78-99.
[8] 朱土生.浙江龙游县东华山12号汉墓[J].考古,1990,(04):329-332+321+386.
[9] 朱土生.浙江龙游县东华山汉墓[J].考古,1993,(04):330-343+391-392.
[10] 程亦胜.浙江安吉县上马山西汉墓的发掘[J].考古,1996,(07):46-59+99-100.
[11] 张恒.浙江嵊州市剡山汉墓[J].东南文化,2004,(02):49-59.
[12] 黄昊德,沃浩伟.浙江安吉县上马山第49号墩汉墓[J].考古,2014,(01):14-36+2.
[13] 雷少,冯毅,毕显忠.浙江宁波北仑大碶璎珞东汉墓葬与五代窑址发掘简报[J].南方文物,2014,(03):26-30+37.
[14] 郎旭峰,姚桂芳,倪秉章,等.杭州萧山溪头黄墓地M9发掘简报[J].东方博物,2014,(02):5-8.
[15] 杨金东,崔太金.杭州萧山溪头黄东汉中期土坑墓发掘报告[J].杭州文博,2018,(01):38-58.
[16] 杨金东,崔太金,李迎.杭州萧山溪头黄汉墓发掘报告[J].考古学报,2018,(03):333-382.
[17] 杭州市文物考古研究所,萧山博物馆,杨金东.萧山溪头黄战国汉六朝墓[M].北京:文物出版社,2018.
9. 安徽
[1] 安徽省文物考古研究所,安徽省萧县博物馆.萧县汉墓[M].北京:文物出版社,2008.
[2] 安徽省文物考古研究所.庐江汉墓[M].北京:科学出版社,2013.
[3] 王步毅.芜湖市贺家园西汉墓[J].考古学报,1983,(03):383-402+419-428.
[4] 杨鸠霞.安徽舒城县秦家桥西汉墓[J].考古,1996,(10):33-42+100-102.
[5] 刘海超,杨玉彬.安徽涡阳稽山汉代崖墓[J].文物,2003,(09):25-31.
[6] 杨鸠霞.安徽潜山彭岭战国西汉墓[J].考古学报,2006,(02):231-304.
[7] 张义中,蔡文静,胡瑞.安徽省固镇县蔡庄墓群一号墓发掘简报[J].东南文化,2015,(06):37-42+2+129.
[8] 贾庆元,任一龙,周崇文,等.安徽泗县前李墓地发掘简报[J].华夏考古,2015,(03):40-53+159-161.
10. 福建
[1] 林公务.福建闽侯庄边山的古墓群[J].东南文化,1991,(01):218-231+293.
[2] 付琳,关欣玉,杨军,等.福建浦城龙头山遗址秦汉时期墓葬[J].考古,2022,(09):64-73.
11. 江西
[1] 郭远谓.江西南昌老福山西汉木椁墓[J].考古,1965,(06):268-272+300+4-5.
[2] 陈文华.南昌东郊西汉墓[J].考古学报,1976,(02):171-186+231-238.
[3] 陈定荣.南昌市京家山汉墓[J].考古,1989,(08):693-698.

12. 山东
[1] 山东省文物考古研究所 . 鲁中南汉墓 [M]. 北京 : 文物出版社 ,2009.
[2] 山东省文物考古研究所 , 山东平县文物管理所 . 东平后屯汉代壁画墓 [M]. 北京 : 文物出版社 ,2010.
[3] 山东省文物局 , 山东省南水北调工程建设管理局 . 梁山薛垓墓地 [M]. 北京 : 文物出版社 ,2013.
[4] 青岛市文物保护考古研究所 , 青岛市黄岛区博物馆 . 琅琊墩式封土墓 [M]. 北京 : 科学出版社 ,2018.
[5] 蒋英炬 , 吴文棋 . 临沂银雀山四座西汉墓葬 [J]. 考古 ,1975,(06):363-372+351+388-392.
[6] 马玺伦 . 山东沂水县荆山西汉墓 [J]. 文物 ,1985,(05):47-52.
[7] 赵春生 , 武健 . 山东济宁师专西汉墓群清理简报 [J]. 文物 ,1992,(09):22-36.
[8] 燕生东 , 徐加军 , 赵天文 , 等 . 山东枣庄市临山汉墓发掘简报 [J]. 考古 ,2003,(11):1009-1019+1063+2.
[9] 冀介良 , 许姗 , 王站琴 , 等 . 山东日照海曲西汉墓 (M106) 发掘简报 [J]. 文物 ,2010,(01):4-25+1.
[10] 郑同修 , 何德亮 , 崔圣宽 . 山东日照市海曲 2 号墩式封土墓 [J]. 考古 ,2014,(01):53-71+2.
[11] 李铭 , 郭俊峰 , 仝艳锋 , 等 . 济南市魏家庄汉代墓葬发掘报告 [J]. 海岱考古 ,2015,(00):164-367+525-528+564-582.
[12] 郑禄红 , 翁建红 . 山东青岛市土山屯墓地的两座汉墓 [J]. 考古 ,2017,(10):32-59+2.
[13] 彭峪 , 綦高华 , 于超 , 等 . 山东青岛土山屯墓群四号封土与墓葬的发掘 [J]. 考古学报 ,2019, (03):405-459.
13. 河南
[1] 洛阳区考古发掘队 . 洛阳烧沟汉墓 [M]. 北京 : 科学出版社 ,1959.
[2] 河南省文物考古研究所 . 三门峡南交口 [M]. 北京 : 科学出版社 ,2009.
[3] 河南省南阳市文物考古研究所 , 武汉大学历史学院考古系 . 南阳丰泰墓地 [M]. 北京 : 科学出版社 ,2011.
[4] 洛阳市文物考古研究院 . 偃师华润电厂考古报告 [M]. 郑州 : 中州古籍出版社 ,2012.
[5] 河南省文物局 . 新乡王门墓地 [M]. 北京 : 科学出版社 ,2013.
[6] 河南省文物局 . 淇县大马庄墓地 [M]. 北京 : 科学出版社 ,2013.
[7] 河南省文物局 . 辉县汉墓 [M]. 北京 : 科学出版社 ,2014.
[8] 河南省文物考古研究院 . 新郑坡赵一号墓 [M]. 北京 : 中国社会科学出版社 ,2016.
[9] 河南省文物局 . 淅川蛮子营墓地 [M]. 北京 : 科学出版社 ,2016.
[10] 姚军英 , 陈军锋 , 刘彦龙 , 等 . 河南禹州新峰墓地东汉画像石墓发掘简报 [J]. 华夏考古 ,2013,(03):10-22+153-156.
[11] 齐雪义 , 刘文阁 , 程宇鹏 , 等 . 河南淅川马川墓地汉代积石积炭墓的发掘 [J]. 考古学报 ,2014,(02):237-286.
[12] 罗二虎 , 吕千云 , 陈亚军 , 等 . 河南淅川泉眼沟汉代墓葬发掘报告 [J]. 考古学报 ,2014,(03): 391-442+451-462.
[13] 张鸿亮 , 司马俊堂 , 张海涛 , 等 . 洛阳孟津朱仓东汉墓发掘简报 [J]. 文物 ,2015,(04):28-38.
[14] 李占扬 , 海占国 , 海虎军 , 等 . 河南尉氏县后刘墓地发掘简报 [J]. 华夏考古 ,2015,(03):28-39+93.
[15] 叶植 . 河南淅川李沟汉墓发掘报告 [J]. 考古学报 ,2015,(03):367-448.
[16] 余西云 , 郝晓晓 , 赵新平 . 河南淅川县马岭汉代砖室墓发掘简报 [J]. 考古 ,2016,(06):34-54.
[17] 张国硕 , 张远 , 郑龙龙 . 河南开封虎丘岗遗址汉代墓葬发掘简报 [J]. 文物 ,2022,(06):4-27+1.
14. 湖北
[1] 黄冈市博物馆 , 湖北省文物考古研究所 , 湖北省京九铁路考古队 . 罗州城与汉墓 [M]. 北京 : 科学出版社 ,2000.
[2] 国务院三峡工程建设委员会办公室 , 国家文物局 . 秭归柳林溪 [M]. 北京 : 科学出版社 ,2003.
[3] 湖北省文物事业管理局 , 湖北省三峡工程移民局 . 秭归庙坪 [M]. 北京 : 科学出版社 ,2003.
[4] 湖北省清江隔河岩考古队 , 湖北省文物考古研究所 . 清江考古 [M]. 北京 : 科学出版社 ,2004.
[5] 国务院三峡工程建设委员会办公室 , 国家文物局 . 巴东楠木园 [M]. 北京 : 科学出版社 ,2006.
[6] 湖北省宜昌博物馆 . 当阳岱家山楚汉墓 [M]. 北京 : 科学出版社 ,2006.
[7] 南水北调中线水源有限责任公司 , 湖北省移民局 , 湖北省文物事业管理局 . 郧县老幸福院墓地 [M]. 北京 : 科学出版社 ,2007.
[8] 荆门市博物馆 . 荆门子陵岗 [M]. 北京 : 文物出版社 ,2008.
[9] 国务院三峡工程建设委员会办公室 , 国家文物局 . 秭归卜庄河 [M]. 北京 : 科学出版社 ,2008.
[10] 国务院三峡工程建设委员会办公室 , 国家文物局 . 巴东红庙岭 [M]. 北京 : 科学出版社 ,2010.
[11] 湖北省文物局 , 湖北省移民局 , 南水北调中线水源有限责任公司 . 丹江口牛场墓群 [M]. 北京 : 科学出版社 ,2013.
[12] 国务院三峡工程建设委员会办公室 , 国家文物局 . 湖北库区考古报告集 (第一卷)[M]. 北京 : 科学出版社 ,2003.
[13] 国务院三峡工程建设委员会办公室 , 国家文物局 . 湖北库区考古报告集 (第二卷)[M]. 北京 : 科学出版社 ,2005.
[14] 国务院三峡工程建设委员会办公室 , 国家文物局 . 湖北库区考古报告集 (第三卷)[M]. 北京 : 科学出版社 ,2006.
[15] 国务院三峡工程建设委员会办公室 , 国家文物局 . 湖北库区考古报告集 (第四卷)[M]. 北京 : 科学出版社 ,2007.
[16] 国务院三峡工程建设委员会办公室 , 国家文物局 . 湖北库区考古报告集 (第五卷)[M]. 北京 : 科学出版社 ,2010.

[17] 国务院三峡工程建设委员会办公室，国家文物局．湖北库区考古报告集（第六卷）[M]. 北京：科学出版社，2010.
[18] 丹江口市金陂墓群 2009 年发掘报告 [M]// 湖北省文物局．湖北南水北调工程考古报告集（第三卷）. 北京：科学出版社，2014.
[19] 郧县龚家村遗址发掘简报 [M]// 湖北省文物局．湖北南水北调工程考古报告集（第四卷）. 北京：科学出版社，2014.
[20] 湖北省博物馆．云梦大坟头一号汉墓 [M]// 文物编辑委员会．文物资料丛刊 4. 北京：文物出版社，1980:1-28.
[21] 纪南城凤凰山一六八号汉墓发掘整理组．湖北江陵凤凰山一六八号汉墓发掘简报 [J]. 文物，1975,(09):1-7+22+8+5-12.
[22] 卢德佩．1978 年宜昌前坪汉墓发掘简报 [J]. 考古，1985,(05):411-422.
[23] 林春．湖北宜昌前坪包金头东汉、三国墓 [J]. 考古，1990, (09): 815-830+869-871.
[24] 张昌平．襄樊市真武山西汉墓葬 [J]. 江汉考古，1993,(04):10-13+97.
[25] 刘德银．湖北荆沙市瓦坟园西汉墓发掘简报 [J]. 考古，1995,(11):985-996+1060-1064.
[26] 高尚琴．湖北襄樊市岘山汉墓清理简报 [J]. 考古，1996,(05):35-45+100-102.
[27] 刘尊志，刘毅，袁胜文，等．湖北郧县龙门堂墓地两座汉墓发掘简报 [J]. 中国国家博物馆馆刊，2017,(10):6-23.
[28] 葛林杰，马驰浩，胡盛，等．湖北谷城县高铁北站墓群西汉墓发掘简报 [J]. 考古，2019,(09):49-69+2.
15. 湖南
[1] 中国科学院考古研究所．长沙发掘报告 [M]. 北京：科学出版社，1957.
[2] 湖南省文物考古研究所．里耶发掘报告 [M]. 长沙：岳麓书社，2007.
[3] 湖南省文物考古研究所．沅陵窑头发掘报告：战国至汉代城址及墓葬 [M]. 北京：文物出版社，2015.
[4] 湖南省文物考古研究所．沅水下游汉墓 [M]. 上海：上海古籍出版社，2016.
[5] 周世荣．湖南零陵东门外汉墓清理简报 [J]. 考古通讯，1957,(01):27-31+12-13.
[6] 李正光，彭青野．长沙沙湖桥一带古墓发掘报告 [J]. 考古学报，1957,(04):33-67+129-140.
[7] 张欣如．长沙南郊砂子塘汉墓 [J]. 考古，1965,(03):116-118+5-6.
[8] 单先进．长沙汤家岭西汉墓清理报告 [J]. 考古，1966,(04):181-188+3-5.
[9] 宋谋年．湖南保靖粟家坨西汉墓发掘简报 [J]. 考古，1985,(09):782-789+866.
[10] 宋少华．长沙西郊桐梓坡汉墓 [J]. 考古学报，1986,(01):61-93+137-144.
[11] 刘廉银，宁杰．湖南常德县清理西汉墓葬 [J]. 考古，1987,(05):429-433.
[12] 向开旺．湖南怀化西汉墓 [J]. 文物，1988,(10):57-67+106.
[13] 向开旺．湖南怀化市城区西汉墓发掘简报 [J]. 南方文物，1992,(04):2-10.
[14] 向开旺，田云国．1990 年湖南溆浦大江口战国西汉墓发掘简报 [J]. 考古，1994,(01):23-33+104.
[15] 吴铭生，师悦菊．湖南资兴西汉墓 [J]. 考古学报，1995,(04):453-521.
[16] 何佳．湖南长沙窑扩山汉墓发掘简报 [J]. 湖南考古辑刊，2011, (00):79-99.
[17] 田云国，杨志勇，周明，等．中方县龙井汉墓 M050 发掘简报 [J]. 湖南博物院院刊，2024,(00):64-74+5-9.
16. 广东
[1] 广州市文物管理委员会，广州市博物馆．广州汉墓 [M]. 北京：文物出版社，1981.
[2] 广州市文物考古研究所．广州狮带岗西汉土坑墓发掘简报 [M]// 广州市文物考古研究所．广州文物考古集．北京：文物出版社，1998:206-212.
[3] 广州市文物考古研究所．羊城考古发现与研究（一）[M]. 北京：文物出版社，2005.
[4] 广州市文物考古研究所，广州市番禺区文管会办公室．番禺汉墓 [M]. 北京：科学出版社，2006.
[5] 广东省博物馆．广东南海汉墓发掘简报 [M]// 文物编辑委员会．文物资料丛刊 4. 北京：文物出版社，1981:89-97.
[6] 张强禄．增城浮扶岭墓地 M200（西汉前期）发掘简报 [J]. 广州文博，2011,(00):12-24+8-10.
[7] 张强禄，覃杰，廖明全，等．广州市官洲岛榴墩岗三座东汉墓 [J]. 文博学刊，2021,(01):52-64.
17. 广西
[1] 广西壮族自治区文物工作队，合浦县博物馆．合浦风门岭汉墓：2003~2005 年发掘报告 [M]. 北京：科学出版社，2006.
[2] 广西壮族自治区文物工作队．广西考古文集（第 2 辑）[M]. 北京：科学出版社，2005.
[3] 广西文物考古研究所．广西考古文集（第 4 辑）[M]. 北京：科学出版社，2010.
[4] 广西文物保护与考古研究所．广西考古文集（第 5 辑）[M]. 北京：科学出版社，2013.
[5] 广西文物保护与考古研究所，合浦县文物管理局．2009~2013 年合浦汉晋墓发掘报告 [M]. 北京：文物出版社，2016.
[6] 黄增庆．广西贵县汉墓的清理 [J]. 考古学报，1957,(01):155-162+256-257.
[7] 广西壮族自治区文物考古写作小组．广西合浦西汉木椁墓 [J]. 考古，1972,(05):20-30+68-71.
[8] 蒋廷瑜．平乐银山岭汉墓 [J]. 考古学报，1978,(04):467-495+533-540.
[9] 陈文．广西贵港市孔屋岭东汉墓 [J]. 考古，2005,(11):42-50+98-99+2.
[10] 陈文，陈左眉．广西贵港深钉岭汉墓发掘报告 [J]. 考古学报，2006,(01):83-114+141-146.
[11] 谢广维，韦江，冯桂淳，等．广西贵港市孔屋岭汉墓 2009 年发掘简报 [J]. 考古，2013,(09):40-67+2.

[12] 谢广维，陈晓林，钱斌，等 . 广西钟山县张屋村汉、晋墓发掘简报 [J]. 四川文物 ,2018,(01):32-44.

18. 重庆

[1] 重庆市文物局，重庆市移民局 . 重庆库区考古报告集 1997 卷 [M]. 北京：科学出版社 ,2001.

[2] 重庆市文物局，重庆市移民局 . 重庆库区考古报告集 1998 卷 [M]. 北京：科学出版社 ,2003.

[3] 重庆市文物局，重庆市移民局 . 万州大坪墓地 [M]. 北京：科学出版社 ,2006.

[4] 重庆市文物局，重庆市移民局 . 重庆库区考古报告集 1999 卷 [M]. 北京：科学出版社 ,2006.

[5] 重庆市文物局，重庆市移民局 . 重庆库区考古报告集 2000 卷 [M]. 北京：科学出版社 ,2007.

[6] 重庆市文物局，重庆市移民局 . 重庆库区考古报告集 2001 卷 [M]. 北京：科学出版社 ,2007.

[7] 重庆市文物局，重庆市移民局 . 云阳晒经 [M]. 北京：科学出版社 ,2008.

[8] 重庆市文物局，重庆市移民局 . 重庆库区考古报告集 2002 卷 [M]. 北京：科学出版社 ,2010.

[9] 重庆市文物局，重庆市移民局 . 云阳走马岭墓地 [M]. 北京：科学出版社 ,2011.

[10] 重庆市文物局，重庆市移民局 . 忠县翠屏山崖墓 [M]. 北京：科学出版社 ,2011.

[11] 重庆市文物局，重庆市移民局 . 丰都镇江汉至六朝墓群 [M]. 北京：科学出版社 ,2013.

[12] 重庆市文物局，重庆市移民局 . 万州大丘坪墓群 [M]. 北京：科学出版社 ,2014.

[13] 重庆市文物局，重庆市移民局 . 丰都关田沟 [M]. 北京：科学出版社 ,2016.

[14] 重庆市文物局，重庆市移民局 . 奉节营盘包墓地 [M]. 北京：科学出版社 ,2016.

[15] 四川省文物考古研究所 . 丰都汇南墓群发掘报告 [M]// 重庆市文物局，重庆市移民局 . 重庆库区考古报告集 1998 卷 . 北京：科学出版社 ,2003:766-812.

[16] 云阳县江口汉墓群发掘报告 [M]// 重庆市文物考古所，重庆文化遗产保护中心 . 重庆公路考古报告集 [M]. 北京：科学出版社 ,2010.

[17] 王迪，惠夕平，刘善沂，等 . 重庆涪陵点易墓地汉墓发掘简报 [J]. 文物 ,2014,(10):12-24+1.

[18] 董小陈，陈钢，董补顺，等 . 重庆涪陵小田溪墓群 M12 发掘简报 [J]. 文物 , 2016, (09): 4-27+2+1.

[19] 罗二虎，钱诚，毕洋，等 . 重庆云阳风箱背一号汉墓 [J]. 考古学报 ,2018,(04):511-513+513-543+545-552.

19. 四川

[1] 四川省文物考古研究院，绵阳博物馆 . 绵阳双包山汉墓 [M]. 北京：文物出版社 ,2006.

[2] 四川省文物考古研究院，绵阳市博物馆，三台县文物管理所 . 三台郪江崖墓 [M]. 北京：文物出版社 ,2007.

[3] 范桂杰，极昌鈺，江聪，等 . 四川涪陵西汉土坑墓发掘简报 [J]. 考古 ,1984,(04):338-344.

[4] 王军，陈平，杨永鹏，等 . 成都天回镇老官山汉墓发掘简报 [J]. 南方民族考古 ,2016,(01):215-218+330-335+219-220+336-338+221-246+323-328.

[5] 刘斌，陈学志，范永刚，等 . 四川阿坝小金日隆汉代石棺葬墓地发掘简报 [J]. 文物 ,2018,(10):4-25+2+1+98.?

20. 贵州

[1] 贵州省文物考古研究所 . 贵州田野考古报告集 :1993-2013[M]. 北京：科学出版社 ,2014.

[2] 吴小华，彭万，韦松桓，等 . 贵州赫章县可乐墓地两座汉代墓葬的发掘 [J]. 考古 ,2015,(02):19-31+2.

21. 云南

[1] 云南省文物考古研究所，红河哈尼族彝族自治州文物管理所，个旧市博物馆 . 个旧市黑蚂井墓地第四次发掘报告 [M]. 北京：科学出版社 ,2013.

[2] 云南省文物考古研究所 . 会泽水城古墓群发掘报告 [M]. 北京：科学出版社 ,2014.

[3] 云南省文物考古研究所 . 石寨山文化考古发掘报告集 [M]. 北京：科学出版社 ,2016.

[4] 昭通水富县楼坝崖墓发掘报告 [M]// 云南省文物考古研究所 . 云南考古报告集之二 . 昆明：云南科技出版社 ,2006.

[5] 杨帆 . 云南昆明羊甫头墓地发掘简报 [J]. 文物 ,2001,(04):4-53+2+1.

[6] 杨勇，朱忠华，王洪斌，等 . 云南陆良县薛官堡墓地发掘简报 [J]. 考古 ,2015,(04):38-52+2.

22. 陕西

[1] 陕西省考古研究所，西安交通大学 . 西安交通大学西汉壁画墓 [M]. 西安：西安交通大学出版社 ,1991.

[2] 西安市文物保护考古所 . 西安龙首原汉墓 [M]. 西安：西北大学出版社 ,1999.

[3] 陕西省考古研究所，榆林市文物管理委员会办公室 . 神木大保当——汉代城址与墓葬考古报告 [M]. 北京：科学出版社 ,2001.

[4] 陕西省考古研究所 . 白鹿原汉墓 [M]. 西安：三秦出版社 ,2003.

[5] 西安市文物保护考古所，郑州大学考古专业 . 长安汉墓 [M]. 西安：陕西人民出版社 ,2004.

[6] 陕西省考古研究院 . 西安北郊郑王村西汉墓 [M]. 西安：三秦出版社 ,2008.

[7] 西安市文物保护考古所 . 西安东汉墓 (上下)[M]. 北京 : 文物出版社 ,2009.

[8] 榆林市文物保护研究所 , 榆林市文物考古勘探工作队 . 米脂官庄画像石墓 [M]. 北京 : 文物出版社 ,2009.

[9] 陕西省考古研究院 , 宝鸡市周原博物馆 . 周原汉唐墓 [M]. 北京 : 科学出版社 ,2014.

[10] 陕西省考古研究院 . 临潼新丰 : 战国秦汉墓葬考古发掘报告 [M]. 北京 : 科学出版社 ,2016.

[11] 宝鸡市博物馆 . 宝鸡市金河砖厂汉墓 [M]// 文物编辑委员会 . 文物资料丛刊 4. 北京 : 文物出版社 ,1981:236.

[12] 陶仲云 . 蒲城县出土汉代玉雕水牛 [J]. 考古与文物 ,1981,(02):110.

[13] 唐金裕 , 郭华清 . 陕西勉县红庙东汉墓清理简报 [J]. 考古与文物 ,1983,(04):34-37.

[14] 杜葆仁 , 夏振英 , 呼林贵 . 东汉司徒刘崎及其家族墓的清理 [J]. 考古与文物 ,1986,(05):45-57

[15] 咸阳秦都考古工作站 . 秦都咸阳汉墓清理简报 [J]. 考古与文物 ,1986,(06): 28-42.

[16] 孙德润 , 贺雅宜 . 龚家湾一号墓葬清理简报 [J]. 考古与文物 ,1987,(01):1-10.

[17] 陕西省考古研究所汉水考古队 . 陕西南郑龙岗寺汉墓清理简报 [J]. 考古与文物 ,1987,(06): 25-34.

[18] 王育龙 . 西安昆仑厂东汉墓清理纪 [J]. 考古与文物 ,1989,(02):43-49.

[19] 陕西省考古研究所配合基建考古队 . 陕西临潼骊山床单厂基建工地古墓葬清理简报 [J]. 考古与文物 ,1989,(05): 27-38.

[20] 汉中市博物馆 , 何新成 . 陕西汉中市铺镇砖厂汉墓清理简报 [J]. 考古与文物 ,1989,(06):35-47.

[21] 程林泉 , 韩国河 , 杨军凯 . 西汉陈清士墓发掘简报 [J]. 考古与文物 ,1992,(06):14-19.

[22] 陕西省考古研究所 , 延安地区文管会 , 甘泉县文管所 . 西延铁路甘泉段汉唐墓清理简报 [J]. 考古与文物 ,1995,(03):19-35.

[23] 西安市文物保护考古所 . 西安财政干部培训中心汉、后赵墓发掘简报 [J]. 文博 ,1997,(06):3-39.

[24] 刘卫鹏 . 陕西咸阳杜家堡东汉墓清理简报 [J]. 文物 ,2005,(04):67-74+85-122.

[25] 苏庆元 , 杨新文 . 陕西咸阳二〇二所西汉墓葬发掘简报 [J]. 考古与文物 ,2006,(01):3-11+2.

[26] 王炜林 , 王敏 , 张向阳 , 等 . 西安北郊井上村西汉 M24 发掘简报 [J]. 考古与文物 ,2012(06):11-16+119-121.

[27] 张翔宇 , 刘汉兴 , 苗保胜 , 等 . 西安南郊曲江羊头镇西汉墓发掘简报 [J]. 文博 ,2013,(06):3-17+2+98.

[28] 田亚岐 , 许卫红 , 王颢 , 等 . 陕西宝鸡凉泉汉墓发掘简报 [J]. 考古与文物 ,2013,(06):3-19+118-120.

[29] 徐龙国 , 刘振东 , 张建锋 . 西安市大白杨村汉墓发掘简报 [J]. 考古 ,2014,(10):16-28+2.

[30] 王自力 , 柴怡 , 高博 , 等 . 西安张家堡村汉墓群 [J]. 中国国家博物馆馆刊 , 2015,(04):6-38+2.

[31] 赵旭阳 , 武海 , 魏冰 , 等 . 咸阳崔家村汉墓发掘简报 [J]. 文博 , 2016,(04):3-9+2.

[32] 张翔宇 , 刘汉兴 , 苗保胜 , 等 . 西安北郊万达广场汉代砖椁墓发掘简报 [J]. 考古与文物 ,2017, (01):27-44.

[33] 焦南峰 , 马永嬴 , 王东 , 等 . 陕西咸阳渭城区民生工程汉墓发掘简报 [J]. 考古与文物 ,2017,(02):10-27.

[34] 陕西西安富力赛高城市广场汉墓发掘简报 [J]. 考古与文物 ,2017,(03):3-20.

[35] 张翔宇 , 王艳朋 , 柴怡 , 等 . 西安未央印象城汉墓发掘简报 [J]. 文博 ,2017,(02):3-12+2.

[36] 张小丽 , 宁琰 , 呼安林 , 等 . 西安北郊两座汉墓发掘简报 [J]. 文博 ,2018,(02):13-24+2+113.

[37] 王钦玄 , 冯永恒 , 张全民 , 等 . 陕西西安自强村汉墓发掘简报 [J]. 考古与文物 , 2022,(06):21-42.

23. 宁夏

[1] 钟侃 , 乌恩 , 李进增 . 宁夏同心县倒墩子汉代匈奴墓地发掘简报 [J]. 考古 ,1987,(01):33-37+99.

[2] 乌恩 , 钟侃 , 李进增 . 宁夏同心倒墩子匈奴墓地 [J]. 考古学报 ,1988,(03):333-356+377-388.

[3] 周赟 , 王晓阳 , 马强 , 等 . 宁夏海原石砚子汉墓发掘简报 [J]. 文博 , 2018, (04): 3-16.

24. 青海

[1] 青海省文物考古研究所 . 上孙家寨汉晋墓 [M]. 北京 : 文物出版社 ,1993.

25. 甘肃

[1] 谢文科 , 道全耀 , 姚小勤 , 等 . 甘肃省环县刘家湾汉墓清理报告 [J]. 考古与文物 ,2016,(02):18-23+129.

[2] 王卫东 , 蒋立贡 , 杨夫年 , 等 . 甘肃临泽沙河汉晋墓地发掘简报 [J]. 文物 ,2018,(07):42-59+1.

第二部分　汉代玉器研究

一、 综合研究

[1] 夏鼐 . 汉代的玉器——汉代玉器中传统的延续和变化 [J]. 考古学报 ,1983,(02):125-145+271-274.

[2] 卢兆荫 . 玉德・玉符・汉玉风格 [J]. 文物 ,1996,(04):47-54.

[3] 卢兆荫 . 论玉文化在汉代的延续和发展 [J]. 中国历史文物 ,2004,(03):4-

14+89-90.
[4] 蔡庆良 . 试论春秋至汉代玉器风格的演 [J]. 古代文明 (辑刊), 2006, 5(00): 313-331.
[5] 石荣传 . 三代至两汉玉器分期及用玉制度研究 [D]. 济南 : 山东大学 ,2005.
[6] 王万莉 . 汉代豪强墓出土玉器的研究 [D]. 重庆 : 西南大学 ,2013.
[7] 陆建芳 , 李银德 . 中国玉器通史 · 秦汉卷 [M]. 深圳 : 海天出版社 ,2014.
[8] 陆建芳 , 欧阳摩壹 . 中国玉器通史 · 战国卷 [M]. 深圳 : 海天出版社 ,2014.
[9] 马颖 . 汉代玉器审美形式与风格研究 [D]. 西安 : 西北大学 ,2018.
[10] 孙机 . 汉代物质文化资料图说 [M]. 北京 : 中华书局 ,2020.
[11] 徐琳 . 汉代玉器研究 [M]. 北京 : 故宫出版社 ,2024.

二、材料、工艺与纹饰

（一）材料

[1] 张培善 . 河北满城汉墓玉衣等的矿物研究 [J]. 考古 ,1981,(01):79-83+108.
[2] 闻广 . 中国古玉地质考古学研究——西汉南越王墓玉器 [J]. 考古 ,1991,(11):1032-1038+1062-1064.
[3] 闻广 . 高邮神居山二号汉墓玉器地质考古学研究——中国古玉地质考古学研究之四 [J]. 文物 ,1994,(05):83-94.
[4] 谷娴子 , 丘志力 , 李银德 , 等 . 西汉狮子山楚王陵出土玉器中的石墨包裹体 [J]. 中山大学学报 (自然科学版),2007,(06):141-142.
[5] 谷娴子 , 李银德 , 丘志力 , 等 . 徐州狮子山楚王陵出土金缕玉衣和镶玉漆棺的玉料组分特征及产地来源研究 [J]. 文物保护与考古科学 ,2010,22(04):54-63.
[6] 罗涵 , 李琳娜 , 丘志力 , 等 . 西汉早期出土金缕和丝缕玉衣部分玉料材质及其加工工艺特征管窥 [J]. 文物保护与考古科学 ,2012,24(02):61-73.
[7] 丁宁 . 汉至宋代玛瑙制品研究 [D]. 西安 : 陕西师范大学 ,2016.
[8] 徐琳 . 和田玉东进的时间问题 [J]. 紫禁城 ,2018,(09):14-27.
[9] 徐琳 . 中国古代玉料来源的多元一体化进程 [J]. 故宫博物院院刊 ,2020,(02):94-107+111.
[10] 邝桂荣 . 蜻蜓眼玻璃珠 : 广州汉墓里的特殊物品来自何方 [J]. 美成在久 , 2020,(03): 6-15.
[11] 任昱勃 , 温睿 , 先怡衡 , 等 . 营城子汉墓出土玻璃耳珰的化学成分与制作工艺研究 [J]. 文物保护与考古科学 ,2022,34(03):45-54.
[12] 钟仪 . 两广地区出土汉代玻璃器的科技考古研究 [D]. 南宁 : 广西民族大学 ,2024.
[13] 汤红豆 . 贵州地区汉晋南朝墓葬出土玻璃饰品探究 [J]. 文博学刊 ,2024,(02):114-125.
[14] 邝桂荣 . 蜻蜓眼玻璃珠 : 广州汉墓里的特殊物品来自何方 [J]. 美成在久 , 2020, (03): 6-15.

（二）工艺

[1] 李伟 . 四片汉代玉材考析 [J]. 中原文物 ,2011,(04):69-72.
[2] 杨玉彬 . 汉玉“游丝工”新说 [J]. 文博 ,2012,(05):33-36+67.
[3] 王宁邦 . “汉八刀”之管见 [J]. 大众考古 ,2013,(05):83-86.
[4] 耿庆刚 . 试论汉代玉器的改制现象 [J]. 文博 ,2015,(06):38-43.
[5] 宗时珍 , 叶晓红 . 略论徐州狮子山楚王墓出土玉器工艺 [J]. 故宫博物院院刊 ,2019,(03):59-68+110.
[6] 叶晓红 , 邓聪 , 宗时珍 , 等 . 钻孔技术在西汉玉器工艺中的灵活应用——以徐州狮子山楚王墓为例 [J]. 文物 ,2020,(09):86-92.
[7] 黄巧好 . 从南越王墓出土玉器看西汉金属与玉的结合工艺 [J]. 文物天地 ,2019,(01):20-23.
[8] 李生兰 . 对西汉的勾连云纹玉卮工艺特征探究 [J]. 文物鉴定与鉴赏 ,2021,(24):26-28.
[9] 叶晓红 , 田亚岐 , 张蕾 . 陕西凤翔雍山血池秦汉祭祀遗址出土玉器工艺探讨 [J]. 文物 , 2022,(11): 86-96.

（三）纹饰

[1] 张容幼 . 汉代古玉纹饰的演变及其影响 [J]. 东南文化 ,2003,(07):70-71.
[2] 古方 . 论西汉中期玉器风格的变化及其社会背景 [J]. 中原文物 ,2003,(05):55-61.
[3] 石荣传 . 从两汉诸侯王墓出土玉器看汉玉艺术风格 [J]. 文物春秋 , 2004,(01):38-51.
[4] 刘云辉 . 西汉墓葬中出土的秦式玉器 [J]. 西部考古 ,2006,(00):276-283.
[5] 吕建昌 , 费琼琼 . 汉代玉凤纹的文化内涵 [J]. 四川文物 ,2008,(01):49-53+0.
[6] 吴悠 . 农业文明对中国古代玉器艺术表现的影响 [J]. 农业考古 ,2012,(04): 82-85.
[7] 张俊韬 . 试探汉代玉器中的螭纹 [D]. 北京 : 中国社会科学院研究生院 , 2018.
[8] 胡田甜 . 南越王墓出土凤鸟纹玉器与巫文化 [J]. 文物天地 ,2019,(01):15-19.
[9] 岳凯 . 徐州汉墓出土凤鸟纹玉器赏析 [J]. 文物天地 ,2019,(05):32-37.
[10] 王芷晴 , 崔华春 . 汉代玉具剑螭纹图式构建研究 [J]. 美术教育研究 ,2023,(13):52-57.
[11] 王芷晴 . 西汉复合型玉器设计研究 [D]. 无锡 : 江南大学 ,2023.
[12] 陈宗瑞 . 胡风汉造 : 从汉代漆器、玉器纹样也论“中原制造”[J]. 考古与文物 ,2024,(03):93-99.
[13] 方良朱 . 双身龙纹玉璧研究 [J]. 文博学刊 ,2024,(05):110-122.

三、礼仪用玉

[1] 卢兆荫 . 略论汉代礼仪用玉的继承与发展 [J]. 文物 ,1998,(03):43-48.

[2] 詹德隆 . 汉魏至唐宋时期的玉礼器初探 [J]. 文博 ,1997,(04):33-42+50.

[3] 田亚岐 , 许卫红 . 宝鸡凉泉汉墓出土玉人分析 [J]. 考古与文物 ,2013,(06):77-81.

[4] 邓淑苹 . 从汉代玉璧论璧在中国文化史上的意义 [J]. 故宫学术季刊 ,2013,30(3):1-43.

[5] 许卫红 . 再论甘肃礼县鸾亭山等地出土玉人 [M]//. 雍际春 , 赵文博 , 田佐 , 等 . 秦文化探研 : 甘肃秦文化研究会第二次学术研讨会论文集 . 兰州 : 甘肃人民出版社 , 2014:242-252.

[6] 汤超 . 西周至汉代出土玉琮功能初探 [J]. 南方文物 ,2017(3):79-88.

[7] 沈辰 . 文化传承中的时尚 : 西汉玉璧功能以及文化寓意的再思考 [J]. 故宫博物院院刊 ,2019,(06):4-22+108.

[8] 陈博 , 冯夏颖 . 试析畤祭用玉的时代特点与相关问题 [J]. 考古 ,2023,(11):101-111+2.

[9] 方良朱 , 黄一哲 . 汉代用圭制度研究 [J]. 古代文明 (辑刊),2024,18(00):189-203.

四、丧葬用玉

[1] 石荣传 . 两汉诸侯王墓出土葬玉及葬玉制度初探 [J]. 中原文物 ,2003,(05):62-72.

[2] 薛玉芳 . 江苏地区出土的汉代丧葬玉器研究 [D]. 开封 : 河南大学 ,2020.

[3] 李银德 . 汉代楚 (彭城) 国葬玉研究 [J]. 湖南省博物馆馆刊 , 2020,(00):276-293.

[4] 练春海 . 论汉墓内棺盖上所置玉璧的礼仪功能 [J]. 美术研究 ,2019(1):58-65.

[5] 石文嘉 . 汉代墓葬中出土玉璧的研究 [D]. 天津 : 南开大学 ,2011.

[6] 陈斯文 , 刘云辉 . 略论汉墓出土玉璧及其蕴含的丧葬观念 [J]. 文博 ,2012(2):10-16.

[7] 石文嘉 . 汉代玉璧的随葬制度 [J]. 中原文物 ,2013,(03):61-66.

[8] 刘尊志 . 汉代墓葬中的玉璧敛葬 [J]. 华夏考古 ,2018,(06):100-110+117.

[9] 寻婧元 . 法天 : 汉代丧葬用玉璧的一种功能探讨 [J]. 美成在久 , 2022, (02):36-48.

[10] 王永波 , 刘晓燕 . 汉代王侯的陵寝用枕 [J]. 东南文化 ,1998,(04):99-105+5.

[11] 陈仲陶 . 汉彩绘鸟兽云气纹玉枕的修复 [J]. 中国文物科学研究 ,2006,(03):62-66.

[12] 洪石 . 汉代铜玉枕研究 [J]. 考古学集刊 , 2010,(02):321-355.

[13] 林兰英 . 试析周代的葬玉对汉代玉衣的影响 [J]. 东南文化 ,1998,(02):126-130.

[14] 焦阳 . 染山汉墓出土“玉衣”讨论——也谈汉代墓葬中的“玉席”[J]. 南方文物 ,2021,(04):102-109.

[15] 郑绍宗 . 汉代玉匣葬服的使用及其演变 [J]. 河北学刊 ,1985,(06):67-71.

[16] 白荣金 . 西汉南越王“丝缕玉衣”的清理与复原 [J]. 文物 ,1991,(4):64-70+88.

[17] 龚良 , 孟强 , 耿建军 . 徐州地区的汉代玉衣及相关问题 [J]. 东南文化 ,1996,(01):26-32.

[18] 卢兆荫 . 试论两汉的玉衣 [J]. 考古 ,1981,(01):51-58.

[19] 卢兆荫 . 再论两汉的玉衣 [J]. 文物 ,1989,(10):60-67.

[20] 徐州市博物馆 . 徐州狮子山楚王墓金缕玉衣修复 [J]. 中国文化遗产 ,2004,(03):29.

[21] 王玮 , 王金潮 . 大云山汉墓金缕玉衣修复报告 [J]. 江汉考古 ,2014,(01):113-118.

[22] 宗时珍 . 关于西汉王侯敛葬玉衣的思考 [J]. 南方文物 ,2019,(03):285-291.

[23] 梁英旭 , 董晓京 .“滇王玉衣”名称及相关问题驳正 [J]. 文博 ,2020,(03):62-67.

[24] 刘照建 . 汉代玉衣起源问题研究 [J]. 考古 ,2022,(05):99-109.

[25] 李银德 , 武玮 . 徐州狮子山楚王墓出土金缕玉衣的复原 [J]. 中原文物 ,2025,(02):126-134.

[26] 李银德 . 徐州出土西汉玉面罩的复原研究 [J]. 文物 ,1993(04):46-49.

[27] 白宝玉 , 付文才 , 郑志宏 . 辽宁普兰店姜屯汉墓 (M45) 出土玉覆面复原研究 [J]. 文物 ,2012,(07):69-73.

[28] 黄晓娟 , 赵西晨 , 严静 . 陕北米脂出土汉代玉覆面和玉鞋的实验室清理及复原研究 [J]. 文物保护与考古科学 ,2018,30(01):32-39.

[29] 郑建明 , 何元庆 . 中国古代的玉蝉 [J]. 江汉考古 ,2006,(01):44-50.

[30] 王煜 , 谢亦琛 . 汉代蝉形口琀研究 [J]. 考古学报 ,2017,(01):73-98.

[31] 胡常春 , 张昀 . 汉代蝉形口含简论 [J]. 华夏考古 ,2007(3):114-122,148.

[32] 朱乃诚 . 汉代玉蝉研究 [J]. 文博学刊 ,2019,(01):4-16.

[33] 严钊周 . 汉代琀玉和握玉 [J]. 南方文物 ,2000,(02):117.

[34] 王煜 , 李帅 . 礼俗之变 : 汉唐时期猪形玉石手握研究 [J]. 南方文物 ,2021(4):86-101.

[35] 蔡丹阳 . 汉代琉璃葬具考 [D]. 昆明 : 云南大学 ,2022.

[36] 王煜 . 汉代镶玉漆棺及相关问题讨论 [J]. 考古 ,2017,(11):89-99.

[37] 赵晓伟 , 李银德 , 李则斌 . 大云山西汉江都王后墓 (M2) 出土玉棺的清理复原 [J]. 中原文物 , 2025,(02):135-144.

五、装饰用玉

(一) 人体装饰用玉

[1] 黄展岳 . 组玉佩考略 [J]. 故宫文物月刊 ,1992(3):5-11.

[2] 多丽梅 . 中国古代组玉佩研究 [D]. 北京 : 中央民族大学 ,2011.

[3] 褚馨．汉唐之间组玉佩的传承与变革 [J]. 考古与文物 ,2012,(06):87-99.
[4] 黄诚．汉代佩饰玉与佩玉思想研究 [D]. 徐州：江苏师范大学 ,2013.
[5] 曾东．先秦秦汉时期组玉佩和事佩研究 [D]. 武汉：武汉大学 ,2018.
[6] 彭安琪．湖南地区汉墓出土人体装饰品整理与研究 [D]. 长沙：湖南大学 ,2021.
[7] 张淑慧．两汉时期首饰设计研究 [D]. 西安：西安科技大学 ,2022.
[8] 林丹．论福建出土的汉代闽越国玉璧和玉组佩 [J]. 福建文博 ,2014,(01):46-48.
[9] 林巧羚．两周佩璜方式的转变与玉龙佩之出现 [M]// 陕西省考古研究院，上海博物馆．两周封国论衡期陕西韩城出土芮国文物暨周代封国考古学研究国际学术研讨会论文集．上海：上海古籍出版社 ,2014:181-188.
[10] 诸诣．从起源到消亡：东周至西汉出土的绞丝纹玉环 [J]. 美成在久 ,2020,(01):22-36.
[11] 吴公勤．徐州地区出土汉代玉璜研究 [J]. 中原文物 ,2020,(03):115-119+139.
[12] 冷静．两周至西汉时期龙饰玉觿的初步研究 [D]. 济南：山东大学 ,2023.
[13] 刘云辉．武库遗址出土的玉雕怪兽为貘豸考 [J]. 文博 ,2007,(01):12-13+98.
[14] 杨建芳．规律性认识与古玉辨伪——北京故宫博物院鹰攫人首玉佩及上博与美国弗利尔美术馆玉舞人的考察 [J]. 文物 ,2003,(03):72-85.
[15] 王灵光．即墨市博物馆收藏的汉代玉舞人 [J]. 文物 ,2007,(08):89.
[16] 张亮．汉代“舞人”玉雕探析 [J]. 南方文物 ,2013,(04):191-193+196.
[17] 樊文杰，张杰．南昌汉代海昏侯国刘贺墓出土玉舞人年代考 [J]. 南方文物 ,2018,(02):156-160+155.
[18] 武耕．西汉楚国“玉舞人”组佩研究 [J]. 中国国家博物馆馆刊 ,2020,(01):63-79.
[19] 徐良，王志高．两汉玉舞人组佩研究 [J]. 考古 ,2023,(02):91-101.
[20] 练春海．海昏侯墓出土玉舞人研究 [J]. 艺术学研究 ,2023,(04):93-102.
[21] 石荣传．两汉韘式玉佩分期研究 [J]. 四川文物 ,2009,(04):55-58.
[22] 许晓东．韘、韘式佩与扳指 [J]. 故宫博物院院刊 ,2012,(01):49-66+158.
[23] 黄曲．浅论“韘”及“韘形佩”[J]. 考古与文物 ,2011,(02):55-62+75.
[24] 蒋来希．两周至汉代韘及韘形佩研究 [D]. 济南：山东大学 ,2016.
[25] 左骏．古代玉护指的流变 芄兰之叶，童子佩韘 [J]. 大众考古 ,2018,(10):60-73.
[26] 李景娜．南昌西汉海昏侯墓园出土的韘形玉佩 [D]. 厦门：厦门大学 ,2021.
[27] 周太祥，张建康．浅谈玉带钩 [J]. 东南文化 ,2000,(08):86-89.
[28] 朱安成．江苏盱眙县出土西汉玉带钩 [J]. 考古与文物 ,2001,(06):80.
[29] 褚馨．汉晋时期的金玉带扣 [J]. 东南文化 ,2011,(05):82-90.
[30] 张楠楠．汉代玉带钩的特征及文化意义研究 [D]. 北京：中国地质大学（北京）,2018.
[31] 薛万琪．海昏侯刘贺墓出土玉带钩研究 [D]. 厦门：厦门大学 ,2020.
[32] 王仁湘．束带矜庄：古代带钩与带扣 [M]. 北京：文物出版社 ,2022.
[33] 林榛．战国至西汉带钩研究 [D]. 上海：上海大学 , 2023.
[34] 王正书．汉代刚卯真伪考述 [J]. 文物 ,1991,(11):65-75.
[35] 赵宏．河南宝丰讲武城遗址出土玉严卯 [J]. 文物 ,2017,(07):78-79.
[36] 侯传林．玉翁仲考析 [J]. 春秋 ,2016,(06):60.
[37] 张明华．司南珮考 [J]. 故宫博物院院刊 ,2000,(01):39-49.
[38] 王正书．“司南佩”考实 [J]. 文物 ,2003,(10):69-72.
[39] 张明华，雯梅．玉胜考略 [J]. 上海文博论丛 ,2003,(04):34-39.
[40] 孙机．简论“司南”兼及“司南佩”[J]. 中国文物科学研究 ,2006,(02):51-55+23.
[41] 练春海．汉代玉胜研究 [J]. 中国艺术时空 ,2014,(06):87-95.
[42] 王薪．从汉墓考察西王母“戴胜”图像涵义及流变 [J]. 西部学刊 ,2018,(06):46-49.
[43] 黄诚．浅谈东汉压胜佩 [J]. 东方收藏 ,2019,(11):93-95.
[44] 廖薇．汉代连胜佩小议 [J]. 江汉考古 ,2024,(02):105-112.
[45] 徐琳．两汉用玉思想研究之一——辟邪厌胜思想 [J]. 故宫博物院院刊 ,2008,(01):123-146+161.
[46] 李芽．汉魏耳珰考 [J]. 南都学坛 ,2012,32(01):24-29.
[47] 闫淑敏．汉魏六朝女性耳珰研究 [D]. 北京：北京服装学院 ,2019.
[48] 张强禄．从华南所见有领璧环看夏商礼制南渐 [J]. 古代文明（辑刊）,2019,13 (00):57-91.
[49] 张强禄．再论有领玉石璧环的起源 [J]. 广州文博 , 2024,(01):37-65.
[50] 崔天兴，赵琪．南阳麒麟岗西汉墓中出土的后石家河文化玉鹰 [J]. 华夏考古 ,2020,(02):56-62.

（二）器物装饰用玉

[1] 孙机．玉具剑与璏式佩剑法 [J]. 考古 ,1985,(01):48-60+104.
[2] 蔡冰清．海昏侯刘贺墓出土玉剑饰研究 [D]. 厦门：厦门大学 ,2018.
[3] 徐斐宏．玉摽章章：狮子山楚王墓所见另类剑具 [J]. 美成在久 ,2020,(03):92-95.
[4] 王芷晴，崔华春．汉代玉具剑螭纹图式构建研究 [J]. 美术教育研究 ,2023,(13):52-57.
[5] 梁壮．试论玉剑璏的时空格局 [J]. 博物院 ,2023,(02):23-31.
[6] 杨桐．考古出土汉代玉具剑饰研究 [D]. 开封：河南大学 ,2024.
[7] 李新，朱存明．海昏侯墓“熊形玉饰”的文化解读 [J]. 中原文物 ,2017,(06):99-104.
[8] 吴函．海昏侯刘贺墓龙凤形物饰玉器研究 [D]. 厦门：厦门大学 ,2018.
[9] 夏华清，王楚宁．海昏侯墓“神兽玉饰”浅释 [J]. 南方文物 ,2018,(02):150-155.
[10] 郭一波．刘贺墓出土漆樽上的玉石饰 [D]. 厦门：厦门大学 ,2021.

六、实用玉器

[1] 李如森 . 汉墓玺印及其制度试探 [J]. 社会科学战线 ,1996,(05):126-131.
[2] 徐娟 . 徐州汉墓出土玉印的形制与性质 [J]. 湖南省博物馆馆刊 ,2012(00):376-386.
[3] 祖京强 . 汉玉印风格及其对后世工稳印的影响 [D]. 北京 : 中国艺术研究院 ,2013.
[4] 郑志刚 . 海昏侯刘贺墓汉玉印论绎 [J]. 中国书法 ,2016,(16):122-124.
[5] 周黎 , 周波 . 汉墓出土的无字玉石印 [J]. 大众考古 ,2019,(04):46-49.
[6] 温乐平 , 周广明 . 海昏侯墓出土"刘贺"玉印的印纽造型辨析 [J]. 南方文物 ,2020,(06):167-179.
[7] 李银德 . 高祖故里玺印新资——西汉楚国出土玺印概览 [J]. 中国书法 ,2022,(03):5-15.
[8] 魏镇 . 汉墓随葬无字印研究 [J]. 故宫博物院院刊 , 2023,(05):72-83+128.
[9] 李银德 . 在帝王之间徘徊——南越国帝系和王系玺印发覆 [J]. 广州文博 ,2024,(02):162-178.
[10] 卢兆荫 . 玉卮漫谈 [J]. 文物天地 ,1998,(03):8-11.
[11] 李凯 , 王建玲 . 话说玉耳杯——"觞"、"羽觞"、"耳杯"的关联 [J]. 文博 ,2007,(05):34-37.
[12] 廖薇 . 战国秦汉觯、卮、樽辨析 [J]. 华夏考古 ,2020,(02):76-83+113.
[13] 田思 . 湖广地区汉墓出土滑石容器研究 [D]. 长沙 : 湖南大学 ,2021.
[14] 张高丽 , 管群 , 丁航 . 关于西汉玉"卮"实用功能问题 [J]. 南方文物 ,2022,(02):282-284.
[15] 洪石 . 秦汉玉容器及相关问题探析 [J]. 华夏考古 ,2022,(01):69-83.
[16] 徐琳 . 两汉用玉思想研究之二——神仙长生思想 [J]. 故宫学刊 , 2008,(01):415-438.
[17] 刘云辉 . 西汉圆雕玉仙人乘天马 [J]. 文博 ,2009,(01):98.
[18] 杨岗 . 论神兽辟邪与佛教中狮子的关系——从汉元帝渭陵出土的两件玉辟邪谈起 [J]. 秦汉研究 ,2012,(00):134-139.
[19] 寻婧元 . 招祥引瑞 : 汉代大型圆雕动物玉器的功能与象征意义 [J]. 美成在久 , 2017, (06): 40-55.
[20] 刘云辉 , 刘思哲 . 汉代圆雕人物和动物玉器艺术成就试析 [J]. 河南博物院院刊 ,2020,(02):28-40.
[21] 孙机 . 汉镇艺术 [J]. 文物 , 1983, (06): 69-72.
22] 刘超 , 李永乐 . 徐州博物馆藏玉熊镇及相关问题 [J]. 文物天地 ,2022,(11):51-54.
[23] 阳桂平 . 论中国古代铺首 [D]. 南京 : 南京艺术学院 ,2015.
[24] 黄雪霁 . 两周之际到西汉晚期铺首的考古学研究 [D]. 北京 : 北京大学 ,2016.
[25] 禾人 . "超越"——汉代玉铺首 [J]. 紫禁城 ,2011,(01):100-101.
[26] 徐琳 . 河北中山王刘畅墓出土玉座屏及"西王母"图像考 [J]. 中原文物 , 2008, (01): 49-54.
[27] 陈静 . 满城汉墓出土刻铭玉人年代考 [J]. 北方文物 ,2019,(04):62-65.
[28] 左骏 . 徐州狮子山楚王墓双联管形玉构件的功用研究 [J]. 考古 , 2021,(10):87-97.

七、区域与比较研究

[1] 喻燕姣 . 湖湘出土玉器研究 [M]. 长沙 : 岳麓书社 ,2013.
[2] 卢兆荫 . 南越王墓玉器与满城汉墓玉器比较研究 [J]. 考古与文物 ,1998,(01):43-49.
[3] 林存琪 . 论汉代闽越国玉器 [J]. 上海文博论丛 , 2007,(01):28-32.
[4] 田芝梅 . 徐州出土汉墓玉器的分类 [J]. 东南文化 ,2008,(01):66-70.
[5] 郑清森 . 永城芒砀山出土西汉梁国玉器初探 [J]. 中原文物 ,2009,(03):82-88.
[6] 陈群 . 广州南越王墓玉器研究 [D]. 北京 : 中央美术学院 , 2009.
[7] 陈群 , 刘朝辉 . 南越王墓玉器分布状况及其内涵研究 [J]. 东南文化 , 2011, (02): 75-81.
[8] 杨建芳 . 南越王墓玉器——楚、汉、越文化交汇、融合的见证 [J]. 南方民族考古 , 2012, (00): 193-224.
[9] 陈旭 . 河南西汉墓葬出土玉器研究 [D]. 昆明 : 云南大学 ,2016.
[10] 陶丛 . 河北地区两汉时期墓葬出土玉器研究 [D]. 保定 : 河北大学 ,2018.
[11] 曹梦溪 . 徐州地区西汉墓葬出土玉器研究 [D]. 郑州 : 郑州大学 ,2019.
[12] 方良朱 . 海昏侯刘贺墓出土玉器的礼制研究 [D]. 厦门 : 厦门大学 , 2019.
[13] 侯小楠 . 山东汉代贵族墓随葬玉器研究 [D]. 昆明 : 云南大学 , 2021.
[14] 赵丹 . 安徽地区汉墓出土玉器研究 [D]. 郑州 : 郑州大学 , 2022.

八、图录、论文集

（一）综合图录

[1] 古方 . 中国出土玉器全集 (15 卷)[M]. 北京 : 科学出版社 ,2005.
[2] 赵美 , 张杨 , 王丽明 . 滇国玉器 [M]. 北京 : 科学出版社 ,2003.
[3] 扬州博物馆 , 天长市博物馆 . 汉广陵国玉器 [M]. 北京 : 文物出版社 ,2003.
[4] 孙福喜 . 西安文物精华・玉器 [M]. 北京 : 世界图书出版公司 ,2004.
[5] 刘云辉 . 陕西出土东周玉器 [M]. 北京 : 文物出版社 ,2006.
[6] 刘云辉 . 陕西出土汉代玉器 [M]. 北京 : 文物出版社 ,2009.
[7] 李银德 , 徐州博物馆 . 古彭遗珍 : 徐州博物馆藏馆藏文物精选 [M]. 北京 : 国家图书馆出版社 ,2011.
[8] 海蔚蓝 . 楚王梦 : 玉衣与永生 : 徐州博物馆汉代珍藏 [M]. 南京 : 江苏凤凰美术出版社 ,2017.
[9] 南京博物院 . 长毋相忘 : 读盱眙大云山江都王陵 [M]. 南京 : 译林出版社 ,2013.
[10] 广州市文物考古研究所 . 铢积寸累 : 广州考古十年出土文物选萃 [M].

北京：文物出版社，2005.
[11] 广州市文物考古研究院．广州出土汉代珠饰研究 [M]. 北京：科学出版社，2020.
[12] 叶吉旺，李青会，刘琦，等．珠光琉影：合浦出土汉代珠饰 [M]. 南宁：广西美术出版社，2019.
[13] 谈晟广．礼运东方 山东古代文明精粹 共 2 册 [M]. 上海：上海书画出版社，2024.

（二）论文集

[1] 杨建芳．中国古玉研究论文集 [M]. 台北：众志美术出版社，2001.
[2] 卢兆荫．玉振金声：玉器・金银器考古学研究 [M]. 北京：科学出版社，2007.
[3] 杨建芳．中国古玉研究论文集：续集 [M]. 北京：文物出版社，2012.
[4] 徐州博物馆．徐州文物考古文集（一）[M]. 北京：科学出版社，2011.
[5] 徐州博物馆．汉代玉文化国际学术研讨会论文集 [M]. 北京：科学出版社，2019.

（三）展览图录

[1] 中国国家博物馆，徐州博物馆．大汉楚王：徐州西汉楚王陵墓文物辑萃 [M]. 北京：中国社会科学出版社，2005.
[2] 西安博物院．金辉玉德：西安博物院藏金银器玉器精萃 [M]. 北京：文物出版社，2013.
[3] 北京艺术博物馆，陕西历史博物馆，安徽博物院．灵动飞扬：汉代玉器掠影 [M]. 北京：北京美术摄影出版社，2014.
[4] 南京博物院．法老・王：古埃及文明和中国汉代文明的故事 [M]. 南京：译林出版社，2016.
[5] 北京艺术博物馆，徐州博物馆．龙飞凤舞——徐州汉代楚王墓出土玉器 [M]. 北京：北京美术摄影出版社，2016.
[6] 西汉南越王博物馆，河北博物院，河北省文物研究所．南越王与中山王 [M]. 广州：岭南美术出版社，2017.
[7] 台北故宫博物院．实幻之间：院藏战国至汉代玉器特展 [M]. 台北：台北故宫博物院，2020.
[8] 深圳市南山博物馆．焕若列星：河北汉代王室文物展 [M]. 北京：文物出版社，2021.
[9] 南越王博物院．滇王与南越王 [M]. 广州：岭南美术出版社，2023.
[10] 上海博物馆．不朽的玉甲：中国汉代文物精品 [M]. 上海：上海书画出版社，2023.
[11] 南京博物院．玉润中华——中国玉器的万年史诗图卷 [M]. 南京：江苏凤凰文艺出版社，2023.

后　记

“宜子孙——汉代玉器集萃”是良渚博物院“玉魂国魄”系列第七回，展览自2024年4月正式开始筹备，辗转南京、扬州、徐州、上海、长沙、广州、巢湖、天长、石家庄、定州、西安、寿县、南昌多地，与各地的文物收藏单位沟通文物商借、图录出版等相关事宜，得到了各家文博单位的大力支持。承蒙信任，我们才能汇聚9省21家单位所藏的汉代代表性藏品，为观众全面展示汉代玉器，为读者呈上清晰完整的图像资料。

感谢徐天进先生的悉心指导，感谢良渚博物院的各位同仁、志愿者为展览筹办、图录编撰提供的支持。图录编撰期间，感谢花都区文广局黄雪雰女士提供的资料，感谢北京大学中文系博士后管文韬先生提供的铭文识读，感谢故宫博物院博士后鞠荣坤女士提供的资料和思路。囿于编者学识，器物描述及文献材料方面尚有缺憾，若有谬误，责任应在编者。“汉代玉器”是个既宏大又细碎的主题，希望这本书能够提供给读者以研究资料、思路和方向之引导。

最后，再次感谢上海书画出版社朱艳萍女士、张姣女士、魏书宽先生和蔡一茗女士，在他们的全心投入下，本书得以顺利出版。

编　者

2025年6月

图书在版编目（CIP）数据

宜子孙：汉代玉器集萃 / 良渚博物院（良渚研究院）编. -- 上海：上海书画出版社, 2025. 5.
-- ISBN 978-7-5479-3597-2

Ⅰ. K876.82

中国国家版本馆CIP数据核字第2025QF2245号

宜子孙：汉代玉器集萃

良渚博物院（良渚研究院） 编

图书策划 朱艳萍
责任编辑 张 姣
编　　辑 魏书宽 蔡一茗
审　　读 雍 琦
展名题字 徐天进
封面设计 刘 蕾
整体设计 奈斯艺术
文物摄影 任 超 何东红 关舜甫
技术编辑 包赛明

出版发行 上海世纪出版集团
上海书画出版社
地　　址 上海市闵行区号景路159弄A座4楼
邮政编码 201101
网　　址 www.shshuhua.com
E-mail shuhua@shshuhua.com
制　　版 杭州立飞图文制作有限公司
印　　刷 浙江海虹彩色印务有限公司
经　　销 各地新华书店
开　　本 700×1000 1/8
印　　张 61.5
版　　次 2025年6月第1版 2025年6月第2次印刷

书　　号 ISBN 978-7-5479-3597-2
定　　价 750.00元